Die steuerpolitische Willensbildung bei der Körperschaftsteuerreform 1977

Europäische Hochschulschriften
Publications Universitaires Européennes
European University Studies

Reihe V

Volks- und Betriebswirtschaft

Série V Series V

Sciences économiques, gestion d'entreprise
Economics and Management

Bd./Vol. 386

PETER LANG
Frankfurt am Main · Bern

Wolfgang Riedel

Die steuerpolitische Willensbildung bei der Körperschaftsteuerreform 1977

PETER LANG
Frankfurt am Main · Bern

CIP-Kurztitelaufnahme der Deutschen Bibliothek

Riedel, Wolfgang:

Die steuerpolitische Willensbildung bei der Körperschaftsteuerreform 1977 [neunzehnhundert=siebenundsiebzig] / Wolfgang Riedel. - Frankfurt am Main ; Bern : Lang, 1982.
(Europäische Hochschulschriften : Reihe 5, Volks- u. Betriebswirtschaft ; Bd. 386)
ISBN 3-8204-7227-4
NE: Europäische Hochschulschriften / 05

ISSN 0531-7339
ISBN 3-8204-7227-4

Druck und Bindung: fotokop wilhelm weihert KG, darmstadt

INHALTSVERZEICHNIS

Seite

Seite

Seite

ABKÜRZUNGSVERZEICHNIS

Abs.	Absatz
Aufl.	Auflage
BGBl.	Bundesgesetzblatt
DBA	Doppelbesteuerungsabkommen
EStG	Einkommensteuergesetz
GG	Grundgesetz für die Bundesrepublik Deutschland
KapErtrSt	Kapitalertragsteuer
KStDV	Körperschaftsteuer - Durchführungsverordnung
KStG	Körperschaftsteuergesetz
N.F.	Neue Folge
o.D.	ohne Datum
o.J.	ohne Jahr
o.O.	ohne Ort
RefE	Referentenentwurf
StAG	Steueranpassungsgesetz
Ziff.	Ziffer

Einführung

A. Das Problem

Ein Rückblick auf die deutsche Steuerpolitik der Nachkriegszeit läßt eine lange Reihe gesetzgeberischer Aktivitäten passieren. Sie reicht - um nur die wichtigsten Stationen zu nennen - von den alljährlichen Tarifsenkungen der fünfziger Jahre über die Umsatzsteuerreform des Jahres 1967, die Verabschiedung des Außensteuerreformgesetzes, des Einkommensteuerreformgesetzes, des Körperschaftsteuerreformgesetzes und der neuen Abgabenordnung in den siebziger Jahren bis hin zu den sich häufenden Steueränderungsgesetzen der jüngsten Zeit. Hat somit Steuerpolitik in unablässiger Folge stattgefunden läßt sich von Steuerreformen als "gründliche Umgestaltung einer gewichtigen Steuer" [1] doch nur in wenigen Fällen sprechen. Im Rahmen des besonderen Steuerrechts haben solche Neukodifizierungen ganzer Steuergesetze lediglich bei der Umsatzsteuer und bei der Körperschaftsteuer stattgefunden; die mit dem Dritten Steuerreformgesetz [2] eingeleitete Neukodifizierung des Einkommensteuergesetzes ist dagegen nicht zum Abschluß gekommen.

Nur schwer miteinander zu versöhnen ist der nicht verstummende - und sicherlich auch berechtigte - Ruf nach der Reform weiterer Einzelsteuern auf der einen Seite, wie er z.B. in den Überlegungen zu einer Reform der Kraftfahrzeugsteuer oder in den wiederkehrenden Forderungen nach einer Neuordnung

---

1) Haller (1980) S. 200.

2) Siehe Bundesregierung (1974).

der Einkommensteuer zum Ausdruck kommt, und die aus der steuerpolitischen Wirklichkeit gewonnene recht skeptische Einschätzung der zielkonformen Realisierung solcher Vorhaben auf der anderen Seite.[1] Dieses Spannungsverhältnis von finanzpolitischen Empfehlungen und ihrer Normierung in Gesetzesgestalt hat die deutschsprachige Finanzwissenschaft eigentlich nie aus den Augen verloren; die Problematik finanzpolitischer Willensbildungsprozesse ist stets von ihr mitbedacht worden.[2] Zu beobachten ist allerdings eine gewisse Asymmetrie zugunsten ausgabepolitischer Entscheidungsprozesse; während z.B. im Rahmen der Ökonomischen Theorie der Politik Modelle zur Erklärung von Ausgabestrukturen erarbeitet wurden, existiert eine Theorie steuerpolitischer Willensbildungsprozesse bislang noch nicht.[3] In dieser Lücke ist die vorliegende empirische Arbeit zur Körperschaftsteuerreform angesiedelt, die aus dem Gesamtkomplex steuerpolitischer Willensbildung den Teilbereich "Steuerreform", verstanden als grundlegende Neukodifizierung ganzer Steuergesetze, anhand einer Fallstudie bearbeitet. Dahinter steht die Absicht, die bislang noch äußerst schmale empirische Basis zu verbreitern und damit Anstöße und erste Ansätze zu einer positiven Theorie der Steuerreform zu vermitteln.

---

1) Vgl. Hansmeyer (1974) S. 115 f. und Tiepelmann (1978) S. 391.

2) Vgl. bereits Stein (1885) S. 191 ff. und in neuerer Zeit Glaeser (1964), Recktenwald (1969), Schmölders (1970), Haller (1972) S. 301 ff., Wittmann (1977) S. 4 ff. sowie Mackscheidt/Steinhausen (1977) und (1978) S. 18 ff.

3) Erste Ansätze finden sich bei Neumark (1971), Tiepelmann (1971), Haller (1973) und (1980).

B. Die Fallstudie als Mittel zur Analyse politischer Willensbildungsprozesse

Neben Querschnittsanalyse, Panelstudie und Trendanalyse ist die Fallstudie eine insbesondere in der amerikanischen Politikwissenschaft, aber auch im deutschsprachigen Raum recht häufig angewandte Untersuchungsmethode. Aufgrund ihrer Analyse eines räumlich und zeitlich eingegrenzten, zudem nicht notwendigerweise repräsentativen Objektbereiches hat sie für sich betrachtet den Nachteil mangelnder Generalisierungsmöglichkeit der gewonnenen Ergebnisse;[1] sie birgt darüber hinaus die Gefahr eines bloßen "story-telling"[2] in sich. Die mit ihr verbundene, ihre besonderen Vorteile ausmachende akribische Vorgehensweise eröffnet jedoch die Möglichkeit, in einem größeren Rahmen unter Heranziehung weiterer Einzelstudien zum Untersuchungsbereich Beachtliches zur Theoriebildung auf induktivem Wege zu leisten und darüber hinaus zur Hypothesenüberprüfung und -formulierung beizutragen. Diese "Baustein"-Funktion macht die Fallstudie daher durchaus zu einem "systematic research tool".[3]

Immer wieder hingewiesen wird auf die für Fallstudien typische Gefahr "irrelevanter Materialhuberei".[4] "Similarly, many case studies begin with

---

1) Vgl. Müller/Schmidt (1979) S. 16 ff. Siehe allerdings zu den Möglichkeiten der "cross-case analysis" Kennedy (1979) S. 661 ff.

2) Miles (1979) S. 600.

3) Yin (1981) S. 58.

4) Knorr (1975) S. 26.

the naive assumption that 'anything might be relevant, so one ought to observe and code everything'." [1] Hiervor hat sich auch die vorliegende Fallstudie zu schützen, wenngleich ihre Anlage als hypothesengenerierende im Gegensatz zur hypothesenfalsifizierenden/-verifizierenden Untersuchung eine gewisse Offenheit in dieser Hinsicht erforderlich macht.

Auch die Präsentationsweise und Aufbereitung des vorfindbaren und als relevant eingestuften empirischen Materials hat gewissen Anforderungen zu genügen. "The pitfall is in spending the inordinate time and effort to construct readable narratives ..." [2] Um diesem zu entgehen und stattdessen eine analytische Aufbereitung des zu untersuchenden Prozesses zu gewährleisten, wurde bewußt nicht der Weg einer rein historisch-deskriptiven Fallstudie mit dem Schwergewicht "zeitlicher Ablauf" gewählt; vielmehr wurde zunächst der politische Willensbildungsprozeß gedanklich in seine Strukturelemente zerlegt, welche dann als Rahmen für die Aufbereitung der empirischen Basis zu dienen hatten. [3]

---

1) Yin (1981) S. 60.

2) Yin (1981) S. 60.

3) Einen ähnlichen Weg in Abkehr von der herkömmlichen Vorgehensweise in Fallstudien zur politischen Willensbildung sind systemtheoretisch orientierte Untersuchungen gegangen. Siehe z.B. Wilhelmi (1977). Zur Entwicklung eines kategorialen Rahmens in Anlehnung an D. Easton vgl. Engelhardt/Schürgers (1975) S. 445 ff., 495 ff. und 543 ff. Auf einen bestimmten systemtheoretischen Ansatz soll hier jedoch nicht zurückgegriffen werden, da diese in der Regel über bloße kategoriale Hilfestellung hinausgehen und inhaltliche Vorentscheidungen implizieren.

C. Aufbau der Untersuchung

Die Fallstudie geht von der Vorstellung aus, daß sich die Grundzüge politischer Willensbildungsprozesse aus den Präferenzen der beteiligten Akteure und den zwischen ihnen stattfindenden Interaktionsbeziehungen erschließen lassen. Die Gliederungstiefe der Akteursebene ist dabei von der Verfügbarkeit des empirischen Materials bestimmt. Theoretisch denkbar wäre hier ein Zurückgehen auf Einzelpersonen, was beispielsweise auch die Untersuchung verbandsinterner Willensbildungsprozesse und die Arbeitsschritte einzelner Ministerialbeamten der Referatsebene miteinschließen würde. Die beschränkte Verfügbarkeit empirischer Unterlagen verbietet jedoch in weiten Teilen ein solches Vorgehen und läßt meist nur die Zusammenfassung der Einzelakteure zu höherstufigen Organisationseinheiten zu. Präferenzbekundungen auf tiefer liegenden Ebenen konnten daher nicht durchgängig miteinbezogen werden.

Die Untersuchung beginnt auf der Akteursebene mit der wissenschaftlichen Diskussion um das System der Körperschaftsbesteuerung (1. Kapitel). Zunächst werden die sich in der Akzentsetzung unterscheidenden Grundsatzbetrachtungen der steuerwissenschaftlichen Disziplinen zur Gewinnbesteuerung von Körperschaften verfolgt. In einem weiteren Abschnitt sind die Reformmodelle einzelner Forscher und das Konzept des Wissenschaftlichen Beirats beim Bundesministerium der Finanzen, die gegen Ende der sechziger und zu Beginn der siebziger Jahre vorgetragen wurden, zusammengefaßt. Erhellt werden sollen hier unter anderem die Gründe für die Aufnahme wissenschaftlicher Konzeptionen in die öffentliche Diskussion und die Bestimmungsfaktoren ihrer Durchsetzungsfähigkeit.

Es folgen im 2. Kapitel Untersuchungen zur Rolle der Parteien im Verlaufe der Körperschaftsteuerreform, wobei vor allem auch die parteiinternen Willensbildungsprozesse herausgearbeitet werden sollen. Die dabei gewonnenen Einsichten sind grundlegend für die im vierten Kapitel analysierten Entscheidungen der Bundesregierung und für die im achten Kapitel behandelte Konsensbildung der Parteien im Bundestag.

Das 3. Kapitel entwirft ein umfassendes Bild der verbandlichen Interessenpolitik, die hierzu über den gesamten Reformprozeß hinweg verfolgt wurde. Die Petitenübersicht im letzten Abschnitt dieses Kapitels versucht darüber hinaus, den Erfolg der Verbandspolitik zu ermitteln, indem die Übernahme von Verbandsforderungen in den ersten Referentenentwurf, den Regierungsentwurf und das verabschiedete Körperschaftsteuergesetz geprüft wird. Auf der Akteursebene ist schließlich noch im 4. Kapitel der Regierungs- und Ministerialbereich zu untersuchen. Ausführlich behandelt werden Entstehung und Begründung der verschiedenen Gesetzentwürfe, in denen sich die Entscheidungen der politischen Spitze mit den Arbeiten der Referatsebene verbinden.

Das fünfte, das sechste und das siebente Kapitel gehen davon aus, daß die Entstehung des Körperschaftsteuergesetzes 1977 als Ergebnis von Interaktionen zwischen diesen Akteursgruppen zu betrachten ist. Untersucht wurden daher die entscheidenden Interaktionsgremien des Reformprozesses, deren Arbeitsweise darin bestand, die Präferenzen unterschiedlicher Akteure zu einer gemeinsamen Präferenzbekundung zu bündeln. In einem sehr frühen Stadium fanden solche Interaktionsbeziehungen zwischen der Wissenschaft und dem Verbandsbereich statt (5. Kapitel). Von der empirischen Basis her sehr gut nachvollziehbar war ferner die Konsensbildung zwischen den Parteien im Finanzausschuß des Bundestages (6. Kapitel) und zwischen den Länderregierungen im Bundesrat (7. Kapitel). Empirisch nicht direkt erfaßt werden konnten die informellen Interaktionsbeziehungen zwischen dem Regierungs-/Verwaltungsbereich und dem Verbändesystem, da die im Bundesministerium der Finanzen vorhandenen Primärquellen der Öffentlichkeit nicht zugänglich gemacht werden. Mittelbare Rückschlüsse auf solche Interaktionsbeziehungen und ihre Ergebnisse ermöglicht jedoch die bereits erwähnte Übersicht zu den Verbandsforderungen im dritten Kapitel.

Der abschließende Teil der Untersuchung (8. Kapitel) erstrebt die Entwicklung eines politischen Handlungsmodells zum Willensbildungsprozeß bei der Körperschaftsteurreform; er enthält Aussagen zur institutionellen Struktur der Willensbildung, zur Form der Politiksteuerung durch die beteiligten Akteure und zu den Phasen des Reformprozesses. In Verbindung mit weiteren Fallstudien zu Entscheidungsprozessen bei Steuerreformen ist er als "Baustein" auf dem Wege zu einer empirischen Theorie der Steuerreform zu verstehen.

1. Kapitel: DIE KONZEPTIONEN DER WISSENSCHAFT: DIE THEORIE DER KÖRPERSCHAFTSTEUER

A. Die Besteuerung juristischer Personen aus der Perspektive einzelner Disziplinen

1. Der Beitrag der Finanzwissenschaft: Die second-best-Rolle der Körperschaftsteuer

Die deutschsprachige finanzwissenschaftliche Literatur nach dem Zweiten Weltkrieg läßt ein recht einmütiges Votum bezüglich der Besteuerung juristischer Personen in der Form der Körperschaftsteuer erkennen. Die Körperschaftsteuer wird durchgängig als "ersatzweise erhobene Einkommensteuer" [1] interpretiert. Ihre Berechtigung erhält sie, da die Realisierbarkeit einer alle Körperschaftsgewinne umfassenden Individualeinkommensteuer nicht gegeben ist. [2]

Die Körperschaftsteuer ist somit aus dieser Sicht nicht etwa das Substitut einer Einkommensteuer auf das "Einkommen juristischer Personen"; eine solche Steuer wäre ein Widerspruch in sich, da unter der in der Finanzwissenschaft vorherrschenden wirtschaftlichen Betrachtungsweise einer juristischen Person weder ein eigenes Einkommen noch eine persönlich-individuelle Leistungsfähigkeit [3] zugesprochen werden kann. Was die Körperschaftsteuer ersetzt, ist eine theoretisch von den Anteilseignern zu zahlende Einkommensteuer auf die ihnen

---

1) Haller (1971a)S. 326; ähnlich Schmölders/Hansmeyer (1980) S. 271.

2) Vgl. Neumark (1970) S. 390 f.

3) Allerdings weist Neumark juristischen Personen eine sachlich-generische Leistungsfähigkeit zu, auf deren Erfassung die Körperschaftsteuer gerichtet ist. Vgl. Neumark (1961) S. 358, S. 366.

zuzurechnenden, jedoch einbehaltenen Gewinne der juristischen Person. Dahinter verbirgt sich die These vom wirtschaftlichen Eigentum der Anteilseigner am Vermögen und damit an den Gewinnen der Körperschaft.[1] Da eine steuerliche Erfassung vor allem der einbehaltenen Gewinne im Rahmen der individuellen Einkommensbesteuerung bei den Anteilseignern jedoch mit erheblichen steuertechnischen Schwierigkeiten verbunden ist, wird die Körperschaftsteuer als second-best-Lösung empfohlen.

Von den Vertretern der deutschsprachigen Finanzwissenschaft abgelehnt wird sowohl die Idee einer Körperschaftsteuer, die ohne eine Verknüpfung mit der Einkommensteuer aus einem eigenständigen, meist äquivalenztheoretischen Begründungszusammenhang abzuleiten wäre, als auch die Vorstellung, die Körperschaftsteuer habe über die bestehende Einkommensbesteuerung hinaus (als Zuschlag zur bestehenden Einkommensteuer) die außergewöhnliche Leistungsfähigkeit der juristischen Personen bzw. ihrer Anteilseigner zu erfassen.[2] So schreibt F. Neumark: "Fast alle Argumente, die ... für die Zweckmäßigkeit oder Notwendigkeit der Erhebung einer von der 'eigentlichen' Einkommensteuer unterschiedenen Körperschaftsteuer vorgebracht worden sind, vermögen nicht zu überzeugen."[3] Im einzelnen wird den an Leistungsfähigkeitsgedanken orientierten Argumenten entgegengehalten, eine im Verhältnis zu anderen Rechtsformen

1) Zur Kritik dieser Vorstellung siehe Schredelseker (1972/73) S. 29 ff.

2) In der Vergangenheit wurde diese Auffassung allerdings z.T. vertreten. Siehe hierzu die bei Schneider (1975) S. 100 f. angegebene Literatur.

3) Neumark (1970) S. 131. Vgl. hierzu ausführlich auch Schneider (1980) S. 529 ff.

erhöhte Leistungsfähigkeit der Anteilseigner von Kapitalgesellschaften sei nicht gegeben bzw. wäre sie gegeben, so würde sie im Rahmen der progressiven Einkommensteuer systemgerecht herangezogen. [1] Bei äquivalenztheoretischen Begründungen wird demgegenüber auf unlösbare Quantifizierungsprobleme hingewiesen, oder das Äquivalenzprinzip wird aus staatstheoretischen Gründen zur Gänze abgelehnt. [2]

Diese vorwiegend steuersystematisch ausgerichteten Überlegungen führen in ihrer Konsequenz zu einer Ablehnung des bis zum Jahre 1976 in der Bundesrepublik Deutschland praktizierten Systems der Körperschaftsbesteuerung. Die mit diesem System verbundene zweimalige Belastung ausgeschütteter Gewinne mit Körperschaftsteuer und Einkommensteuer und die sich hieran anknüpfenden Wirkungen sind demnach aus finanzwissenschaftlicher Sicht eine Folge unsystematischer Besteuerung. [3]

---

1) Vgl. Haller (1971a)S. 179 f.

2) Vgl. Neumark (1970) S. 42 ff.

3) Nicht so Nöll von der Nahmer (1964), der eine Doppelbelastung der "Unternehmerrente" für möglich hält (vgl. ebd., S. 145 f.). Dementsprechend sieht auch sein Schlußwort über die "Möglichkeiten einer Umbildung des gegenwärtigen Steuerkonglomerates der Bundesrepublik zu einem Steuersystem" (ebd., S. 246 ff.) keine Vorschläge zu einer Reform des Körperschaftsteuersystems vor.

2. Der Beitrag der betriebswirtschaftlichen Steuerlehre: Körperschaftsteuer und Unternehmensbelastung

Stärker belastungspolitisch als steuersystematisch orientiert sind die Überlegungen der auf Einzelwirtschaften ausgerichteten betriebswirtschaftlichen Steuerlehre, was in ihrem Untersuchungsgegenstand begründet liegt. So richtet sich ihr Interesse hauptsächlich auf inner- und zwischenbetriebliche Auswirkungen steuerrechtlicher Vorschriften, und dementsprechend steht die Bestimmung, im Zusammenhang mit der Körperschaftsbesteuerung aber vor allem der Vergleich der Belastungshöhe unterschiedlicher Rechtsformen im Vordergrund der Betrachtung. Die Kritik zielt daher weniger auf die Doppelbelastung als systemwidrige Besteuerung identischer Steuersubjekte und/oder -objekte; im Vordergrund steht die Tatsache, daß sich die Doppelbelastung auf bestimmte Rechtsformen beschränkt. Als normative Orientierung wird das Prinzip der Neutralität der Besteuerung herangezogen, das nach G. Wöhe "heute in erster Linie als ein Maßstab für die Besteuerung der Unternehmungen zu interpretieren (ist), und zwar in dem Sinne, daß die Besteuerung die Wettbewerbsrelationen, die sich ohne Besteuerung ergeben würden, nicht absichtlich oder unabsichtlich zum Nachteil bestimmter Gruppen verändert ..." [1]. Abgelehnt wird dagegen, in Übereinstimmung mit der Finanzwissenschaft, sowohl eine besondere steuerliche Leistungsfähigkeit juristischer Personen als auch der Versuch, die Körperschaftsteuer äquivalenztheoretisch zu begründen. [2]

---

1) Wöhe (1971) S. 503.

2) Siehe z.B. Schneider (1975) S. 100 ff. und Rose (1967) S. 223.

Als Verstöße gegen das Postulat der Wettbewerbsneutralität zwischen Betrieben unterschiedlicher Rechtsform wurden im "alten" klassischen Körperschaftsteuersystem kritisiert:

- die Zweifachbelastung der von Kapitalgesellschaften ausgeschütteten Gewinne,
- die Belastung der Selbstfinanzierung von Kapitalgesellschaften mit einem proportionalen Körperschaftsteuersatz und
- der sog. begünstigende Ausländereffekt.

Die Forderung nach einer Reform der Körperschaftsteuer wurde von der betriebswirtschaftlichen Steuerlehre im wesentlichen mit diesen drei Punkten begründet.

3. Der Beitrag der Steuerrechtswissenschaft: Dominanz der Rechtsanwendung?

Für das Steuerrecht beruht die Körperschaftsteuer in Anlehnung an zivilrechtliche Überlegungen auf der wirtschaftlichen Selbständigkeit juristischer Personen. [1] Dies begründet auch deren subjektive Steuerpflicht und führt zusammen mit dem Totalitätsprinzip der Einkommensteuer zur sog. Doppelbelastung des ausgeschütteten Gewinns. [2] Die jeweilige Eigenständigkeit von Körperschaft und Anteilseigner läßt somit aus formaljuristischer Sicht

---

1) In diesem Sinne äußerte sich H. v. Wallis anläßlich einer Diskussion um die Teilhabersteuer: "Juristisch ist es gar nicht so furchtbar abwegig, die juristische Person auch steuerrechtlich ebenso zu behandeln wie die natürliche Person." Wallis (1969) S. 338.

2) Vgl. Tipke (1981) S. 140.

die "Doppelbelastung" als gerechtfertigt erscheinen. Nach K. Tipke findet diese Argumentation ihre Grenze jedoch da, "wo die Teleologie des Steuerrechts die gleiche Belastung bei gleicher wirtschaftlicher Leistungsfähigkeit verlangt und wo ein Verstoß gegen das Leistungsfähigkeitsprinzip auch den Gleichheitssatz (Art. 3 I GG) berührt". [1)]

Ein derartiger Verstoß gegen das Prinzip der Gleichmäßigkeit der Besteuerung, der eine Verletzung des steuerrechtlichen Prinzips der Wettbewerbsneutralität [2)] nach sich zieht, war bis zur Körperschaftsteuerreform 1977 durch das klassische Doppelbelastungssystem gegeben, das zu einer unterschiedlichen steuerlichen Belastung von Kapital- und Personengesellschaften einen wesentlichen Beitrag leistete und damit "zu bloß an der Rechtsform, nicht an wirtschaftlicher Leistungsfähigkeit orientierten Abweichungen in der Stuerbelastung" führte. [3)]

Die juristische und wirtschaftliche Selbständigkeit der juristischen Personen bleibt davon allerdings grundsätzlich unberührt; aus diesem Grunde ist die Steuerrechtswissenschaft am ehesten geneigt, eine eigenständige Körperschaftsbesteuerung zu akzeptieren. So kommt insbesondere Ch. A. Rasenack in seiner rechtswissenschaftlichen Habilitationsschrift zu dem umstrittenen [4)] Ergebnis, daß das zum damaligen Zeitpunkt bestehende Körperschaftsteuerrecht die adäquateste Lösung zur Besteuerung juristischer

---

1) Tipke (1981) S. 457.

2) Tipke (1981) S. 27.

3) Tipke (1981) S. 295.

4) Siehe Schneider (1974/75) S. 364 ff.

Personen darstelle. [1] Ob die Dominanz der Rechtsanwendungslehre gegenüber der Gesetzgebungslehre [2] und das "Defizit an dogmatischen Grundlagenarbeiten zum besonderen Steuerrecht" [3] die Billigung einer selbständigen Körperschaftsbesteuerung begünstigen, kann hier nur als Möglichkeit ausgesprochen werden. R. Schnur argumentiert in dieser Weise für die Rechtswissenschaft in toto: "Sind die politischen Entscheidungen, für welche der Rat vieler Wissenschaftdisziplinen eingeholt sein mag, einmal gefallen und in verbindliche Normen ('Recht') gefaßt worden, dann steht dem betreffenden System wohl niemand näher als die Jurisprudenz." [4] Im Rahmen der Besteuerung von Körperschaften war es jedoch auch die traditionelle Anlehnung des Steuerrechts an das Zivilrecht, [5] welche gegen eine Aufgabe des "alten Systems" im Sinne einer Vollintegration der Körperschaftsteuer in die Einkommensteuer sprach.

B. Die wissenschaftlichen Reformmodelle der sechziger Jahre

Über die grundsätzliche Beurteilung der Körperschaftsteuer hinaus wurden gegen Ende der sechziger Jahre von wissenschaftlicher Seite eine Reihe von Alternativen zum "klassischen" System der Doppelbelastung entwickelt. Sie waren letztlich der Ausgangspunkt für den Beginn der Reformdiskussion und die Ablösung des "alten" Körperschaftsteuersystems durch das

---

1) Vgl. Rasenack (1974) passim. Anderer Meinung ist Friauf (1969) S. 27 ff.

2) Vgl. Tipke (1976) S. 299.

3) Tipke (1981) S. 3

4) Schnur (1977) S. 147.

5) Vgl. Walz (1980) S. 4 f.

heute bestehende Anrechnungsverfahren.

1. Das Dividendenabzugsverfahren

Das Dividendenabzugsverfahren begrenzt den Steuergegenstand der Körperschaftsteuer auf die einbehaltenen Gewinne. Die Ausschüttungen dagegen werden von der Körperschaftsteuer freigestellt, indem sie wie eine Betriebsausgabe zum Abzug zugelassen werden; ihre Erfassung erfolgt ausschließlich im Rahmen der Einkommensteuer bei den Anteilseignern.

Dieser recht einfache Gedanke ist während der Reformdiskussion der sechziger und siebziger Jahre sehr früh schon von H. Hirsch in einem Aufsatz über die steuerpolitische Behandlung der Selbstfinanzierung geäußert worden: "Die einbehaltenen Gewinne müßten mit einem Proportionalsatz besteuert werden, der dem Spitzensatz der progressiven Einkommensteuer gleich ist; die ausgeschütteten Gewinne wären dagegen bei den Kapitalgesellschaften ganz freizustellen und nur bei den Empfängern zu erfassen." [1)]

Diesem Vorschlag liegt die klare Maxime zugrunde, daß "Gewinne, die sie in ihrem unmittelbaren Einflußbereich festhält, ... der körperschaftlichen

---

1) Hirsch (1966) S. 427.
Einen ähnlichen Vorschlag hatte F. Silcher bereits im Jahre 1955 auf dem Kongreß der International Fiscal Association in Amsterdam unterbreitet. Er sprach sich jedoch nicht für eine vollständige Freistellung der ausgeschütteten Gewinne auf der Ebene der Gesellschaft aus, sondern empfahl aufgrund einer von ihm unterstellten besseren Wettbewerbsposition der Kapitalgesellschaften im Vergleich zu Personenunternehmen die Einführung einer "Sockelsteuer" zwischen 5 v.H. und 10 v.H. auch auf den ausgeschütteten Gewinn. Vgl. Silcher (1955) S. 33 ff.

Großunternehmung als einheitlicher Kapitalmacht zuzurechnen (sind); wenn sie sie in die Entscheidungsgewalt ihrer persönlichen Eigentümer übergehen läßt, sind sie auch steuerlich nur als deren Einkommen zu erfassen." [1] H. Hirsch gelingt es hiermit, den Gedanken von der "institutionellen Verselbständigung" der Kapitalgesellschaften mit der Forderung nach der Beseitigung der Doppelbelastung kompatibel zu machen. Technische Ausgestaltung und Konsequenzen des Dividendenabzugsverfahrens werden von ihm allerdings zu wenig differenziert erörtert, da es ihm in seiner Abhandlung nicht ausschließlich um die Reform des Körperschaftsteuersystems geht.

Der Gedanke des Dividendenabzugsverfahrens ist in der Folgezeit von wissenschaftlicher Seite nicht weiter konkretisiert oder propagiert worden, [2] dennoch hat er in die Reformdiskussion Eingang gefunden. [3]

2. Das Modell von W. Stützel und W. Engels: Die Teilhabersteuer

Die ausführlichste und am weitesten durchstrukturierte Darstellung ihrer Vorstellungen legten W. Stützel und W. Engels mit einer im Jahre 1968

---

1) Hirsch (1966) S. 429.

2) Allerdings hat sich das Institut "Finanzen und Steuern" mit den Auswirkungen des Vorschlags auseinandergesetzt. Vgl. Institut "Finanzen und Steuern" (1968) S. 39 ff. und (1976) S. 35 ff.

3) Siehe z.B. Bundesministerium für Wirtschaft und Finanzen (1971) S. 325 f., S. 336 f. sowie Gemeinsamer Arbeitskreis des BDI und des DIHT (1971) S. 37 ff.

erschienenen Broschüre [1] vor, die dann in der aufkommenden Reformdiskussion zum Bezugspunkt der Auseinandersetzungen um die Teilhabermethode wurde.

Grundgedanke der Teilhabermethode nach W. Stützel und W. Engels ist die Ausdehnung des Einkommensteuertarifs und seines "Degressionseffektes zugunsten der Ärmeren" [2] auch auf die einbehaltenen Körperschaftserträge. Das zur Realisierung dieses Gedankens dienende Besteuerungsverfahren gestaltet sich wie folgt:
Die Unternehmen selbst zahlen auf ihre gesamten Erträge eine proportionale Quellensteuer mit einem Satz von 53 %, die sog. Teilhabersteuer, die im weiteren Verlauf des Besteuerungsverfahrens vollständig auf die Einkommensteuerschuld der einzelnen Teilhaber entsprechend ihrem Anteil am Nominalkapital und unabhängig von der Höhe der Ausschüttungen angerechnet wird. Die Anteilseigner andererseits haben bei Ermittlung ihrer persönlichen Einkommensteuerschuld neben den ausgeschütteten auch die einbehaltenen Erträge, die ihnen anteilsmäßig zugerechnet werden müssen, zu berücksichtigen.

Mit der Teilhabermethode entfiele sowohl die Doppelbelastung der ausgeschütteten Gewinne, da die Teilhabersteuer lediglich als Einkommensteuervorauszahlung zu verstehen ist, als auch die weit über dem persönlichen Einkommensteuersatz "armer" Anteilseigner liegende Belastung der einbehaltenen Erträge

---

1) Engels/Stützel (1968). Als Vorläufer dieser Schrift sind zu nennen: Stützel (1966), Engels (1966) und (1968).

2) Engels/Stützel (1968) S. 9.

im "alten" Körperschaftsteuerrecht, da ausgeschütteter und einbehaltener Gewinn nunmehr der Einkommensteuer unterworfen sind.

Die fiskalischen Konsequenzen ihres Vorschlags beurteilen W. Stützel und W. Engels wie folgt [1], wobei sie von einem Fortbestehen der Einkommensteuersätze des Jahres 1968 ausgehen: Grob geschätzt ergeben sich jährliche Steuermindereinnahmen von 1 bis 2 Mrd. DM vor allem aufgrund

- der Beseitigung der Doppelbelastung bei den ausgeschütteten Gewinnen und
- der Besteuerung der Einbehaltungen nach dem persönlichen marginalen Einkommensteuersatz der Teilhaber, soweit dieser unter dem ehemaligen Körperschaftsteuersatz von 51 % liegt.

Dem stünden Steuermehreinnahmen von einigen hundert Millionen DM gegenüber, die hauptsächlich darauf zurückzuführen sind, daß

- Ausschüttungen von Unternehmen im Auslandsbesitz nunmehr mit einem definitiven Steuersatz von 53 % belastet werden,
- die Steuerhinterziehung durch Verschweigen von Dividendeneinkommen und Aktienbesitz ihre Attraktivität verliert und
- bei Beziehern hoher Einkommen die anteilig zugerechneten Einbehaltungen nunmehr stärker belastet werden, wenn der persönliche marginale Einkommensteuersatz über dem ehemaligen Körperschaftsteuersatz liegt.

---

1) Vgl. Engels/Stützel (1968) S. 23 ff.

Die als Saldo sich ergebenden Steuermindererträge würden jedoch langfristig durch die im Vergleich zur proportionalen Körperschaftsteuer höhere Aufkommenselastizität der Einkommensteuer kompensiert, die nunmehr im Rahmen der Teilhabermethode den gesamten Unternehmensgewinn erfaßt. [1]

Besitzt die Idee der Teilhaberbesteuerung auch eine lange Tradition [2], so ist es doch das Verdienst von W. Stützel, W. Engels und ihren Mitarbeitern, diesen Gedanken sehr detailliert in die Form einer praktischen Ausgestaltung überführt zu haben. Bis zur Vorlage des Gutachtens der von der Bundesregierung eingesetzten Steuerreformkommission [3] war der Teilhabersteuer-Plan - abgesehen von den Betriebsteuerentwürfen der 40er Jahre - [4] sicherlich der am weitesten ausgearbeitete Vorschlag zur Reform der Körperschaftsteuer; die Konkretisierung reichte bereits bis zur Erarbeitung von Entwürfen zur Änderung des Einkommensteuer- und des Körperschaftsteuergesetzes. [5]

Die Forderung nach einer Umgestaltung bzw. Abschaffung des herkömmlichen Körperschaftsteuersystems ist hierbei jedoch weniger aus einer Kritik an der

---

1) Vgl. Engels/Stützel (1968) S. 24 f.

2) Siehe hierzu die Quellen bei Hirsch (1966) S. 419, Haller (1971a)S. 172, Bundesministerium für Wirtschaft und Finanzen (1971) S. 316 und Ketzel (1969) S. 12 ff., ferner Oberleitner (1970) S. 195 ff.

3) Das Gremium wird im folgenden nach seinem Vorsitzenden als Eberhard-Kommission bezeichnet.

4) Siehe hierzu Betriebsteuerausschuß der Verwaltung für Finanzen (1949) S. 930 ff.

5) Vgl. Ketzel (1969) S. 141 ff.

Logik des Systems als solchem erwachsen, im Vordergrund stand eher die Idee einer vermögenspolitischen Ausrichtung der Besteuerung von Körperschaften. Der Vorschlag von W. Stützel und W. Engels ist - das wird in ihrer im Jahre 1968 erschienenen Schrift und in anderen Veröffentlichungen der Autoren [1] deutlich - primär aus vermögenspolitischen Überlegungen hervorgegangen, oder er wird doch zumindest von ihnen in erster Linie vermögenspolitisch begründet. So heben sie immer wieder in besonderem Maße hervor, daß mit ihrem Konzept "Renditen auf Vermögensanlagen in Beteiligungstiteln für die Bezieher kleiner Einkommen beträchtlich erhöht würden" und daß damit "der Aktienbesitzkonzentration entgegengewirkt würde (stärkere Beteiligung des 'kleinen Mannes' am Produktivvermögen der Wirtschaft)". [2] Damit fügt sich der Vorschlag in die um die Mitte der sechziger Jahre einsetzende vermögenspolitische Diskussion, die insbesondere die Verteilung des Produktivvermögens zum Gegenstand hatte. [3]

Neben der Förderung des Beteiligungssparens treten die übrigen mit der Einführung der Teilhabersteuer verfolgten Zielsetzungen einer Verbesserung der Kapitalstruktur der Unternehmen und der Vereinfachung des Steuerrechts in den Hintergrund; sie sind jedoch nach Ansicht der Autoren mit dem vermögenspolitischen Ziel durchaus kompatibel. [4] So verbindet

---

1) Siehe z.B. Engels (1969) S. 221, Stützel (1969) S. 320 ff. und das Interview mit Stützel in: Der Volkswirt (27.2.1970) S. 15 f.

2) Engels/Stützel (1968) S. 11.

3) Siehe hierzu Willgerodt/Bartel/Schillert (1971) insbesondere S. 369 ff.; ferner Alverdes (1968) S. 179 f.

4) Vgl. Engels/Stützel (1968) S. 11

sich in der Idee der Teilhabersteuer die Konzeption vom "Eigentum für alle", die über das "Gebot 'vom wirtschaftlichen Miteigentum der Aktionäre'" [1] auch oder gerade im Bereich der juristischen Personen realisierbar erschien, mit der betriebswirtschaftlichen und der steuersystematischen Kritik am geltenden Körperschaftsteuersystem.

Der Konkretisierungsgrad des Vorschlages, die Betonung einer konfliktfreien Zusammenführung unterschiedlicher wirtschaftspolitischer und sozialpolitischer "Anliegen" und nicht zuletzt eine - von fast "missionarischem Eifer" [2] zeugende - wiederholte Propagierung [3] haben den Teilhabersteuer-Plan neben

---

1) Engels/Stützel (1968) S. 28.

2) Winkler (1969) S. 1058.

3) So machte Stützel seinen Plan im Jahre 1967 auch über das Jahresgutachten 1967/68 des Sachverständigenrates zur Begutachtung der gesamtwirtschaftlichen Entwicklung bekannt, dem er zu jener Zeit als Mitglied angehörte. Unter der Überschrift "Förderung des Beteiligungssparens und der Beteiligungsfinanzierung" als ein Weg, die gesellschaftspolitisch erwünschte Zunahme der privaten Ersparnisse ohne Deflationsrisiken und Wachstumshemmung zu erreichen, werden die Ideen von Stützel dargestellt und besonders auch ihre Vorzüge hervorgehoben. Vgl. Sachverständigenrat zur Begutachtung der gesamtwirtschaftlichen Entwicklung (1967) S. 237 ff. Obwohl der Sachverständigenrat distanzierend ausführt, daß "die skizzierte Form einer einmaligen Teilhaberbesteuerung ... nicht als Vorschlag zu verstehen" sei und "andere Formen ... das Gleiche leisten oder besser sein" mögen (ebd., S. 240), so muß die im ganzen doch recht positive und alternativlose Erörterung des Stützel-Plans beim Leser dennoch den Eindruck einer Empfehlung erwecken. Eine solche war dem Rat jedoch entsprechend seinem gesetzlichen Auftrag nicht gestattet.

dem Vorschlag des Wissenschaftlichen Beirats beim Bundesministerium der Finanzen zu einem bestimmenden Beitrag in der Diskussion um die Reform der Körperschaftsbesteuerung werden lassen.

3. Die Konzeption des Wissenschaftlichen Beirats beim Bundesministerium der Finanzen: Das Anrechungsverfahren

Im Jahre 1967 legte der Wissenschaftliche Beirat beim Bundesministerium der Finanzen ein Gutachten zur Reform der direkten Steuern in der Bundesrepublik Deutschland vor, das u.a. eine Neugestaltung des Körperschaftsteuersystems zum Inhalt hatte. Den Ausführungen des Beirats ist zu entnehmen, daß er die Existenz einer selbständigen proportionalen Körperschaftsteuerbelastung ausschließlich aus steuertechnischen Erwägungen und ausschließlich bei einbehaltenen Gewinnen für gerechtfertigt hält. Nicht ausgeschüttete Gewinne seien wirtschaftlich betrachtet Einkommensbestandteile der Anteilseigner; daher "wäre es an sich folgerichtig, Kapitalgesellschaften und sonstige juristische Personen - ohne Rücksicht auf ihre rechtliche Ausgestaltung - wie Personalgesellschaften zu besteuern, d.h. die Gewinnanteile bei den Gesellschaftern - unabhängig davon, ob sie ausgeschüttet oder einbehalten werden - als Einkünfte aus Gewerbebetrieb zu erfassen. Praktisch läßt sich eine solche Besteuerung nicht durchführen, da die Zurechnung der einbehaltenen Gewinne bei komplizierten Verschachtelungsverhältnissen zu unüberwindlichen technischen Schwierigkeiten führen würde. Zur Erfassung der einbehaltenen Gewinne der Kapitalgesellschaften verbleibt demnach kein anderer Weg, als sie mit einer besonderen Steuer zu belasten." [1] Hierdurch sich ergebende willkürliche Unterschiede in der steuerlichen Belastung seien hinzunehmen, da unvermeidlich; in jedem Falle zu verhindern sei jedoch eine steuerliche Besserstellung der Kapitalgesellschaften gegenüber den Personengesellschaften. Dies erfordere eine Angleichung des Körperschaftsteuersatzes an den Spitzensatz der Einkommensteuer.

Diesen Überlegungen entspräche die Freistellung ausgeschütteter Gewinne von der Körperschaftsteuer; unter bestimmten Bedingungen könnte eine ungerechtfertigte Begünstigung unbeschränkt Steuerpflichtiger die Folge sein.

Der Beirat lehnt diese Lösung daher ab und unterbreitet folgenden Vorschlag: "Besteuerung des gesamten Gewinnes der Kapitalgesellschaften - ohne Rücksicht auf seine Verwendung - durch eine Körperschaftsteuer mit Verrechnung (bzw. Erstattung) der auf den ausgeschütteten Gewinn entfallenden Körperschaftsteuer gegen die Belastung der Dividendenempfänger mit der Einkommensteuer und der Kirchensteuer." [2]

Wird die Anrechnung auch auf die Körperschaftsteuerschuld Anteile besitzender Kapitalgesellschaften ausgedehnt,entfiele das Schachtelprivileg. Der Beirat spricht sich ferner aus Gründen der Wettbewerbsneutralität und der Steuerharmonisierung für eine Aufhebung der körperschaftsteuerlichen Organschaft

1) Bundesministerium der Finanzen (1967) S. 50.
2) Bundesministerium der Finanzen (1967) S. 51.

aus [1]; auch Sonderregelungen für sog. personenbezogene Kapitalgesellschaften seien aus steuersystematischen Erwägungen abzulehnen.

Darüber hinaus unterzieht der Beirat die im Körperschaftsteuerrecht gewährten Befreiungen und tariflichen Begünstigungen einer kritischen Überprüfung. Er geht dabei von folgendem Satz aus: "Eine Ausnahme von der subjektiven Steuerpflicht ist nur für solche Kapitalgesellschaften oder andere juristische Personen anzuerkennen, die ausschließlich und unmittelbar kirchlichen, gemeinnützigen oder mildtätigen Zwecken dienen (§§ 17 bis 19 StAG) oder ganz überwiegend hoheitliche Aufgaben erfüllen." [2] Dies führt zu folgenden Konsequenzen:

- Aufhebung der Tarifbegünstigungen für
  - -- Erwerbs- und Wirtschaftsgenossenschaften,
  - -- Versicherungsvereine auf Gegenseitigkeit,
  - -- rechtsfähige Vereine und Stiftungen,
  - -- nicht rechtsfähige Vereine, Anstalten, Stiftungen und andere Zweckvermögen,
  - -- Betriebe gewerblicher Art von Körperschaften des öffentlichen Rechts,
  - -- Körperschaften, Personenvereinigungen und Vermögensmassen, die weder ihre Geschäftsleitung noch ihren Sitz im Inland haben,
  - -- Kreditanstalten des öffentlichen Rechts,
  - -- private Bausparkassen,

---

1) Eine Minderheit der Mitglieder schließt sich dieser Auffassung aus betriebswirtschaftlichen Überlegungen nicht an. Vgl. Bundesministerium der Finanzen (1967) S. 54.
Zur Kritik an der Mehrheitsauffassung des Beirats siehe auch Rose (1967) S. 225 f.

2) Bundesministerium der Finanzen (1967) S. 57.

-- Hypothekenbanken,
-- Schiffspfandbriefbanken,
-- die Industriekreditbank AG, die Deutsche Industriebank, die Berliner Industriebank AG und die Saarländische Investititionskreditbank AG,
-- Kreditgenossenschaften und Zentralkassen,
-- den Betrieb von Handelsschiffen im internationalen Verkehr;

- Aufhebung der subjektiven Steuerbefreiungen für

-- Staatsbanken,
-- Sparkassen,
-- Pensions- und sonstige Hilfskassen für Fälle der Not oder Arbeitslosigkeit,
-- Berufsverbände ohne öffentlich-rechtlichen Charakter,
-- Körperschaften oder Personenvereinigungen zur Vermögensverwaltung für Berufsverbände,
-- gemeinnützige Wohnungs- und Siedlungsunternehmen,
-- kleinere Versicherungsvereine a.G.,
-- landwirtschaftliche Nutzungs- und Verwertungsgenossenschaften,
-- die Deutsche Genossenschaftskasse, die Landwirtschaftliche Rentenbank und die staatlichen Lotterieunternehmen;

- Änderung von § 4 Abs. 1 Nr. 6 KStG (betr. Vermögensverwaltung).

Nach Berechnungen, die der Beirat zusammen mit dem Bundesfinanzministerium erarbeitet hat, führt die Beseitigung der Steuerbefreiungen für Sparkassen, gemeinnützige Wohnungs- und Siedlungsunternehmen und für die landwirtschaftlichen Nutzungs- und Verwertungsgenossenschaften zu jährlichen Körperschaftsteuermehreinnahmen von schätzungsweise 380 Mill. DM [1] (berechnet auf der Grundlage der Wirtschaftstatbestände im Jahre 1967). Die fiskalischen Konsequenzen bei Aufhebung der übrigen genannten subjektiven Steuerbefreiungen wurden aus ermittlungstechnischen Gründen nicht berechnet. Die Einführung des Anrechnungsverfahrens bei gleichzeitiger Aufhebung der Tarifbegünstigungen und einem einheitlichen Körperschaftsteuersatz von 62,5 % ist nach Ansicht des Beirats, unterstellt man eine mäßig ansteigende Ausschüttungsquote, neutral in bezug auf das Körperschaftsteueraufkommen. Aufkommenserhöhungen seien jedoch bei der Einkommensteuer aufgrund der anzunehmenden höheren Ausschüttungen zu erwarten. [2] Der Beirat weist allerdings selbst darauf hin, daß die "Schätzungen mit nicht unerheblichen Unsicherheiten belastet sind". [3]

Abschließend sei darauf hingewiesen, daß der Beirat in seinem immerhin etwa 80 Seiten umfassenden Gutachten der Reform der Körperschaftsteuer nicht mehr als 8 Seiten widmet. Dies muß bei Kenntnis um die Kompliziertheit der Materie erstaunlich erscheinen und hat dazu geführt, daß längst nicht alle mit der Systemänderung zusammenhängenden Probleme angesprochen werden; das Gremium hat sich im wesentlichen auf die steuersystematischen Aspekte beschränkt.

---

1) Vgl. Bundesministerium der Finanzen (1967) S. 85.
2) Vgl. Bundesministerium der Finanzen (1967) S. 90.
3) Bundesministerium der Finanzen (1967) S. 81.

4. Der Meilicke-Vorschlag: Die Milderung der Doppelbelastung

Im Jahre 1968 äußerte sich der Rechtswissenschaftler H. Meilicke in einem Vortrag auf der Jahrestagung der Arbeitsgemeinschaft Selbständiger Unternehmer in Baden-Baden zum System der Körperschaftsbesteuerung und unterbreitete folgende Vorschläge: Die ausgeschütteten und einbehaltenen Gewinne von Kapitalgesellschaften seien einheitlich mit einem proportionalen Körperschaftsteuersatz von 50 % zu belasten, d.h. der gespaltene Körperschaftsteuersatz entfiele. "Alsdann wäre es das Idealste, die Dividenden von Kapitalgesellschaften ... von jeder weiteren Steuer vom Einkommen freizustellen." [1]

Diese in seinen Augen konsequente Lösung, die Doppelbelastung durch ausschließliche Besteuerung des Gewinns auf der Ebene der Kapitalgesellschaft zu beseitigen, erscheint H. Meilicke allerdings "nicht durchsetzbar" [2], aber auch "nicht ratsam" [3] zu sein. Ausführlich begründet wird dies jedoch nicht. In diesem Sinne spricht er sich für eine abgeschwächte Besteuerung der ausgeschütteten Gewinne aus und unterscheidet hierbei drei Fälle [4]:

- Auf der Ebene der ausländischen Anteilseigner hält er eine zusätzliche Belastung der Ausschüttungen mit einem Satz von 15 %, wie sie zum damaligen Zeitpunkt aufgrund von Doppelbesteuerungsabkommen meist schon bestand, für richtig bemessen. Denn: Ausländische Anteilseigner könnten bei einer Freistellung "ein zu starkes Interesse am

---

1) Meilicke (1968) S. 218

2) Meilicke (1968) S. 218.

3) Meilicke (1968) S. 220.

4) Vgl. Meilicke (1968) S. 218 ff.

Erwerb deutscher Aktien erhalten, und das könnte zu einer Geldentwertung führen ...".[1]

- Ausschüttungen an unbeschränkt steuerpflichtige natürliche Personen sollen jeweils nur zur Hälfte im Rahmen der Einkommensbesteuerung der Anteilseigner erfaßt werden.[2] Vor allem dieser Punkt ist als der sog. Meilicke-Vorschlag in die Diskussion um die Körperschaftsteuerreform eingegangen; er führt anders als die bisher vorgestellten Reformvorschläge nicht zu einer Beseitigung, sondern lediglich zu einer Milderung der Doppelbelastung.
- Ausschüttungen von Kapitalgesellschaften an Kapitalgesellschaften will H. Meilicke generell, d.h. nicht nur im Rahmen des Schachtelprivilegs, von einer zweifachen Belastung durch die Körperschaftsteuer freigestellt wissen.

Im Kontext seines Referates auf der Jahrestagung der Arbeitsgemeinschaft Selbständiger Unternehmer hatte H. Meilicke den Vorschlag mit einem konkreten steuerrechtlichen Problem verbunden, und zwar mit der aufgrund eines damaligen Urteils des Bundesfinanzhofs zu erwartenden gesetzlichen Nicht-Anerkennung von Ergebnisübernahmeverträgen mit Personenunternehmen, welche eine "Durchlöcherung" des Prinzips der Doppelbelastung ausgeschütteter Körperschaftsgewinne erlaubten. Die Beseitigung oder zumindest doch die Milderung der Doppelbelastung durch einen Umbau des gesamten Körperschaftsteuersystems und die damit verbundene Entbehrlichkeit dieser Ergebnisübernahmeverträge[3] ist hierbei nur eine von

---

1) Meilicke (1968) S. 220.

2) Auf eine Dividende von 50,- DM entfiele demnach beispielsweise bei Unterstellung eines individuellen Einkommensteuersatzes von 50 % eine Einkommensteuerschuld von 12,50 DM.

3) Vgl. Meilicke (1968) S. 219.

drei Alternativen der Steuergestaltung, zu denen das Urteil des Bundesfinanzhofs nach Meilickes Ansicht würde führen müssen. [1]

H. Meilicke hat, soweit ersichtlich, seinen Vorschlag im Verlaufe der Reformdiskussion um die Körperschaftsteuer nicht wieder vorgetragen. Dies, der spezielle Anlaß seiner Überlegungen - der Vortrag zielt vor allem auf eine Unterrichtung von selbständigen Unternehmern über die Möglichkeiten und Perspektiven der Unternehmensgestaltung - und die nur unvollkommene Beseitigung der Doppelbelastung ließen dem Vorschlag in der Reformdiskussion keine allzu große Bedeutung zukommen.

5. Der Vorschlag von W. Flume: Die Wiederbelebung des Betriebsteuergedankens

Entgegen dem Strom aller übrigen Diskussionsbeiträge unterbreitete der Steuerrechtler W. Flume im Jahre 1971 den Vorschlag, die Körperschaftsteuer zu einer allgemeinen, äquivalenztheoretisch begründeten Betrieb- oder Unternehmensteuer auszubauen. [2] Seine Überlegungen gingen dahin, die subjektive Steuerpflicht auf alle Gewerbebetriebe, also auch auf Personenunternehmen auszudehnen und die objektive Steuerpflicht auf den Ertrag im Sinne des Gewerbesteuerrechts, also auch auf die Zinsen für Dauerschulden zu beziehen. Der ausgeschüttete bzw. entnommene

---

1) Vgl. Meilicke (1968) S. 216. Die beiden anderen Möglichkeiten beziehen sich auf Umgestaltungen nach dem geltenden Steuerrecht und auf die Gewährung von Umwandlungsteuervergünstigungen.

2) Flume (1971) S. 692 ff.

Gewinn sollte darüber hinaus im Rahmen der Einkommensteuer nochmals erfaßt werden; vorgesehen war allerdings eine Milderung, für niedrige Dividendeneinkommen sogar eine Beseitigung der Doppelbelastung durch hohe Freibeträge und eine Festsetzung der Einkommensteuer auf die Hälfte des Durchschnittssteuersatzes.

Dies ist, soweit ersichtlich, der einzige Beitrag im Vorfeld der Körperschaftsteuerreform gewesen, der unter Rückbesinnung auf die Betriebsteuervorschläge der vierziger Jahre [1] die selbständige Körperschaftsteuer durch eine deutliche Trennung zwischen privater und betrieblicher Sphäre auch bei Personenunternehmen erheblich aufgewertet wissen wollte. [2] W. Flume beruft sich hierzu auf die bekannte steuerrechtswissenschaftliche Auffassung von der Selbständigkeit juristischer Personen; für ihn ist es ein "Faktum, daß der Gewinn ein Unternehmensgewinn und nicht ein Gewinn des einzelnen Aktionärs ist". [3]

Die Crux der mit der herkömmlichen Körperschaftsbesteuerung einhergehenden wettbewerbsaneutralen Belastung der unterschiedlichen Rechtsformen sieht W. Flume durch die Ausdehnung der subjektiven Steuerpflicht beseitigt. Darüber hinaus erscheint ihm eine aufkommensneutrale Realisierung seines Vorschlages trotz Herabsetzung des Steuersatzes und

---

1) Vgl. Betriebsteuerausschuß der Verwaltung für Finanzen (1949) S. 930 ff.

2) Vgl. Flume (1971) S. 693: "Wir sollten m.E. auf die Körperschaftsteuer als eine wirkliche Unternehmensteuer nicht verzichten."

3) Flume (1971) S. 694.

Abschaffung der Gewerbeertragsteuer aufgrund der Verbreiterung der Bemessungsgrundlage, insbesondere durch die Einbeziehung der Dauerschuldzinsen, möglich.

Die Idee der Teilhabersteuer und der Beitrag von W. Flume haben eines gemeinsam: Beide Vorschläge bedeuten ein Loslösen von der Ordnungsstruktur des Zivilrechts, auf der das herkömmliche Körperschaftsteuersystem gegründet ist.

W. Flume verläßt das zivilrechtliche Ordnungsprinzip in der Sphäre der Personengesellschaften, indem er den Betrieb auch hier als ein vom Inhaber unabhängiges Besteuerungsobjekt ansieht; W. Stützel und W. Engels trennen sich in der Sphäre der Kapitalgesellschaften von der zivilrechtlichen Auffassung über die Selbständigkeit juristischer Personen. Beide Vorschläge implizieren daher eine außerordentlich weitgehende und nicht risikolose Umgestaltung des Körperschaftsteuersystems. Für die Betriebsertragsteuer von W. Flume und ebenso für die älteren Betriebsteuervorschläge hat dies den Ausschluß aus der Reformdiskussion bedeutet [1]; der Stützel-Plan war zwar eher mit den zeitgenössischen vermögenspolitischen Strömungen kompatibel - dies hat sich dann auch in seiner Aufnahme in die Reformdiskussion niedergeschlagen -, dennoch ist auch er gescheitert. Die Unsicherheit bezüglich seiner Funktionstüchtigkeit erschien zu groß. Das Anrechnungsverfahren dagegen bot keine Extremlösungen, es bildete vielmehr

---

1) Eine weitere Ursache für die Nicht-Beachtung des Flume-Vorschlags liegt sicherlich auch in seinem im Verhältnis zu den übrigen Reformvorschlägen späten Veröffentlichungszeitpunkt.

einen idealen Kompromiß zwischen dem hohen Risikograd systemablösender Gestaltungen und dem Wunsch nach einer Erneuerung der herkömmlichen Regelung.

2. Kapitel: PARTEIEN UND KÖRPERSCHAFTSTEUERREFORM

A. Die Initiator-Rolle der Freien Demokraten

Die FDP hatte sich schon Ende der sechziger Jahre mit der Reform der Körperschaftsteuer intern auseinandergesetzt, wobei in den damaligen Diskussionen das von dem Parteimitglied Stützel konzipierte Teilhabersteuermodell eine vorrangige Rolle spielte. Bereits im September 1968 erschien in der FDP-nahen Zeitschrift "liberal" ein deutlich befürwortender Artikel über den Stützel-Plan, verfaßt von R.H. Jung, einem Mitarbeiter der Abgeordneten L. Funcke. [1] Ab November 1968 befaßte sich dann der neu gebildete Bundesfachausschuß für Finanz- und Steuerpolitik unter dem Vorsitz von K.H. Hansmeyer mit der Reform der Körperschaftsteuer. Ein eigens hierzu eingesetzter Unterausschuß [2] sprach sich auf der Grundlage der Vorarbeiten R.H. Jungs für die Teilhabersteuer als Alternative zum Vorschlag des Wissenschaftlichen Beirats beim Bundesfinanzministerium und dem in Schweden praktizierten Dividendenabzugsverfahren aus. Auf Empfehlung des Bundesfachausschusses [3] wurde daraufhin das Teilhabersteuermodell auf dem Nürnberger Parteitag im Juni des Jahres 1969 in die "Wahlplattform" der Freien Demokraten übernommen. [4]

---

1) Vgl. Jung (1968) S. 714 ff.

2) Diesem gehörten die Parteimitglieder Hansmeyer (federführend), Wichmann, Schmitt, Funcke, Jung und Köhler an.

3) Vgl. Bundesfachausschuß für Finanz- und Steuerpolitik der FDP (1969) S. 2.

4) Siehe Jäckel (1969) S. 183.

Nach der Regierungsbildung des Jahres 1969 gehen mit der konstituierenden Sitzung der Steuerreformkommission der FDP (Vorsitz: K.H. Hansmeyer) am 27.2.1970 alle parteiinternen Vorbereitungsarbeiten an der sog. Großen Steuerreform auf dieses Gremium über, dessen Mitglieder vom Bundesvorstand der Partei benannt werden.

Beratungsgrundlage der Hansmeyer-Kommission ist zunächst ein Gutachten des der FDP nahestehenden Instituts für politische Planung und Kybernetik, das sich ebenfalls für den Stützel-Plan ausschpricht und hierzu einen Steuersatz von 60 % erwägt. [1] Auch ein um die Jahreswende 1970/71 von K.H. Hansmeyer und R.H. Jung vorgelegtes und in der Kommission beratenes Arbeitspapier votiert für die "Ersetzung der Körperschaftsteuer durch eine Teilhabersteuer" [2] - ohne allerdings einen konkreten Steuersatz zu nennen.

Um so überraschender muten die Beschlüsse der Hansmeyer-Kommission vom 7./8.5.1971 an, in denen das FDP-Gremium den Empfehlungen der Eberhard-Kommission zur Körperschaftsteuerreform, die in der Zwischenzeit veröffentlicht worden waren, beipflichtet und für ein Anrechnungsverfahren plädiert, das sich auf den ausgeschütteten Gewinn und die Umwandlung von Rücklagen in Nennkapital erstrecken soll. [3]

---

1) Vgl. Institut für politische Planung und Kybernetik (1970) S. 107 ff.

2) Hansmeyer/Jung (1970) S. 10.

3) Vgl. Steuerreformkommission der FDP (1971) S. 5.

Hinter dieser doch recht abrupten Abkehr von dem innerhalb der FDP favorisierten Stützel-Plan stand wohl die sich durchsetzende Erkenntnis seiner mangelnden steuertechnischen Realisierbarkeit, welche die Eberhard-Kommission deutlich herausgearbeitet hatte, und seiner schwindenden politischen Aktualität. Auch die inzwischen bekannt gewordenen Vorschläge des Bundesministeriums der Finanzen befürworteten das Anrechnungsverfahren, so daß der Stützel-Plan mittlerweile von keiner zur politischen Durchsetzung fähigen Gruppe mehr getragen wurde.

Wie die Steuerreformkommission der Partei so schloß sich auch die Arbeitsgruppe "Steuerreform" innerhalb der FDP-Fraktion des Deutschen Bundestages unmittelbar nach Bekanntwerden des Eberhard-Gutachtens im Frühjahr 1971 den hierin enthaltenen Vorschlägen zum Systemwechsel bei der Körperschaftsbesteuerung an. [1] Das legt den Schluß auf eine relativ konfliktfreie parteiinterne Willensbildung zu diesem Punkte nahe, die sich im übrigen auch aus dem Tenor der insgesamt ausgewerteten Protokolle der verschiedenen FDP-Gremien ableiten läßt.

Daß die Konfliktstärke parteiinterner Willensbildung zu einem großen Teil auch von der personellen Besetzung der Gremien abhängt, ist nur natürlich. So steht Konfliktfreiheit der Entscheidungsfindung nicht zwangsläufig für eine einheitliche Meinung der Gesamtpartei (inkl. Parteibasis), sondern sie kann bedingt sein durch eine oligarchische Besetzungsstruktur der Parteigremien und eine "gesteuerte"

---

1) Vgl. Arbeitsgruppe "Steuerreform" der FDP-Fraktion im Bundestag (1971) S. 4.

Ernennung von Kommissionsmitgliedern. In diesem Zusammenhang sei darauf hingewiesen, daß sich im Gegensatz zur Steuerreformkommission der FDP, deren Mitglieder allein vom Bundesvorstand der Partei benannt worden waren, die Eppler-Kommission der SPD aus neun vom Parteivorstand und 22 von den Bezirken delegierten Mitgliedern zusammensetzte und daß bei letzterer von daher die Gefahren einer Konfliktreduzierung durch Repräsentationsverengung weitgehend ausgeschaltet werden konnten. Als unzulässig muß jedoch der Umkehrschluß abgelehnt werden, die konfliktfreie Entscheidungsfindung der FDP im Rahmen der Körperschaftsteuerreform sei das Ergebnis ihrer parteiinternen Entscheidungsstrukturen. Die Auswertung der parteiinternen Diskussionen spricht eher dafür, daß in der Tat die Gesamtpartei für den Systemwechsel bei der Körperschaftsteuer gewonnen werden konnte.

Nachdem die Freien Demokraten im Verlaufe des Jahres 1971 ihre Vorstellungen zur Reform der Körperschaftsteuer im Grundsatz [1] in die Eckwerte der Bundesregierung eingebracht hatten, kam es zu einem Wiederaufleben der parteipolitischen Diskussion um diesen Teil der Steuerreform im Vorfeld der Bundestagswahl des Jahres 1972. Während die Sozialdemokraten ihre Parteitagsbeschlüsse vom November 1971 als Wahlprogramm präsentierten und sich dementsprechend gegen einen Systemwechsel bei der Körperschaftsteuer aussprachen, enthielt die Wahlaussage der FDP die Eckwertbeschlüsse der Bundesregierung aus dem Jahre 1971 [2], deren Weitergeltung dann auch nach

---

1) Nicht akzeptiert wurde auf Regierungsebene aus fiskalischen Gründen die Einbeziehung der Umwandlung von Rücklagen in Nennkapital in das Anrechnungsverfahren.

2) Vgl. Handelsblatt (4.10.1972).

der Wahl im Zuge der Koalitionsverhandlungen auf Drängen der Freien Demokraten bestätigt wurde und auf deren Grundlage die Körperschaftsteuerreform in der 7. Wahlperiode zum Abschluß kam.

Die sich in diesem Zusammenhang aufdrängende Vermutung, daß ohne eine Regierungsbeteiligung der Freien Demokraten von Seiten der SPD entsprechend ihrer Wahlaussage auf eine Umgestaltung des Körperschaftsteuersystems verzichtet worden wäre, unterstreicht die Schlüsselrolle der FDP, die über ihren direkten Zugang zur Regierung in der Lage war, ihre diesbezüglichen Vorstellungen gegen die Widerstände des Koalitionspartners zu realisieren.

B. Die Dominanz interner Konfliktaustragung bei den Sozialdemokraten

1. Die Eppler-Kommission

Eine Intensivierung der parteiinternen Diskussionen über die "Große Steuerreform" und damit auch über die Reform der Körperschaftsteuer läßt sich für die SPD im Anschluß an ihren 13. Ordentlichen Parteitag im Mai des Jahres 1970 beobachten. Die Delegierten entschieden sich dort mehrheitlich für die Einberufung eines Außerordentlichen Parteitages im Jahre 1971, auf dem u.a. Vorschläge der Partei zur Steuerreform verabschiedet werden sollten. Zur Vorbereitung dieses Themas setzte der Saarbrücker Parteitag eine 31-köpfige Kommission [1] unter dem Vorsitz von

1) Die Kommission war besetzt mit 22 Bezirksvertretern und 9 vom Vorstand berufenen Parteimitgliedern.

E. Eppler [1] mit dem Auftrag ein, Steuerreformvorschläge für die Partei zu erarbeiten und in Form eines Berichtes der Parteiorganisation bis 1971 vorzulegen. An diese sog. Steuerreformkommission beim Parteivorstand der SPD wurden auch die Anträge des Saarbrücker Parteitages zur Steuerreform und zur Vermögenspolitik, soweit letztere steuerrechtliche Maßnahmen betrafen, überwiesen. Konkrete Anträge zur Körperschaftsbesteuerung waren darunter allerdings kaum; die vom Parteitag eingesetzte Kommission scheint sich innerhalb der Partei erstmals mit diesem Komplex intensiver auseinandergesetzt zu haben.

"Um anzuzeigen, in welche Richtung ihre Vorschläge gehen werden" [2], legte die Eppler-Kommission im Mai 1971 eine Stellungnahme zum Gutachten der Steuerreformkommission beim Bundesfinanzministerium (Eberhard-Kommission) vor, das am 30. März 1971 dem Bundeskanzler überreicht worden war. Die Eppler-Kommission wirft der Eberhard-Kommission hierin

---

1) Zunächst sollte A. Möller die Leitung der Kommission übernehmen. Möller bat jedoch, den Vorsitz E. Eppler zu übertragen, da er selbst Konflikte mit seiner Rolle als Finanzminister befürchtete. Er schreibt dazu in seinen biographischen Aufzeichnungen: "Bei meinen Vorschlägen (als Finanzminister, d. Verf.) handelte es sich um die Erarbeitung einer Regierungsvorlage der Koalition, die in vielen Bereichen Kompromißlösungen enthalten mußte. Demgegenüber hatten die Sozialdemokraten (in ihrer Steuerreformkommission, d. Verf.) klarzumachen, welche Auffassungen sie bei der Gestaltung der Reformgesetze vertreten." Möller (1980) S. 463.

2) Steuerreformkommission beim Parteivorstand der SPD (1971a) S. 3.

vor, überwiegend die Interessen der großen Unternehmungen vertreten zu haben. Unter anderem sei der Abbau der Doppelbelastung der von Kapitalgesellschaften ausgeschütteten Gewinne kein Anliegen der Arbeitnehmer und kleinen Gewerbetreibenden. Für die Körperschaftsteuer wird hieraus der Schluß gezogen: "Wir sehen zum gegenwärtigen Zeitpunkt keinen Anlaß, das Körperschaftsteuerrecht zu ändern". [1)]

Die Ablehnung der Körperschaftsteuerreform durch die Eppler-Kommission ist sicherlich nicht nur verteilungspolitisch begründet gewesen. Die Kommission beim SPD-Parteivorstand, die anders als die Eberhard-Kommission neben einer Verbesserung des Systems der Besteuerung sehr stark auch versorgungspolitische Ziele verfolgte und in diesem Sinne ja auch im Gegensatz zum Postulat der Aufkommensneutralität im Gutachten der Eberhard-Kommission für eine Erhöhung des Gesamtsteueraufkommens plädierte, [2)] mußte steuerausfallintensiven Reformvorhaben - und hierzu ist mit Sicherheit zum damaligen Zeitpunkt auch die Körperschaftsteuerreform gerechnet worden - eher ablehnend gegenüberstehen. Treten dann noch wie in diesem Falle verteilungspolitische Bedenken hinzu, ist die Entscheidung programmiert.

Ihren Abschlußbericht überreichte die Kommission dem Parteivorstand im Juli 1971. Zum Thema "Körperschaftsteuer" enthält er folgende Vorschläge und Begründungen:

---

1) Steuerreformkommission beim Parteivorstand der SPD (1971a) S. 8.

2) Vgl. Steuerreformkommission beim Parteivorstand der SPD (1971a) S. 8.

- "Die Kommission hält eine Änderung des derzeitigen Körperschaftsteuersystems nicht für geboten und überdies für schwer durchführbar. Eine Änderung des Systems könnte allenfalls im Zusammenhang mit einer breiteren Vermögensbildung erwogen werden." [1] Die Kommission weist in ihrer Begründung auch auf die Vorteile des Anrechnungsverfahrens hin; neben verwaltungstechnischen Schwierigkeiten und einer gegenläufigen Tendenz im EG-Bereich ist es jedoch vor allem der "beträchtliche Steuerausfall", der "nur einigen Wenigen zugute kommt", welcher dennoch die Ablehnung der Kommission hervorruft. [2]
- "Der allgemeine Steuersatz soll - unter Beibehaltung der ermäßigten Tarife - auf 56 v.H. erhöht werden". [3] Hierzu existierte ein Minderheitsvorschlag, der den Körperschaftsteuersatz auf 58 v.H. erhöht wissen wollte.
- Kriterium für die Steuerfreiheit von Kreditinstituten ist für die Kommission die ausschließliche Wahrnehmung öffentlicher Aufgaben. [4] "Steuerfreiheit soll nur noch die Bundesbank genießen. Die Bundesregierung sollte prüfen, ob bei der Kreditanstalt für Wiederaufbau Steuerfreiheit noch gerechtfertigt ist." [5]

---

1) Steuerreformkommission beim Parteivorstand der SPD (1971b) S. 18.

2) Steuerreformkommission beim Parteivorstand der SPD (1971b) S. 19, 21.

3) Steuerreformkommission beim Parteivorstand der SPD (1971b) S. 18.

4) Vgl. Steuerreformkommission beim Parteivorstand der SPD (1971b) S. 21.

5) Steuerreformkommission beim Parteivorstand der SPD (1971b) S. 50.

- Die Steuerbefreiung für Wohnungs- und Siedlungsunternehmen sollte aus Gründen der Wettbewerbsneutralität beseitigt werden. [1)]

Diese Vorschläge zum Körperschaftsteuerrecht führen nach Ansicht der Kommission zu jährlichen Steuermehreinnahmen von 1.000 Mio. bzw. 1.400 Mio. (Minderheitsvorschlag) DM. [2)]

2. Der sog. Steuerparteitag der SPD: Die Ablehnung des Systemwechsels durch die Parteibasis

Auf der Grundlage des Berichtes der Eppler-Kommission fand vom 18. bis 20. November und am 17. und 18. Dezember 1971 in Bonn und Bad Godesberg der IV. Außerordentliche Parteitag der SPD statt, der während der November-Session die langerwarteten - immerhin hatte die Bundesregierung ihre Vorstellungen in den Eckwertbeschlüssen schon festgeschrieben - Beschlüsse der Partei zur Steuerreform verabschiedete.

Die Diskussion über die Körperschaftsteuerreform am zweiten Verhandlungstag erstreckte sich nahezu ausschließlich auf die Frage nach der Höhe des Steuersatzes. Eine breitere Auseinandersetzung über den sicherlich grundsätzlicheren Problemkomplex der Beibehaltung oder Beseitigung des bestehenden Körperschaftsteuersystems kam dagegen nicht zustande. Dies muß um so mehr erstaunen, als sich doch immerhin

---

1) Vgl. Steuerreformkommission beim Parteivorstand der SPD (1971b) S. 50 f.

2) Vgl. Steuerreformkommission beim Parteivorstand der SPD (1971b) S. 18.

der Vorschlag der Steuerreformkommission in diesem Punkte gänzlich von den Eckwertbeschlüssen der Bundesregierung, deren Mitglieder zum Teil dem Parteivorstand angehörten, unterschied. Zwar sprach sich Bundesminister K. Schiller für die Einführung des Anrechnungsverfahrens aus und begründete dies mit einer "Entlastung der Kleinaktionäre" und dem "Wegfall des Ausländereffektes" [1], von eindringlichem Überzeugungswillen waren seine knappen Ausführungen allerdings nicht getragen. Bundeskanzler W. Brandt griff die im Grundsatz sich widersprechenden Vorstellungen von Bundesregierung und Eppler-Kommission bezüglich des Körperschaftsteuersystems überhaupt nicht auf. Selbst als der Delegierte R. Arndt eine Passage des Bundeskanzlers im Sinne einer Befürwortung der Doppelbelastung überinterpretiert, erfolgt kein Widerspruch von W. Brandt. Die sozialdemokratischen Regierungsmitglieder scheinen eine Konfrontation in diesem Punkte bewußt vermieden zu haben. Entweder waren sie sich der mehrheitlichen Ablehnung des Anrechnungssystems durch den Parteitag bewußt und sahen daher von vornherein keine Möglichkeit für eine Bestätigung der Eckwertbeschlüsse; möglicherweise standen sie aber auch selbst nicht geschlossen hinter der Systemänderung, sondern hatten diesen Punkt vor allem auf Drängen der FDP in die Eckwertbeschlüsse übernommen.

Die Gegner des Systemwechsels begründeten ihren Standpunkt auf dem Parteitag vorwiegend mit verteilungspolitischen Argumenten. Exemplarisch seien hierzu die Ausführungen J. Jordans zitiert: "Solange

---

1) Vorstand der SPD (o.J.) S. 317.

von einer breiten Streuung des Aktienbesitzes einfach nicht die Rede sein kann, solange 90 Prozent der Aktien in den Händen der berühmten 1,7 Prozent - dieser Anteil geht ja immer noch weiter zurück und nähert sich jetzt 1,6 Prozent - der Bevölkerung sind, solange kommt die vorgeschlagene Änderung des Systems gerade denen zugute, die ohnehin schon am meisten von der Gesellschaftsordnung profitieren. Der zu erwartende Steuerausfall wird auf 0,5 bis 1 Milliarde DM geschätzt, und dieser Steuerausfall soll, wenn ich das richtig verstanden habe, über die Mehrwertsteuer wieder hereingeholt werden. Das wäre also eine Reform der Körperschaftsteuer zugunsten der Vermögenden und zuungunsten der Nichtvermögenden." [1] Dem schloß sich die Mehrheit der Delegierten an: Bei wenigen Gegenstimmen wurde der Vorschlag der Eppler-Kommission zur Körperschaftsbesteuerung, der eine Änderung des Körperschaftsteuersystems allenfalls in Verbindung mit einer breiteren Vermögensbildung für erwägenswert hält, zunächst jedoch als eine Ablehnung des Anrechnungsverfahrens zu verstehen ist, angenommen. [2] Alternative Anträge aus dem Kreis der Delegierten - direkte Verknüpfung der Einführung des Anrechnungsverfahrens mit der Einführung der Vermögensbildungsabgabe sowie Einführung einer Teilhabersteuer mit einem Steuersatz von 65 % [3] - wurden damit verworfen.

---

1) Vorstand der SPD (o.J.) S. 312.

2) Vgl. Vorstand der SPD (o.J.) S. 350.

3) Siehe hierzu Vorstand der SPD (o.J.) S. 714.

Der breit geführten Auseinandersetzung über die Höhe des Körperschaftsteuersatzes lagen der Vorschlag der Eppler-Kommission mit einem Satz von 56 %, ein Minderheitsvorschlag dieser Kommission mit einem Satz von 58 % und zahlreiche Anträge aus den Bezirken zugrunde, welche Steuersätze zwischen 56 % und 75 % umfaßten. Die Diskussion beschränkte sich auf die 56 %- und die 58 %-Alternative. Während die sich an der Diskussion beteiligenden Mitglieder der Bundesregierung (W. Brandt, K. Schiller, E. Eppler) und der Bundestagsfraktion (L. Fellermaier, W. Nölling, H. Wehner) gemeinsam mit den Delegierten L. Kurlbaum-Beyer, K. Porzner, H. Striek, O. Radke und O. Paulig für einen Körperschaftsteuersatz von 56 % plädierten, wollten die Delegierten H. Heinemann, J. Jordan, D. Sperling, Ch. Zöpel, P. v. Oertzen, J. Steffen und G. Tolusch den Satz von 58 % verabschiedet wissen. Die Befürworter des niedrigeren Satzes sahen im Falle einer zu hohen Steuerbelastung die internationale Wettbewerbsfähigkeit der deutschen Unternehmen beeinträchtigt mit der Folge zunehmender Standortverlagerungen in Staaten mit niedrigerem Steuerbelastungsniveau. Die Verfechter der 58 %-Lösung bestritten einen solchen Zusammenhang und wiesen insbesondere auf die zum Teil auch von den Gegnern eines 58 %-Satzes akzeptierte Auffassung hin, nach der der Regelsteuersatz der Körperschaftsteuer sich maximal um etwa 2 Prozentpunkte vom Spitzensatz der Einkommensteuer unterscheiden solle; dieser war jedoch am Vortage mit 60 % verabschiedet worden. In der Abstimmung [1] ergab sich eine Mehrheit für den

1) Vgl. Vorstand der SPD (o.J.) S. 350.

regierungskonformen Vorschlag der Eppler-Kommission, allerdings mit der Ergänzung, die Bundestagsfraktion solle prüfen, welche Konsequenzen mit der Differenz von 4 Prozentpunkten zum Einkommensteuerspitzensatz verbunden seien.

Ebenso angenommen wurde der dritte Vorschlag der Eppler-Kommission zur Körperschaftsbesteuerung: die Aufhebung bestimmter persönlicher Steuerbefreiungen von Kreditinstituten mit Sonderaufgaben. Die von der Kommission befürwortete Beseitigung der Steuerbefreiung der Wohnungs- und Siedlungsunternehmen konnte dagegen keine Mehrheit erzielen. [1)]

Die Vorstellungen der Eppler-Kommission zur Körperschaftsbesteuerung wurden somit von den Parteitagsdelegierten bis auf den letztgenannten Punkt in vollem Umfang übernommen. Darüber hinaus beschloß der Parteitag auf der Grundlage mehrerer Anträge ausdrücklich, einer Vollbesteuerung der Sparkassen entgegenzutreten. [2)] An die Bundestagsfraktion überwiesen die Delegierten schließlich eine Reihe von Anträgen, die im wesentlichen auf eine Beseitigung von Steuerumgehungsmöglichkeiten abzielten und im einzelnen folgende Vorschläge zum Inhalt hatten: [3)]

---

1) Vgl. Vorstand der SPD (o.J.) S. 397 f.

2) Vgl. Vorstand der SPD (o.J.) S. 350. Auch dieser Beschluß war allerdings bereits in den Vorschlägen der Eppler-Kommission enthalten, da dort von einer Beibehaltung der ermäßigten Tarife ausgegangen wurde. Der Sparkassensektor scheint einem Teil der Delegierten jedoch besonders am Herzen gelegen zu haben. Vgl. auch Vorstand der SPD (o.J.) S. 313 f.

3) Vgl. Vorstand der SPD (o.J.) S. 777 ff. Es handelt sich hierbei um die Anträge S 258, S 289, S 290, S 400 (3.3), S 428 (3), S 547, S 706, S 750 (3.4).

- Die GmbH und Co. KG solle wie eine Kapitalgesellschaft mit ihrem gesamten Gewinn zur Körperschaftsteuer herangezogen werden.
- Ebenso solle der Gesamtgewinn der atypischen stillen Gesellschaft, also einschließlich der auf die atypische stille Beteiligung geleisteten Zahlungen, der Körperschaftsteuer unterworfen werden.
- Gratisaktien sollen steuerlich wie Gewinnausschüttungen behandelt werden.
- Die Kombination von Gewinnausschüttung und Kapitalerhöhung solle wie einbehaltener Gewinn besteuert werden.
- Der sogenannte Ausländereffekt solle beseitigt werden.

Wie die Ausführungen zeigen, war es während des Parteitages zu den erwarteten Meinungsverschiedenheiten um die Körperschaftsteuerreform zwischen den Mitgliedern des Parteivorstandes und den Vertretern der Bezirke gekommen. Aufgrund enger personeller Verflechtungen zwischen Parteivorstand und Bundesregierung war die Parteispitze stärker an den gemeinsam mit der FDP verabschiedeten Eckwerten orientiert, während die Bezirke ihre eigenen, von den Koalitionsbeschlüssen abweichenden Vorstellungen entwickelt hatten. Demgegenüber waren die Vorschläge der Eppler-Kommission nicht durchgängig einer Gruppe zurechenbar, da ihr sowohl vom Parteivorstand benannte Mitglieder als auch Vertreter der Bezirke angehörten. Für von den Eckwerten abweichende Vorstellungen waren somit Handlungsspielräume vorgezeichnet, zumal von den sozialdemokratischen Regierungsmitgliedern lediglich E. Eppler der Kommission angehörte. Der mehrheitliche Vorschlag der Kommission zum Körperschaftsteuersatz einerseits - der mit den Eckwertbeschlüssen der Bundesregierung identisch war, allerdings nicht den Vorstellungen aller Bezirksvertreter entsprach - und die Ablehnung des von der Bundesregierung präferierten Anrechnungsverfahrens auf der anderen Seite lassen die Mittlerstellung dieses Gremiums hervortreten, wenngleich aus dem Gesamttenor seines Gutachtens wohl eher eine kritische Distanz zu den Regierungsbeschlüssen erkennbar ist.

3. Die sozialdemokratischen Mitglieder der Bundesregierung zwischen Parteitagsbeschlüssen und Koalitionszwängen

Mehrfach kam es innerhalb der SPD zu Erörterungen darüber, inwieweit die Parteitagsbeschlüsse für die der SPD angehörenden Mitglieder der Bundesregierung verbindlich seien. Die Frage stellte sich allerdings nicht erst nach der Verabschiedung der Parteitagsbeschlüsse; mit einem etwas anders gelagerten Akzent war sie vielmehr schon während der Vorbereitungsphase des November-Parteitages latent vorhanden, da sich gegensätzliche Positionen von Partei und Regierung abzeichneten: Spätestens mit dem Bekanntwerden der Stellungnahme der Eppler-Kommission zum Eberhard-Gutachten im Mai 1971 wurde offenkundig, daß die Steuerreformkommission beim Parteivorstand der SPD dem Systemwechsel bei der Körperschaftsteuer ablehnend gegenüberstehen würde und daß dementsprechende Parteitagsbeschlüsse zumindest möglich, wenn nicht gar zu erwarten wären; dennoch wiesen die Eckwertbeschlüsse der Bundesregierung zur Körperschaftsteuerreform vom Juni und vom Oktober 1971 mit der Befürwortung des Anrechnungssystems in die entgegengesetzte Richtung. Mit derart präjudizierenden Beschlüssen im Vorfeld des Parteitages war nicht gerechnet worden. [1] Daß das Kabinett sie trotzdem verabschiedete, ist nicht allein auf das Drängen des Koalitionspartners zurückzuführen, der gerade die Körperschaftsteuerreform immer wieder als unverzichtbar hervorgehoben hatte; auch unter den sozialdemokratischen Regierungsmitgliedern befanden sich Befürworter der Reform [2], die die parteitagsbeschlußfreie Zeit in ihrem Interesse nutzten.

Auf dem November-Parteitag wurde das Thema der Verbindlichkeit der Parteitagsbeschlüsse dann konkret angesprochen. Die dabei zutage tretenden unterschiedlichen Positionen seien mit zwei Zitaten verdeutlicht: Während der südhessische Delegierte F. Opel unter Beifall hervorhob, daß die Beschlüsse des Parteitages "für unsere sozialdemokratischen Regierungsmitglieder hinsichtlich ihrer weiteren Politik durchaus verbindlich sind", [3] betonte Bundeskanzler W. Brandt, "daß eine sozialdemokratisch geführte Bundesregierung oder auch eine nur aus Sozialdemokraten bestehende Bundesregierung nicht

---

1) Vgl. Wirtschaftswoche (12.3.1971) S. 2 und (26.3.1971) S. 12.

2) Vgl. Frankfurter Allgemeine Zeitung (24.6.1971).

3) Vorstand der SPD (o.J.) S. 68.

ein einfaches Vollzugsorgan eines noch so wichtigen Parteigremiums ist". [1]

Wie bereits erwähnt, scheint der zu erwartende Widerstand der FDP, aber auch die von den Parteitagsbeschlüssen abweichende Auffassung einiger SPD-Regierungsmitglieder, die eine Systemänderung bei der Körperschaftsteuer befürworteten, dafür entscheidend gewesen zu sein, daß Forderungen nach einer Revision der Eckwerte bezüglich der Körperschaftsteuerreform im Anschluß an den Parteitag von den sozialdemokratischen Regierungsmitgliedern gegenüber ihrem Koalitionspartner nicht erhoben wurden.

Eingang fanden die Beschlüsse des November-Parteitages der SPD zur Körperschaftsteuerreform dann allerdings in die Wahlaussage der SPD zur Bundestagswahl im November des Jahres 1972. Während die FDP weiterhin die Realisierung der Eckwerte der Bundesregierung anstrebte, kündigte die SPD - vermutlich aus wahltaktischen Überlegungen [2] bzw. aus dem Zwang zur Rücksichtnahme auf den parteiinternen Willensbildungsprozeß - im Falle eines Wahlsieges die Verwirklichung ihrer Parteitagsbeschlüsse zur Einkommen- und Körperschaftsteuerreform an. [3] Im Anschluß an die Bundestagswahl wurde die Wahlaussage der SPD zur Körperschaftsteuerreform gegenüber dem Koalitionspartner jedoch nicht durchgesetzt; die Koalition hielt an den im Jahre 1971 verabschiedeten Eckwertbeschlüssen zur Steuerreform fest und brachte im Jahre 1973 das sog. Dritte Steuerreformgesetz in den Bundestag ein, das neben der

---

1) Vorstand der SPD (o.J.) S. 74.

2) So Preusker (1979) S. 77 f.

3) Vgl. Handelsblatt (4.10.1972).

Reform der Einkommensteuer und der Sparförderung den Entwurf eines Körperschaftsteuergesetzes enthielt.

Während der ersten Beratung des Reformgesetzes legte Bundesfinanzminister H. Schmidt für die sozialdemokratischen Regierungsmitglieder zwar ein eindeutig positives Votum für die Reform der Körperschaftsteuer ab: "Wir gehen diesen Weg mit und beseitigen die Doppelbelastung der ausgeschütteten Erträge mit Körperschaftsteuer und mit Einkommensteuer." [1] Gleichzeitig zitierte H. Schmidt aber auch einen Beschluß des Bundeskabinetts, nach dem "diese Reform nur zusammen mit dem Gesetz zur Beteiligung breiter Schichten am Produktivvermögen in Kraft treten kann". [2] Hinter diesem Junktim, das auf Initiative des sozialdemokratischen Koalitionspartners in die allgemeine Begründung des Regierungsentwurfes aufgenommen worden war, [3] ist die Absicht zu vermuten, die Körperschaftsteuerreform auch für jene Gruppe von SPD-Mitgliedern, die sich immer wieder aus verteilungspolitischen Gründen gegen den Systemwechsel gestemmt hatte, und für die Gewerkschaften akzeptabel erscheinen zu lassen; denn ein genereller Verzicht auf die Reform wurde gegenüber den Freidemokraten für undurchsetzbar gehalten. [4] Das Junktim wurde allerdings im Mai des Jahres 1974 von der Bundesregierung wieder aufgegeben, nachdem sich gezeigt hatte,

1) Deutscher Bundestag (25.1.1974) S. 4904.
2) Deutscher Bundestag (25.1.1974) S. 4905.
3) Bundesregierung (1974) S. 205.
4) Siehe hierzu auch Mundorf (1973) S. 2.

daß das angekündigte Vermögensbeteiligungsgesetz bis zum Ende der Legislaturperiode nicht mehr zu realisieren war. [1)]

4. Der Widerstand gegen den Systemwechsel innerhalb der sozialdemokratischen Bundestagsfraktion

Die Widerstände von Teilen der SPD gegen den Systemwechsel bei der Körperschaftsbesteuerung dauerten in der 7. Wahlperiode bis zur Verabschiedung der Reform weiter an. Wenn auch von der Parteibasis her keine neuen Initiativen gegen die Reform angestrengt wurden, so ist doch die skeptische, z.T. deutlich ablehnende Position von Mitgliedern der sozialdemokratischen Bundestagsfraktion während der Beratungen des Finanzausschusses nachweisbar.

Auch während der Schlußabstimmung des Reformgesetzes im Plenum des Deutschen Bundestages meldeten sich die Kritiker des Systemwechsels nochmals zu Wort. Der Abgeordnete E. Meinike, der schon im Finanzausschuß gegen die Reform gestimmt hatte, weist auf die für ihn entscheidenden verteilungspolitischen Implikationen des Systemwechsels hin: "Zu einer Zeit, da sich Gewerkschaften und Arbeitnehmer zu einer erstaunlichen Lohndisziplin bereitgefunden haben, zu einer Zeit, da es das berechtigte und auch von mir unterstützte Anliegen der Bundesregierung ist, die Mehrwertsteuer zu erhöhen, läßt sich diese Steueränderung (bei der Körperschaftsteuer, d. Verf.), die zu Steuerentlastungen in Millionenhöhe für bestimmte privilegierte Gruppen in diesem

---

1) Vgl. Handelsblatt (17.5.1974).

Lande führt, nach meiner Meinung nicht rechtfertigen." [1] Die sich hieran anschließende Bemerkung des Stenographen: "Vereinzelter Beifall bei der SPD" [2] macht deutlich, daß E. Meinikes Ansicht von weiteren sozialdemokratischen Bundestagsabgeordneten geteilt wird. Er selbst führt daher auch wenig später aus: "Ich bin gebeten worden, für einige wenige Kollegen aus der SPD-Fraktion gleichfalls zu erklären, daß sie sich diesen meinen Argumenten anschließen und diesem Gesetzentwurf ihre Zustimmung nicht geben werden." [3]

Daß abgesehen von diesem doch recht kleinen Kreis die große Mehrzahl der SPD-Fraktionsmitglieder dem Reformgesetz trotz Aufhebung des Junktims mit dem Vermögensbeteiligungsgesetz die Zustimmung gibt, entspringt mit einiger Wahrscheinlichkeit nicht nur einer sachlich begründeten Befürwortung des Anrechnungssystems. Vielmehr scheinen von der politischen Spitze vermittelte Koalitionsrücksichten in enger Verknüpfung mit wahlpolitischen Überlegungen eine Rolle gespielt zu haben. Die Sozialdemokratische Partei konnte sich die mit einer Vereitelung der weit vorangeschrittenen Reform einhergehende Brüskierung ihres Koalitionspartners politisch nicht erlauben, zumal die sozialdemokratischen Regierungsmitglieder dieser Reform durch die gemeinsame Verabschiedung der Eckwerte im Jahre 1971 und ihre Erneuerung nach der Bundestagswahl 1972 ausdrücklich zugestimmt hatten.

---

1) Deutscher Bundestag (10.6.1976) S. 17811.

2) Deutscher Bundestag (10.6.1976) S. 17811.

3) Deutscher Bundestag (10.6.1976) S. 17812.

C. Die akklamierende Rolle der Unionsparteien

Von Seiten der CDU/CSU hat die Reform der Körperschaftsteuer im Sinne eines Anrechnungsverfahrens seit Beginn der Diskussion gegen Ende der sechziger Jahre stets Zustimmung und Unterstützung erfahren. Begründet wurde das Votum für die Reform vor allem mit der Absicht, dadurch die Beteiligung breiter Schichten der Bevölkerung am Produktivkapital zu fördern. Dieses Motiv war zumindest nach außen hin eindeutig dominant. [1] Im einzelnen wurden folgende Stellungnahmen und Vorschläge zur Körperschaftsteuerreform vorgetragen:

1) Siehe neben den Vorschlägen in der Übersicht auch Zeitel (1973) S. 68 und Kreile (1974).

Bundesausschuß für Wirtschaftspolitik der CDU [1]	- "Der sogenannte Stützel-Plan entspricht den Vorstellungen der CDU zur Förderung des Beteiligungssparens in breiten Schichten und der Erleichterung der Beteiligungsfinanzierung aller Unternehmensformen." - vom Bundesausschuß vorgeschlagene Modifikationen des Stützel-Plans: -- Die Teilhabersteuer soll nicht bei allen gewerblichen Betrieben erhoben werden, sondern lediglich die bisherige Körperschaftsteuer ersetzen. -- Aus fiskalischen Gründen sollten zunächst nur 40 % oder 50 % der Körperschaftsteuer zur Anrechnung zugelassen werden.
E. Häussler, MdB [2]	- Ziel des Vorschlags ist die Förderung des Erwerbs von Kapitalanteilen durch Arbeitnehmer breiter Einkommensschichten. - Vorschläge zur Änderung des Körperschaftsteuergesetzes: -- Körperschaftsteuerbeträge, die auf Beteiligungen entfallen, die sich im Eigentum von Arbeitnehmern breiter Einkommensschichten befinden, werden zurückerstattet, sofern diese Beträge von den begünstigten Arbeitnehmern in sog. Beteiligungs-Sparverträgen für mindestens 10 Jahre festgelegt werden. (Unklar bleibt, ob ähnlich dem Stützel-Plan die Körperschaftsteuer auf einbehaltene Gewinne in die Rückerstattung miteinbezogen werden soll.) -- Kapitalanlagegesellschaften, deren Fonds-Zertifikate ausschließlich für Angehörige breiter Einkommensschichten bestimmt sind, und Kapitalbeteiligungsgesellschaften werden von der Körperschaftsteuer befreit.

R. Kreile, MdB [3]	- Ziele: Erhöhung der Eigenkapitalquote, Vermögensbildung - Reformvorschlag: -- Ausdehnung des gespaltenen Körperschaftsteuertarifs auf alle Körperschaften (z.B. Genossenschaften) -- Anhebung des Körperschaftsteuersatzes auf 53 % -- teilweise vom Einkommen des Anteilseigners abhängige Befreiung der Dividenden von der Einkommensteuer.
Sozialausschüsse der Christlich-Demokratischen Arbeitnehmerschaft [4]	- Ziele: gerechtere Vermögensbildung, Beteiligung breiter Schichten am Produktivkapital, Vereinfachung des Steuerrechts (Die Ziele beziehen sich nicht allein auf die Reform der Körperschaftsteuer, sondern gelten auch für die übrigen Steuerreformvorschläge der Sozialausschüsse.) - Vorschläge zur Körperschaftsteuerreform: -- Anrechnung der Körperschaftsteuer auf die Einkommensteuer der Anteilseigner, soweit die Gewinne ausgeschüttet oder Rücklagen in Nennkapital umgewandelt werden -- Junktim zwischen der Einführung eines gesetzlichen Beteiligungslohnes, der die Beteiligung der Arbeitnehmer am Produktivkapital sicherstellen soll, und der Körperschaftsteuerreform -- Kommt das Junktim nicht zustande, sollen "die Besitzer kleiner Aktiendepots auch in Hinsicht körperschaftsteuerlicher Belastungen der ausgeschütteten Gewinne nur nach ihren persönlichen Verhältnissen besteuert werden (Dittmar-Plan)".

Höcherl-Kommission der CDU/CSU [5]	- Einführung eines Anrechnungsverfahrens - Anhebung des Körperschaftsteuersatzes auf 55 %

1) Deutschland Union-Dienst (8.4.1969).

2) Häussler (1969).

3) Kreile (1970) S. 893 ff.

4) Zeitel (1971) S. 16.

5) Wirtschaftswoche (23.6.1972a) S. 9.

Dem kontinuierlichen Eintreten der Unionsparteien für die Reform entsprach es, daß zwischen den zahlreichen Gremien der CDU/CSU, die sich mit Fragen der Steuerreform beschäftigten [1], gerade bezüglich der Körperschaftsteuerreform - bei den übrigen Steuerreformvorhaben war dies nicht unbedingt der Fall - ein gewisser Grundkonsens vorhanden gewesen ist. [2] Daß dennoch in weiten Teilen von einer aktiven Beteiligung der CDU/CSU an den Entscheidungen über das zukünftige Körperschaftsteuersystem nicht gesprochen werden kann, ist sicherlich zum Teil damit erklärbar, daß die Partei gegenüber dem Gesamtkomplex der Steuerreform, in den die Neukodifizierung des Körperschaftsteuergesetzes ja miteingebunden war, eine eher abwartend-reaktive Haltung einnahm, ins Detail gehende öffentliche

---

1) Weder innerhalb der SPD noch innerhalb der FDP war eine so große Anzahl von Kommissionen, Ausschüssen oder Arbeitskreisen mit den Problemen der Steuerreform beschäftigt. In der CDU/CSU waren dies:
- der Unterausschuß "Finanzen und Steuern" im Bundesausschuß für Wirtschaftspolitik der CDU,
- die Kommission "Steuerreform" unter dem Vorsitz von H. Höcherl,
- der Arbeitskreis Haushalt, Steuern und Finanzen der CDU/CSU-Bundestagsfraktion,
- die Sozialausschüsse der Christlich-Demokratischen Arbeitnehmerschaft,
- die Mittelstandsvereinigung der CDU/CSU,
- der Wirtschaftsrat der CDU und
- ein interner Steuerkreis unter Vorsitz von F.J. Strauß.

2) Wirtschaftswoche (23.6.1972a) S. 9: "Die Einführung eines Anrechnungsverfahrens bei der Körperschaftsteuer ist bei der Opposition unbestritten."

Stellungnahmen vermied [1] und sich weitgehend auf programmatische Erklärungen beschränkte. Diese Zurückhaltung, die sowohl aus wahlpolitischen Überlegungen erfolgte als auch im parteiinternen Gremienpluralismus ihre Ursache hatte [2], übertrug sich zwangsläufig auch auf die Reform der Körperschaftsteuer und hat mit dazu beigetragen, weitergehende Aktivitäten auf diesem Gebiet zu unterbinden. [3]

Dies änderte sich zum Teil mit dem Herauslösen der Körperschaftsteuerreform aus dem Gesamtpaket des Dritten Steuerreformgesetzes. So waren es die CDU/CSU-Abgeordneten R. Kreile und H. Häfele, die die Beratungen des Finanzausschusses zur Körperschaftsteuerreform im Jahre 1975 in Gang brachten und die Verabschiedung des Gesetzes vorantrieben. Allerdings wiederholte sich die zurückhaltend-zustimmende Rolle der CDU/CSU während der eigentlichen Lesung des Reformgesetzes im Finanzausschuß; die geringe Beteiligung ihrer Abgeordneten an den Beratungen des Ausschusses bringt dies sehr deutlich zum Ausdruck. [4]

---

1) Vgl. Wirtschaftswoche (23.7.1971) S. 5.

2) Vgl. Wirtschaftswoche (23.6.1972b) S. 15.

3) In der Presse wurde die "merkwürdig blasse Rolle" der CDU/CSU mit dem "Chor der antiken Tragödie" verglichen: "Sie applaudierte den Vorschlägen der Sozialliberalen und erhob ein großes Wehklagen, wenn das Vorhaben den Bach hinunterzugehen drohte. Kreativität in Punkto Körperschaftsteuer-Renovierung scheuten die Christdemokraten indessen." Uhlmann (1976).

4) Siehe hierzu die Ausführungen im 6. Kapitel, Abschnitt A.

Die Stellung der CDU/CSU im Willensbildungsprozeß bei der Körperschaftsteuerreform scheint doch zum Teil auch einer strukturell bedingten Schwäche von Oppositionsparteien zu entspringen. Daß SPD und FDP in die Diskussionen um die Reform weit stärker eingebunden waren, ist nur zu leicht erklärbar, wenn man berücksichtigt, daß beide Parteien über ihre Regierungsmitglieder in die Lage versetzt wurden, die personellen Ressourcen der Ministerialverwaltung über Jahre hinweg dazu einzusetzen, einen verabschiedungsreifen Gesetzentwurf zu erarbeiten. Bei dem überaus komplizierten Regelungsbereich des Körperschaftsteuerrechts mußten für die Opposition eigene Aktivitäten in dieser Richtung ausscheiden. Daher war für die Unionsparteien - wollten sie die Reform im Grundsatz verabschiedet wissen - ihre akklamierende Rolle die ihr nolens volens verbleibende Form der Beteiligung.

3. Kapitel: VERBÄNDEPOLITIK UND KÖRPERSCHAFTSTEUERREFORM

A. Die unternehmerischen Interessen I: Die Interessenorganisationen der privaten Kapitalgesellschaften

1. Der Bundesverband der Deutschen Industrie (BDI)

Der BDI konstatiert erstmals in seinem Jahresbericht 1968/69 eine lebhafter gewordene Diskussion um die Körperschaftsteuer und erwähnt in diesem Zusammenhang den Vorschlag des Wissenschaftlichen Beirats beim Bundesfinanzministerium und den Plan der Teilhabersteuer von W. Stützel. [1] Zu diesem Zeitpunkt existiert bereits ein gemeinsam mit dem Deutschen Industrie- und Handelstag gebildeter Arbeitskreis, dessen Aufgabe in der Prüfung der einzelnen Reformalternativen besteht und dessen "Ergebnisse ... als Grundlage für die endgültige Stellungnahme der Industrie zur Reform der Körperschaftsteuer dienen" sollen. [2] Obwohl dieses Gremium in seinem 1971 erschienenen Bericht "bewußt davon abgesehen (hat), eine Wertung der einzelnen Pläne vorzunehmen" [3], scheinen sich die Spitzenverbände zu diesem Zeitpunkt

---

1) Vgl. Bundesverband der Deutschen Industrie (1969) S. 94.

2) Bundesverband der Deutschen Industrie (1970) S. 129.

3) Gemeinsamer Arbeitskreis des BDI und des DIHT (1971) S. 4. Dem Arbeitskreis gehörten auch Vertreter des Bundesverbandes deutscher Banken an, ferner das Mitglied der Eberhard-Kommission K. Kuhn, so daß der Arbeitskreis über die Beratungen dieses Gremiums informiert war.

bereits für ein Anrechnungssystem entschieden zu haben, da nach ihrer Meinung sowohl der Teilhabersteuer-Plan als auch das Dividendenabzugsverfahren, das ebenfalls zur Diskussion stand, mit unüberwindbaren außensteuerlichen Problemen behaftet sei. [1] Demgemäß wird auch der erste Referentenentwurf des Bundesfinanzministeriums, der ebenfalls auf das Anrechnungsverfahren zurückgreift, vom BDI "im Grundsatz als eine brauchbare Kodifizierung des neuen Systems" bezeichnet. [2] Einzelne Änderungswünsche äußert der BDI gemeinsam mit anderen Spitzenverbänden der Wirtschaft; [3] hierbei scheinen dem Verband die folgenden Problembereiche von besonderer Wichtigkeit zu sein. [4] Es handelt sich zum einen um den Vorgang der Umwandlung von versteuerten Rücklagen in Nennkapital, der nach Ansicht des BDI abweichend vom Referentenentwurf zu einer Anrechnung der auf den Rücklagen lastenden Körperschaftsteuer bei den Anteilseignern berechtigen sollte. Des weiteren fordert der Verband eine Reduzierung der Steuerbelastung sowohl für Ausschüttungen inländischer Tochterunternehmen an ihre ausländischen Muttergesellschaften als auch für ausländische Einkünfte von inländischen Steuerpflichtigen.

Während das Bundesministerium für Wirtschaft und Finanzen im weiteren Verlaufe der Gesetzesvorbereitung die

---

1) Vgl. Bundesverband der Deutschen Industrie (1971) S. 118. Siehe hierzu auch Gemeinsamer Arbeitskreis des BDI und des DIHT (1971) S. 18, S. 41.

2) Bundesverband der Deutschen Industrie (1972) S. 116.

3) Siehe hierzu die Nummer 8. a) dieses Abschnitts.

4) Vgl. Bundesverband der Deutschen Industrie (1972) S. 116 f.

Besteuerung der ausländischen Einkünfte den Verbandsforderungen anpaßt, [1] trägt der BDI seine übrigen Vorschläge im Anschluß an die Einbringung des Regierungsentwurfes in den Bundestag erneut vor, da sie keine Berücksichtigung gefunden hatten. Hinzu tritt das Petitum auf eine Reduzierung des Regelsteuersatzes von 56 % zur Verstärkung der privaten Investitionstätigkeit; damit soll den "veränderten wirtschaftlichen Bedingungen" Rechnung getragen werden. [2]

Im weiteren Verlauf des Reformprozesses scheint für den BDI vor allem die grundsätzliche Verwirklichung des Anrechnungsverfahrens im Vordergrund zu stehen. Vermutlich um die Reform als Ganzes nicht zu gefährden, wird weder der Wunsch nach einer Reduzierung des Steuersatzes noch nach der Anrechnungsmöglichkeit bei der Rücklagenumwandlung weiter vorgebracht. Während der Beratungen des Finanzausschusses bestand der BDI jedoch nach wie vor darauf - und dies kann als Indikator der besonderen Bedeutung dieses Punktes für die deutsche Industrie gewertet werden -, daß "ausländische Anteilseigner durch die Reform im Grundsatz nicht schlechter gestellt werden sollen als inländische Anteilseigner". [3] Die Notwendigkeit der Reform selbst wurde vom BDI zu keiner Zeit in Frage gestellt, da sich der Verband von einer Beseitigung der Doppelbelastung vor allem Erleichterungen im Rahmen der Unternehmensfinanzierung versprach.

---

1) Vgl. hierzu Institut "Finanzen und Steuern" (1972) S. 51 ff., S. 63 f.

2) Bundesverband der Deutschen Industrie (1975) S. 104.

3) Bundesverband der Deutschen Industrie (1976) S. 95.

2. Der Deutsche Industrie- und Handelstag (DIHT)

Der DIHT hat sich bereits im Jahre 1968 mit den Reformproblemen der Körperschaftsbesteuerung, insbesondere mit dem von W. Stützel konzipierten Vorschlag einer Teilhabersteuer in seinen Ausschüssen befaßt. [1] Im Verlaufe der beiden folgenden Jahre gelangt er allerdings auf der Grundlage von Untersuchungen eines mit dem Bundesverband der Deutschen Industrie gemeinsamen Arbeitskreises [2] zu einer Befürwortung des vom Wissenschaftlichen Beirat beim Bundesministerium der Finanzen vorgeschlagenen Anrechnungsverfahrens [3]; der Stützel-Plan wird aufgrund seiner Realisierungsprobleme im zwischenstaatlichen Bereich für nicht praktikabel gehalten. Dementsprechend wird auch der körperschaftsteuerliche Teil des Eberhard-Gutachtens, der in die gleiche Richtung weist, vom DIHT "besonders begrüßt" [4] und ebenso der im Bundesfinanzministerium erarbeitete erste Referentenentwurf grundsätzlich als "eine brauchbare Kodifizierung des neuen Systems" bezeichnet [5].

In folgenden Einzelpunkten sei der Referentenentwurf allerdings verbesserungsbedürftig [6]:

---

1) Vgl. Deutscher Industrie- und Handelstag (1976) S. 66.

2) Vgl. Gemeinsamer Arbeitskreis des BDI und des DIHT (1971).

3) Vgl. Deutscher Industrie- und Handelstag (1970) S. 60.

4) Deutscher Industrie- und Handelstag (1971) S. 55.

5) Deutscher Industrie- und Handelstag (1971) S. 64.

6) Vgl. Deutscher Industrie- und Handelstag (1971) S. 64 f. Siehe hierzu auch die Nummer 8. a) dieses Abschnitts.

- Die Umwandlung von Rücklagen in Nennkapital sei entsprechend dem Vorschlag der Eberhard-Kommission in das Anrechnungsverfahren einzubeziehen.
- Für Altrücklagen, bei denen der Referentenentwurf die Doppelbelastung nicht beseitigt, sei die vorgesehene Ausgleichsteuer zu ermäßigen.
- Änderungen seien schließlich auch zur Fortgeltung der Berlinpräferenz angezeigt; vermutlich wird hier auf eine Weiterleitung der Präferenz an die Anteilseigner durch Reduzierung der Ausgleichsteuer abgezielt.

Im Verlaufe der folgenden Jahre, in denen die Diskussion um die Realisierung der Körperschaftsteuerreform auf allen Ebenen weitgehend zum Erliegen kommt, lassen sich auch auf Seiten des DIHT keine weiteren offiziellen Stellungnahmen nachweisen. Daß er dennoch weiterhin an den Arbeiten auf der Referatsebene des Bundesministeriums für Wirtschaft und Finanzen beteiligt war, geht aus einer Bemerkung im Jahresbericht 1972 hervor, nach der die Überlegungen der Exekutive zur Modifizierung des ursprünglichen Anrechnungsverfahrens im Sinne eines gespaltenen Steuersatzes "unter Mitwirkung des DIHT ... angestellt wurden". [1] Während der Finanzausschußberatungen des Bundestages hat der DIHT seine Änderungsvorschläge gemeinsam mit anderen Spitzenverbänden vorgelegt, die unten zur Vermeidung von Wiederholungen gesondert behandelt werden. [2] Seine von der Exekutive nicht berücksichtigten Forderungen bezüglich der Rücklagenumwandlung und der Behandlung von Altrücklagen werden allerdings von ihm nicht erneut aufgegriffen.

---

1) Deutscher Industrie- und Handelstag (1972) S. 53 f.
2) Siehe Nummer 8. b) und c) dieses Abschnitts.

3. Der Bundesverband deutscher Banken

Bereits im Jahre 1968 hatte sich der Bundesverband deutscher Banken für die "Beseitigung der Doppelbesteuerung der Dividenden" ausgesprochen, sich vorerst jedoch noch nicht für eines der zur Diskussion stehenden Verfahren entschieden. [1]

In seinem Jahresbericht 1970/71 pflichtet der Bankenverband dem von der Bundesregierung präferierten Anrechnungssystem bei; [2] auch die Jahresberichte der folgenden Jahre setzen sich wiederholt für eine Reform der Körperschaftsteuer ein, deren Vorteile vor allem in einer erleichterten Eigenkapitalfinanzierung der Unternehmen und allgemein in einer höheren Attraktivität der Aktie als Vermögensanlage gesehen werden.

Entsprechend seiner grundsätzlich positiven Einschätzung der Reform wies der Verband des privaten Bankgewerbes auf nur wenige ihm problematisch erscheinende Punkte hin. So setzte er sich zum einen zusammen mit den übrigen Verbänden der Kreditwirtschaft für eine gemeinsame Auszahlung von Bardividende und Steuergutschrift bei nicht veranlagten Anteilseignern ein; [3] ferner äußerte der Verband Bedenken gegenüber der im Anrechnungssystem angelegten höheren Belastung ausländischer Anteilseigner: "Die Behandlung ausländischer Anteilseigner sollte generell Mehrbelastungen gegenüber dem bisherigen Rechtszustand vermeiden, die geeignet sind, ausländische Investoren vom deutschen Markt fernzuhalten." [4] Eine überaus offensive Kampagne eröffnete

---

1) Frankfurter Allgemeine Zeitung (5.8.1968).

2) Vgl. Bundesverband deutscher Banken (1971) S. 54.

3) Siehe Abschnitt D. dieses Kapitels.

4) Bundesverband deutscher Banken (1972) S. 55.

der Verband im Jahre 1971 gegen die Körperschaftsteuerermäßigungen der öffentlich-rechtlichen Sparkassen und einiger anderer Kreditinstitute, für welche die Bundesregierung in ihren Eckwerten lediglich einen Teilabbau vorgesehen hatte. In mehreren ausführlich dokumentierten Eingaben unter dem Stichwort "1 Milliarde DM Steuerausfall durch Privilegien in der Kreditwirtschaft" setzte sich der Verband vehement für eine vollständige Beseitigung der seinen Mitgliedsinstituten nicht gewährten Steuerermäßigungen ein.

4. Der Verband privater Hypothekenbanken

In seiner Eingabe vom 17.2.1976 an die Mitglieder des Finanzausschusses des Deutschen Bundestages befürwortet der Verband ausdrücklich die im Regierungsentwurf vorgesehene Vereinheitlichung des Steuersatzes für alle begünstigten Institutsgruppen der Kreditwirtschaft auf 46 %. Sollte dennoch von einer Vereinheitlichung des Satzes abgegangen werden, indem den öffentlichen Banken, den Girozentralen und den Sparkassen ein Steuersatz unterhalb von 46 % gewährt würde - diese Forderung wurde zum damaligen Zeitpunkt von den Verbänden dieser Institute erhoben -, so beansprucht der Verband privater Hypothekenbanken aus Gründen der Wettbewerbsneutralität auch die Einbeziehung seiner Mitglieder in eine solche Reduzierung. [1)]

1) Vgl. Verband privater Hypothekenbanken (1976) S. 1.

5. Der Gesamtverband der Versicherungswirtschaft

Im Rahmen der Anhörung des Finanzausschusses des Deutschen Bundestages vom 3.12.1975 äußerte der Verband der Versicherungswirtschaft folgende Änderungswünsche: [1)]

- Die Einzelbestimmungen über versicherungstechnische Rückstellungen (§§ 20 bis 23 des Regierungsentwurfes eines KStG 1976) sollten aus dem Gesetz herausgelöst und wie bisher mittels Verwaltungsanweisungen geregelt werden, da eine als notwendig erachtete Überarbeitung dieser Paragraphen den gesamten Gesetzgebungsprozeß erheblich verzögern würde. Zudem wäre damit "auch für die Zukunft die notwendige Flexibilität gewährleistet, was bei einer im Gesetz festgelegten Detailregelung nicht möglich wäre." [2)]
- Aus Gründen der Vermeidung von Wettbewerbsverzerrungen im Versicherungsgewerbe wünscht der Verband einen ermäßigten Steuersatz von 52 % für alle Versicherungsvereine auf Gegenseitigkeit und öffentlich-rechtlichen Versicherungsunternehmen [3)], da beide im Gegensatz zu den Versicherungsaktiengesellschaften auf die Eigenkapitalbildung in Form der Selbstfinanzierung angewiesen sind.

---

1) Siehe Gesamtverband der Versicherungswirtschaft (1975).

2) Gesamtverband der Versicherungswirtschaft (1975) S. 2.

3) Der Verband betont in diesem Zusammenhang, daß seine Forderung nach einer ermäßigten Besteuerung der öffentlich-rechtlichen Versicherungsunternehmen nicht ohne weiteres auf die Gesamtheit der gewerblichen Betriebe von juristischen Personen des öffentlichen Rechts übertragbar ist, sondern den Besonderheiten des Versicherungsgewerbes entspringt. Vgl. Gesamtverband der Versicherungswirtschaft (1975) S. 5 f.

Das Anrechnungsverfahren selbst wird von dem Verband ausdrücklich begrüßt. [1]

6. Der Verband Deutscher Reeder

Die deutsche Seeschiffahrt übermittelt ihre Änderungswünsche dem Finanzausschuß des Deutschen Bundestages in einer Eingabe vom 6.2.1976 zu § 29 Abs. 7 des Regierungsentwurfes. Der Paragraph sieht für "ausländische Einkünfte aus dem Betrieb von Handelsschiffen im internationalen Verkehr" eine Körperschaftsteuerbelastung von 28 % vor. Statt dieses ermäßigten Satzes fordert der Verband aus steuer- und schiffahrtspolitischen Gründen die hälftige Aufteilung ausländischer Einkünfte und zwar in einen Teil, der der vollen Körperschaftsteuerbelastung von 56 % unterliegt, und in einen zweiten Teil, der gänzlich von der Körperschaftsteuer befreit ist.

Die einheitliche Tarifbegünstigung von 28 % wird aus folgenden Gründen abgelehnt: [2]

- Sie wirke in Verbindung mit der Ausschüttungsbelastung von 36 % ausschüttungshemmend.
- Sie widerspreche der Rechtsformneutralität der Besteuerung da die Tarifbegünstigung bei Personengesellschaften unabhängig von der Verwendung der Einkünfte erhalten bleibe.
- Des weiteren werde der Zweck der Ermäßigung, nämlich die Vermeidung der Doppelbelastung mit ausländischen Quellensteuern, nicht erreicht, wenn der Vorteil bei Ausschüttungen wieder entfiele.

---

1) Vgl. Gesamtverband der Versicherungswirtschaft (1975) S. 1.

2) Vgl. Verband Deutscher Reeder (1976) S. 1 f.

Die vorgeschlagene Regelung dagegen habe bei insgesamt unveränderter Tarifbelastung positive Effekte für den Anreiz zur Ausschüttung, soweit der mit 56 % belastete Teil der Einkünfte zur Ausschüttung gelange. Sie sorge für den Interessenausgleich zwischen Groß- und Kleinaktionären, verbessere die Möglichkeiten der Eigenkapitalfinanzierung und führe zudem noch zu einer Vereinfachung des Gesetzes; auch die schiffahrtspolitisch erforderliche Entlastung der Einkünfte von ausländischen Quellensteuern werde erreicht.

7. Die Centrale für Gesellschaften mit beschränkter Haftung

Das Hauptanliegen der Centrale für GmbH im Zusammenhang mit der Körperschaftsteuerreform fand ihren Ausdruck in der programmatischen Forderung, "die in Kapitalgesellschaften wie der GmbH und in Personenunternehmen wie der Kommanditgesellschaft, also auch der GmbH & Co., und Einzelunternehmen erwirtschafteten Gewinne im Ergebnis gleich zu belasten". [1] Zwar wird darauf hingewiesen, daß auch das Anrechnungsverfahren diesbezüglich nicht frei von jeglichen Mängeln ist; "nachdem sich jedoch alle politischen Kräfte für das Anrechnungsverfahren ausgesprochen haben und die Nachteile, die nicht mehr ausgeräumt werden können, auf ein Minimum reduziert sind, sollte diese Reform nun auch mit Entschiedenheit durchberaten und verabschiedet werden". [2] Allerdings erhebt die Centrale die Forderung, den im Regierungsentwurf vorgesehenen Steuersatz von 56 % "angesichts der Gesamtbelastung der

---

1) Centrale für GmbH (1975a) S. 2.

2) Centrale für GmbH (1975b) S. 242.

Wirtschaft" abzusenken. [1]

Für den Fall, daß die Reform nicht zum 1.1.1977 in Kraft treten kann, sollten die Einkommensgrenzen des Vorstufentarifs für personenbezogene Kapitalgesellschaften in § 19 Abs. 1 Nr. 2 KStG 1975 merklich angehoben werden. [2]

8. Verbandskoalitionen zwischen den Interessengruppen der privaten Kapitalgesellschaften

a) Die Stellungnahme vom November 1971

Bezugspunkt dieser Eingabe an den Bundesminister für Wirtschaft und Finanzen war der erste von der Ministerialverwaltung erarbeitete Referentenentwurf eines Körperschaftsteuergesetzes 1974. Die Spitzenverbände der gewerblichen Wirtschaft [3] faßten hierin ihre bereits auf der Anhörung Anfang November 1971 vorgetragenen Petiten nochmals zusammen. Im ganzen wird der Entwurf zur Körperschaftsteuerreform von den Verbänden als ein "positiver Beitrag zur Fortentwicklung unseres Steuersystems" [4] bezeichnet, der "einem seit langem vorgetragenen Wunsch der gewerblichen Wirtschaft" entgegenkomme [5];

---

1) Centrale für GmbH (1975b) S. 242.

2) Vgl. Centrale für GmbH (1975b) S. 242 f.

3) Unterzeichnet war die Eingabe vom Deutschen Industrie- und Handelstag, vom Bundesverband der Deutschen Industrie, vom Bundesverband deutscher Banken, vom Bundesverband des Deutschen Groß- und Außenhandels und von der Hauptgemeinschaft des Deutschen Einzelhandels.

4) Deutscher Industrie- und Handelstag u.a. (1971) S. 4.

5) Deutscher Industrie- und Handelstag u.a. (1971) Anlage 1, S. 1.

der Referentenentwurf sei "im Grundsatz eine brauchbare Kodifizierung des neuen Systems". [1)]

Änderungs- und Ergänzungsvorschläge werden von den Verbänden im wesentlichen zu folgenden Einzelpunkten vorgetragen:

- Gefordert wird die Anrechnung der auf Rücklagen lastenden Körperschaftsteuer, wenn diese in Nennkapital umgewandelt werden.
- Bei der Ausschüttung von Rücklagen, die vor dem Systemwechsel gebildet wurden, soll zur Milderung der Doppelbelastung die Ausgleichsteuer zu einem ermäßigten Satz erhoben werden.
- Zur Vermeidung eines ungerechtfertigten Steuerbelastungsgefälles zwischen ausländischen Muttergesellschaften und deutschen Unternehmen regen die Verbände die Aufnahme von Doppelbesteuerungsverhandlungen an, deren Ergebnisse gleichzeitig mit Verabschiedung der Körperschaftsteuerreform in Kraft treten sollen.
- Die Spitzenverbände kritisieren die Beschränkung der Anrechnung auf im Inland entrichtete Körperschaft- bzw. Ausgleichsteuer, was dazu führe, daß die Erträge ausländischer Betriebsstätten oder Beteiligungen stärker belastet seien als solche aus inländischen Investitionen.
- Auch im Anrechnungssystem solle gewährleistet sein, daß sich die Körperschaftsteuerpräferenz der Berliner Wirtschaft auf die Anteilseigner übertragen lasse. Hierzu solle bei voller Anrechnung der Körperschaftsteuer auf die Erhebung der Ausgleichsteuer verzichtet werden.

---

1) Deutscher Industrie- und Handelstag u.a. (1971) Anlage 1, S. 1.

- Die Verbände wenden sich gegen Bestrebungen der Bundesregierung, von der im Referentenentwurf vorgesehenen vollen Abzugsfähigkeit der Emissionskosten wieder Abstand zu nehmen und zum geltenden Recht zurückzukehren.

b) Die gemeinsame Eingabe vom November 1975

Diese Eingabe war an den Finanzausschuß des Deutschen Bundestages gerichtet und bezog sich auf den Regierungsentwurf zur Körperschaftsteuerreform vom Oktober des Jahres 1973. Die unterzeichnenden Verbände [1] begrüßen hierin das im Regierungsentwurf vorgesehene Anrechnungsverfahren,

- da es zur Rechtsformneutralität der Besteuerung beiträgt,
- da die Diskriminierung der Eigenkapitalfinanzierung gegenüber der Fremdkapitalfinanzierung abgemildert wird,
- da die Ausschüttungen nach den individuellen Verhältnissen der Anteilseigner besteuert werden und
- da es zu einer Verbreiterung der Eigenkapitalbasis der deutschen Unternehmen beiträgt und damit ihre internationale Wettbewerbsposition verbessert. [2]

Auch die vermögenspolitische Begründungskomponente der Reform findet Erwähnung; sie scheint jedoch

---

1) Der Deutsche Industrie- und Handelstag, der Bundesverband der Deutschen Industrie, der Bundesverband deutscher Banken, der Gesamtverband der Versicherungswirtschaft, der Bundesverband des Deutschen Groß- und Außenhandels, die Hauptgemeinschaft des Deutschen Einzelhandels, der Zentralverband des Deutschen Handwerks und die Arbeitsgemeinschaft Selbständiger Unternehmer.

2) Vgl. Deutscher Industrie- und Handelstag u.a. (1975) S. 2 f.

weniger von eigenständiger Bedeutung zu sein als vielmehr von instrumentellem Nutzen im Zusammenhang mit der Verstärkung der Eigenkapitalbasis.

Trotz ihrer grundsätzlichen Übereinstimmung mit dem Regierungsentwurf halten die Verbände "das Reformwerk in einzelnen Punkten für verbesserungs- und ergänzungsbedürftig". [1] Insbesondere die im Zusammenhang mit der Reform sich ergebenden außensteuerlichen Probleme betrachten die Unterzeichnenden als noch nicht zufriedenstellend gelöst. [2] So plädieren sie für eine steuerliche Besserstellung ausländischer Anteilseigner, da die diesem Kreis nicht zugängliche Anrechnung negative Auswirkungen für den deutschen Kapitalmarkt mit sich bringen könne. Geregelt werden solle dies jedoch nicht im Rahmen des Körperschaftsteuergesetzes, sondern im Anschluß an die Verabschiedung der Reform auf bilateralem Wege mit den Wohnsitzländern auf der Basis von Doppelbesteuerungsabkommen. Bis zum Abschluß entsprechender Vereinbarungen sei für die Ausländerbesteuerung eine unilaterale Übergangsregelung zu schaffen.

Auch die steuerliche Behandlung ausländischer Einkünfte solle - wenn nötig - im Rahmen bilateraler Abkommen an die Körperschaftsteuerreform angepaßt werden; besondere Probleme werden in diesem Bereich jedoch nicht gesehen. Konkrete Vorstellungen über die Ausgestaltung der Regelungen im außensteuerlichen Bereich werden von den Verbänden in der Eingabe nicht vorgetragen. Der gesamte Abschnitt ist - berücksichtigtman die Komplexität dieses Fragenkreises -

1) Deutscher Industrie- und Handelstag u.a. (1975) S. 3

2) Vgl. Deutscher Industrie- und Handelstag u.a. (1975) S. 3 f.

knapp und vage formuliert. Es scheint als scheuten die Verbände die Bindung an konkrete Forderungen, sei es, daß die inner- bzw. zwischenverbandliche Willensbildung noch nicht abgeschlossen war, sei es, daß sie den Versuch unternahmen, sich einen gewissen "Verhandlungsspielraum" offenzuhalten. [1]

Über die Fragen der Ausländerbesteuerung hinaus werden folgende Anliegen vorgetragen: [2]

- Die Kosten für die Ausgabe von Gesellschaftsanteilen sollten in vollem Umfang zum Abzug zugelassen werden.
- Nichtveranlagten Anteilseignern sollte entgegen einem Vorschlag der Länderfinanzbehörden gleichzeitig mit der Bruttodividende (ohne Abzug der Kapitalertragsteuer) von den Kreditinstituten auch das Körperschaftsteuerguthaben ausgezahlt werden. Die Verbände schließen sich hiermit den Vorstellungen der deutschen Kreditwirtschaft an.

---

1) Im Verlaufe der öffentlichen Anhörung vom Dezember 1975 äußerten sich die Vertreter von DIHT und BDI etwas differenzierter und zwar sowohl was die Begründung ihrer Bedenken als auch ihre eigentlichen Forderungen anging. Für Ausschüttungen inländischer Tochtergesellschaften an ihre ausländischen Mütter sei die Kapitalertragsteuer auf 15 % zu reduzieren; im anderen Falle bestünden Wettbewerbsnachteile der ausländischen Muttergesellschaften gegenüber den deutschen, und es sei zu befürchten, daß ausländische Muttergesellschaften ihre zukünftigen Investitionen in steuergünstigere Staaten verlagerten. Bei ausländischen Streubesitzern könne die im neuen KSt-System um ca. 11 Prozentpunkte höhere Belastung einen Rückzug vom deutschen Kapitalmarkt mit der Folge sinkender Aktienkurse bei den betroffenen Unternehmen einleiten; diese Belastungsdifferenz sei daher zumindest teilweise in irgendeiner Form auszugleichen.

2) Vgl. Deutscher Industrie- und Handelstag u.a. (1975) S. 4 ff.

c) Die Stellungnahme des DIHT und des BDI zur Ausländerbesteuerung vom März 1976

Anlaß der Stellungnahme war die nichtöffentliche Anhörung des Finanzausschusses zum Problem des Ausländereffektes am 10.3.1976. Hierzu hatte der Finanzausschuß den geladenen Verbänden vorab eine Reihe von Fragen zugesandt, aus deren Beantwortung auf die Änderungswünsche der Verbände geschlossen werden kann.

Beide Spitzenverbände der deutschen Wirtschaft gehen in ihrem Schreiben davon aus, daß der Definitivcharakter der Körperschaftsteuer gemäß den Regelungen des Regierungsentwurfes "eine erhebliche deutsche Steuerbelastung mit standortbelastendem Charakter" [1] für ausländische Anteilseigner bedeute; Ausgleichsregelungen seien daher erforderlich. Eine einheitliche Kodifizierung dieses Problemkomplexes innerhalb des Körperschaftsteuergesetzes sei jedoch nicht angebracht; "die Lösung liegt grundsätzlich, da individuell nach Staaten zu regulieren ist, im Bereich von Abkommen." [2]

Für ausländische Muttergesellschaften, bei denen insbesondere Wettbewerbsgesichtspunkte zu berücksichtigen seien, solle eine Regelung über DBA-Revisionsverhandlungen gefunden werden, "zu der sowohl der ausländische Staat wie auch der deutsche Fiskus beitragen." [3] Auch für ausländische Anteilseigner

---

1) Deutscher Industrie- und Handelstag/Bundesverband der Deutschen Industrie (1976) S. 5.

2) Deutscher Industrie- und Handelstag/Bundesverband der Deutschen Industrie (1976) S. 6.

3) Deutscher Industrie- und Handelstag/Bundesverband der Deutschen Industrie (1976) S. 5.

mit Streubesitz, bei denen primär Kapitalmarktgesichtspunkte angesprochen seien, kämen grundsätzlich nur bilaterale Vereinbarungen in Betracht. Bei dieser Gruppe sei jedoch während einer Übergangszeit bis zum Inkrafttreten entsprechender Regelungen "zur Beruhigung der ausländischen Investoren" eine einseitige Kapitalertragsteuererstattung zu erwägen.

Bemerkenswert an dieser Stellungnahme sind ihre offenen Formulierungen und unscharfen Petiten. Die Verbände sprechen von einer "erheblichen" Steuerbelastung, von einer Lösung, zu der beide Vertragspartner "beitragen" müssen, und davon, daß eine einseitige Erstattung zu "erwägen" sei. Folgende Erklärungsmuster bieten sich hierfür an:

- Die Verbände vermieden es bewußt, sich auf konkrete Änderungswünsche festzulegen, um bei der weiteren Ausformung der Ausländerbesteuerung flexibel und situationsabhängig reagieren zu können.
- Die Formulierungen weisen Kompromißcharakter auf; sie wurden von den beteiligten Verbänden weit gefaßt, da von den zeichnenden Verbandsreferenten unterschiedliche Positionen in Detailfragen vertreten wurden.
- Schließlich ist auf die Möglichkeit von Interessenkonflikten innerhalb der Verbandsorganisationen hinzuweisen, so hier insbesondere zwischen Tochtergesellschaften ausländischer und Tochtergesellschaften inländischer Unternehmen. Zur Vermeidung offener verbandsinterner Konflikte wurde daher von einer numerischen Fixierung der angestrebten Regelungen (Höhe der Kapitalertragsteuer und Ausmaß ihrer Erstattung) abgesehen.

B. Die unternehmerischen Interessen II: Die Interessenorganisationen der genossenschaftlich strukturierten Körperschaften

1. Der Deutsche Genossenschafts- und Raiffeisenverband

In einer Eingabe an den Finanzausschuß des Deutschen Bundestages [1] begrüßt der Verband der ländlichen und gewerblichen Genossenschaften das im Regierungsentwurf vorgesehene Anrechnungsverfahren insbesondere angesichts der Tatsache, daß den Genossenschaften im alten Körperschaftsteuerrecht der gespaltene Satz nicht gewährt wurde; sie unterlagen einem einheitlichen Satz von 49 %. Der Verband verspricht sich für seine Mitglieder eine Stärkung der Eigenkapitalbasis; Änderungsvorschläge werden von ihm ausdrücklich nicht vorgetragen.

2. Der Bund deutscher Konsumgenossenschaften

Die deutschen Konsumgenossenschaften sahen sich durch das alte Körperschaftsteuerrecht gegenüber den Kapitalgesellschaften in dreifacher Hinsicht benachteiligt:

- Ihnen wurde der ermäßigte Steuersatz von 15 % für Ausschüttungen nicht gewährt.
- Sie kamen nicht in den Genuß des Schachtelprivilegs.

---

1) Deutscher Genossenschafts- und Raiffeisenverband (1975).

- Sie konnten nicht als Organuntergesellschaften fungieren. [1]

Das zur Diskussion stehende Anrechnungssystem erfuhr dementsprechend eine äußerst positive Beurteilung: "Dieses System beseitigt die Doppelbesteuerung von Dividenden, und die genannten drei Vorteile, die Kapitalgesellschaften heute gegenüber Genossenschaften genießen, werden dabei materiell bedeutungslos ... Die Prognose, daß das neue Körperschaftsteuersystem wesentlich zur Lösung der Probleme um die Eigenkapitalbildung bei Genossenschaften beitragen wird, dürfte keine Übertreibung sein." [2] Der Regierungsentwurf des Körperschaftsteuergesetzes wurde daher von den Konsumgenossenschaften ausdrücklich begrüßt, insbesondere nachdem aufgrund der Planspielergebnisse einige technische Verbesserungen eingearbeitet worden waren.

In einer Eingabe an den Finanzausschuß des Deutschen Bundestages vom 18.11.1975 wurde vom Bund deutscher Konsumgenossenschaften lediglich der Wunsch geäußert, die Kosten für die Ausgabe von Gesellschaftsanteilen in vollem Umfang zum Abzug zuzulassen. [3] Im Gegensatz hierzu betonte der Verband Ende Januar 1976 - vermutlich um die Verabschiedung der Reform in der laufenden Legislaturperiode nicht zu gefährden -, daß er "zu den

---

1) Diese Punkte galten z.T. auch für die anderen Genossenschaftssparten, sie wurden jedoch von dem steuerlichen Fachvertreter der konsumgenossenschaftlichen Unternehmensgruppe co op besonders dezidiert vorgetragen. Vgl. Lorenz (1975) S. 386, ferner Bund deutscher Konsumgenossenschaften (1975) S. 1 f.

2) Lorenz (1975) S. 388.

3) Vgl. Bund deutscher Konsumgenossenschaften (1975) S. 4.

vorliegenden Gesetzentwürfen ... weder Verbesserungsvorschläge noch Ergänzungen zu machen" habe. [1]

3. Der Bundesverband der Deutschen Volksbanken und Raiffeisenbanken

Für den Verband der Kreditgenossenschaften waren vor allem die Erhaltung eines ermäßigten Körperschaftsteuersatzes und die Beseitigung bzw. Milderung der steuerlichen Geschäftsbeschränkungen von Bedeutung.

So wandte sich der Verband insbesondere gegen die im ersten Referentenentwurf des Ministeriums als Alternative vorgesehene Vollbesteuerung der Kreditgenossenschaften. [2] Angestrebt wurde ferner, die für die Gruppe der Volksbanken und der sog. reinen Raiffeisenbanken bestehenden Beschränkungen hinsichtlich ihrer bankfremden Tätigkeiten, die bei Inanspruchnahme des ermäßigten Satzes zu beachten waren, weitestgehend abzubauen. Ebenso sollten die Zentralkassen ohne die Auflage steuerlicher Geschäftsbeschränkungen an dem ermäßigten Satz partizipieren können. [3]

---

1) Bund deutscher Konsumgenossenschaften (1976) S. 3.

2) Vgl. Philipowski (1974) S. 20 f.

3) Siehe hierzu Bundesverband der Deutschen Volksbanken und Raiffeisenbanken (1974a), (1974b) und (1975).

C. Die unternehmerischen Interessen III: Die Interessenwahrnehmung der öffentlichen Wirtschaft

1. Die Bundesvereinigung der kommunalen Spitzenverbände

Ein Blick auf die Eingaben der Bundesvereinigung [1] zeigt, daß sich ihre Änderungswünsche stets von neuem auf zwei Komplexe beziehen. Es handelt sich hierbei zum einen um die generelle Besteuerung der Betriebe gewerblicher Art von juristischen Personen des öffentlichen Rechts, zum anderen um die Besteuerung der Sparkassen, die ersterem Kreis angehören.

Bezüglich der ersten Subjektgruppe wurden - betrachtet man den gesamten Zeitraum des Reformprozesses - drei Alternativforderungen in Abhängigkeit ihrer aktuellen Durchsetzungschancen erhoben:

- Erstattung der Körperschaftsteuer, die auf Gewinnen lastet, welche gewerbliche Betriebe an ihre Trägerkommunen abführen
- Begrenzung der Steuerbelastung abgeführter Gewinne auf 44 % (Einbeziehung in das Anrechnungsverfahren mit gespaltenem Satz)
- Beibehaltung des "alten" Körperschaftsteuersatzes von 50 %

Der Wunsch nach Körperschaftsteuererstattung, den die Bundesvereinigung gegenüber dem Gutachten der Eberhard-Kommission und dem ersten Referentenentwurf des Bundesfinanzministeriums vortrug, wurde von den kommunalen Spitzenverbänden selbst als kaum

---

1) Siehe die Übersicht auf S. 92.

Eingaben der Bundesvereinigung der kommunalen Spitzenverbände

Anlaß bzw. Adressat	Datum	Petitum	Die Nicht-Erfüllung des Petitums hat nach Ansicht der Bundesvereinigung zur Folge:
Stellungnahme zum Gutachten der **Eberhard-Kommission**	7.5.1971	1. Einbeziehung kommunaler Anteilseigner in das Anrechnungsverfahren (d.h. Körperschaftsteuererstattung) Second-best-Lösung: Ermäßigung des Körperschaftsteuersatzes für an kommunale Anteilseigner ausgeschüttete Gewinne 2. Beibehaltung der Steuervergünstigung für Sparkassen 3. Ermäßigung des Steuersatzes für kleinere Kommunalbetriebe	ad 1. Verminderung der kommunalen Finanzmasse, Diskriminierung der kommunalen gegenüber privaten Anteilseignern ad 2. **Beeinträchtigung der Eigenkapitalbildung der Sparkassen**
Eingabe an den Bundesminister für Wirtschaft und Finanzen (Bezug: 1. Referentenentwurf)	29.10.1971	1. Körperschaftsteuererstattung an kommunale Anteilseigner 2. Beibehaltung eines ermäßigten Steuersatzes für Sparkassen First-best-Lösung: Beibehaltung des "alten" KSt-Systems	ad 1. Verminderung der kommunalen Finanzmasse, Diskriminierung der kommunalen gegenüber privaten Anteilseignern ad 2. Beeinträchtigung der Eigenkapitalbildung (Folgen: Wettbewerbsverdrängung oder Zwang zur Aufgabe des Gemeinnützigkeitsprinzips), Diskriminierung der Sparkassen gegenüber den Aktienbanken
Eingabe an die Mitglieder des Finanzausschusses des Bundestages (Bezug: Änderungsvorschlag der KSt-Referenten der Länder zu § 4 des Regierungsentwurfes)	20.11.1975	Beibehaltung des organisationsorientierten Begriffs des Betriebes gewerblicher Art	mangelnde Praktikabilität und Justiziabilität aufgrund erheblicher Abgrenzungsschwierigkeiten
Eingabe an die Mitglieder des Finanzausschusses des Bundestages 1) (Bezug: Regierungsentwurf)	24.11.1975	Beseitigung des Steuerbelastungsunterschiedes zwischen den - von Kapitalgesellschaften an Kommunen ausgeschütteten Gewinnen (KSt und KapErtrSt: 44 %) und den - von Betrieben gewerblicher Art an ihre Trägerkommunen abgeführten Gewinnen (KSt: 56 %) auf der Basis einer einheitlichen Belastung von 44 % (36 %-Punkte KSt und 8 %-Punkte KapErtrSt), d.h. Einbeziehung der Kommunalbetriebe in das Anrechnungsverfahren Second-best-Lösung: Beibehaltung des bisherigen Steuersatzes von 50,5 % für Betriebe gewerblicher Art von juristischen Personen des öffentlichen Rechts	Verstoß gegen die Unternehmensformneutralität der Besteuerung im kommunalen Bereich. Verminderung der kommunalen Finanzmasse bei gleichzeitig steigendem Investitionsbedarf
Eingabe an die Mitglieder des Finanzausschusses des Bundestages 1) (Bezug: Regierungsentwurf)	17.2.1976	1. Beibehaltung des bisherigen Steuersatzes von 50,5 % für Betriebe gewerblicher Art von juristischen Personen des öffentlichen Rechts als Mindestbedingung 2. Ermäßigter Steuersatz von 41 % bis 42 % für Sparkassen (Regierungsentwurf: 46 %)	Verminderung der kommunalen Finanzmasse, Verstoß gegen die Unternehmensformneutralität. Diskriminierung der Sparkassen gegenüber anderen begünstigten Kreditinstituten aufgrund des Anrechnungsverfahrens (strukturelle Benachteiligung)
Eingabe an die Mitglieder des Finanzausschusses des Bundestages (Bezug: Regierungsentwurf)	7.4.1976	1. 44 %ige Steuerbelastung für Gewinnausschüttungen von Betrieben gewerblicher Art, die in ihrer Wirtschaftsführung und Organisation den Kapitalgesellschaften vergleichbar sind (36 %-Punkte KSt und 8 %-Punkte KapErtrSt) 2. Einheitlicher Steuersatz von 50 % für die Gewinne solcher Betriebe gewerblicher Art, die den Kapitalgesellschaften nicht vergleichbar sind	Verminderung der kommunalen Finanzmasse
Eingabe an die Mitglieder des Finanzausschusses des Bundestages (Bezug: Regierungsentwurf)	26.4.1976	Siehe Eingabe vom 7.4.1976	Verminderung der kommunalen Finanzmasse mit der möglichen Folge kompensierender Gebühren- und Preiserhöhungen, Verstoß gegen die Unternehmensformneutralität der Besteuerung im kommunalen Bereich

1) Eingaben wurden vom Verband Kommunaler Unternehmen e.V. mitunterzeichnet.

durchsetzbar beurteilt; seine Realisierung wäre einer Körperschaftsteuerbefreiung der an die Trägerkommunen abgeführten Gewinne gleichgekommen. Aus diesem Grunde bot die Bundesvereinigung Alternativlösungen an: zum einen die Ermäßigung des Steuersatzes auf abgeführte Gewinne, zum anderen gar die Beibehaltung des "alten" Körperschaftsteuersystems. Auch die später erhobene Forderung nach einer Einbeziehung in das Anrechungsverfahren mit gespaltenem Satz wurde unter Berücksichtigung der Durchsetzungschancen zu Beginn der Beratungen des Finanzausschusses im Jahre 1975 weitgehend aufgegeben und durch die Forderung nach Besitzstandswahrung (Körperschaftsteuersatz von 50 %) ersetzt. Zwar wird die Einbeziehung in das Anrechnungsverfahren auf der nichtöffentlichen Anhörung des Finanzausschusses dann nochmals gefordert, der Vertreter des Städtetages ist jedoch sehr bald bereit, sich auf die Besitzstandswahrung zurückzuziehen [1], so daß der Maximalforderung wohl eher proklamatischer Charakter beizuwohnen scheint.

Begründet wurde die Notwendigkeit einer ermäßigten Belastung der kommunalen Eigenbetriebe in der Öffentlichkeit vorrangig mit der Gefahr negativer fiskalischer Auswirkungen im Gemeindebereich und der Folge kommunaler Leistungsverschlechterungen. Die Anhörung des Finanzausschusses vom April des Jahres 1976 läßt erkennen, daß darüber hinaus politische

---

1) "Wenn man der Meinung sein sollte, daß dieses Verfahren ... zu kompliziert sei, sind wir selbstverständlich bereit, uns darüber zu unterhalten, ob man nicht für kommunale Betriebe gewerblicher Art generell auf den niedrigeren Steuersatz gehen sollte." Deutscher Bundestag, 7. Ausschuß (9.4.1976) S. 15.

Überlegungen eine Rolle spielten, denen von den Kommunen ein "sehr hoher Stellenwert" [1] zugewiesen wurde. Es bestand die Befürchtung, daß einzelne Gemeinden bei einer zu hohen steuerlichen Belastung ihrer Eigenbetriebe - vorgesehen war der Regelsteuersatz von 56 % - aus wirtschaftlichen Erwägungen heraus zu Umgründungen ihrer Betriebe in Kapitalgesellschaften gezwungen sein könnten; mit dem Wechsel der Rechtsform war jedoch die kommunalpolitische Einflußnahme auf diese Unternehmen nicht mehr gewährleistet. [2] Nach außen hin wurde in diesem Zusammenhang mit dem Grundsatz der Unternehmensformneutralität der Besteuerung argumentiert und so die politische Dimension der Überlegungen verschüttet. -

Ein Antizipieren politischer Durchsetzungschancen ist analog den obigen Betrachtungen auch im Rahmen der Petiten zur Sparkassenbesteuerung zu beobachten. Während die kommunalen Spitzenverbände im Mai 1971 noch für eine Beibehaltung der bisherigen Steuervergünstigung eintreten [3], reduzieren sie ihre Ansprüche an den ersten Referentenentwurf des Finanzministeriums, der die Steuervergünstigung überhaupt nicht vorsieht, auf das Festhalten an "einem ermäßigten Steuersatz" [4]; während der Finanzausschußberatungen in den Jahren 1975/76 konkretisiert sich dann ihre Forderung auf einen Satz zwischen 41 und 42 %. Eventuelle Wettbewerbsnachteile gegenüber den Aktienbanken stellen hierbei

1) Deutscher Bundestag, 7. Ausschuß (9.4.1976) S. 22.

2) Vgl. Deutscher Bundestag, 7. Ausschuß (9.4.1976) S. 21 ff.

3) Bundesvereinigung der kommunalen Spitzenverbände (1971a) S. 7.

4) Bundesvereinigung der kommunalen Spitzenverbände (1971b) S. 4.

die Hauptargumentation; gedroht wird darüber hinaus mit dem Zwang zur Aufgabe des Gemeinnützigkeitsprinzips.

2. Der Deutsche Sparkassen- und Giroverband

Der Verband bemühte sich seit Beginn der Reformdiskussion, das sog. Körperschaftsteuerprivileg der von ihm vertretenen Sparkassen zu erhalten. Seine Klientel genoß dieses Privileg im alten Körperschaftsteuerrecht in der Form eines ermäßigten Steuersatzes von 35 %. Die Übernahme einer entsprechenden Begünstigung in das neue Körperschaftsteuersystem begründete der Verband mit verschiedenen den Sparkassen gesetzlich auferlegten Geschäftsbeschränkungen, begrenzten Möglichkeiten der Eigenkapitalbildung und mit der Nichteinbeziehung der Sparkassen als Betriebe gewerblicher Art von juristischen Personen des öffentlichen Rechts in das körperschaftsteuerliche Anrechnungsverfahren [1]; dies alles führe zu Nachteilen im Wettbewerb mit den übrigen Institutsgruppen des Kreditgewerbes und rechtfertige eine Ermäßigung des Satzes.

Dahinter steht offensichtlich das Bestreben, eine in der Vergangenheit erreichte Stufe auf der "Steuervergünstigungspyramide" des Kreditgewerbes zu behaupten und die verbandsspezifischen Forderungen

---

1) Das Anrechnungsverfahren selbst wurde vom Deutschen Sparkassen- und Giroverband "unter gesellschaftspolitischen Gesichtspunkten" begrüßt. Vgl. Deutscher Sparkassen- und Giroverband (1971a) S. 10.

an den vermeintlichen Positionen der Markt"nachbarn" zu orientieren. Für den Sparkassensektor werden dabei folgende Bezugsgruppen erkennbar:

- die privaten, im alten Recht voll besteuerten Kreditinstitute, denen gegenüber die Beschränkungen der Sparkassen hinsichtlich ihrer Geschäftspolitik und Kapitalbildung auch im neuen Recht weiterhin auszugleichen seien;
- die in das Anrechnungsverfahren einbezogenen Kreditinstitute, denen gegenüber die Nichteinbeziehung auszugleichen sei. Hierzu zählen neben den voll besteuerten Instituten insbesondere auch eine Reihe von bereits im alten Recht begünstigten Institutsgruppen (Kreditgenossenschaften etc.).

Der Verband forderte dementsprechend unter Bezugnahme auf seine Mitbewerber in einer ersten Phase - vor allem im Jahre 1971 mit Blick auf die Eckwerte der Bundesregierung, die einen stufenweisen Abbau des Privilegs vorsahen - die Aufrechterhaltung der Vergünstigung im Sinne des damals geltenden Körperschaftsteuergesetzes. [1] Ein zweiter Schwerpunkt der Verbandstätigkeit fällt in die Zeit der Ausschußberatungen des Bundestages. Während der Regierungsentwurf für die nach altem Recht begünstigten Institutsgruppen inklusive der Sparkassen einen einheitlichen ermäßigten Satz von 46 % vorsah, verlangte der Sparkassenverband speziell für seine Mitglieder eine weitere Reduzierung auf etwa 41 % als Ausgleich für die Nichteinbeziehung in das

---

1) Siehe hierzu Deutscher Sparkassen- und Giroverband (1971a) und (1971b).

Anrechnungsverfahren. [1]

Auf mögliche Konsequenzen im Falle der Nichtberücksichtigung seiner Forderungen weist der Verband ausdrücklich hin. Eine höhere Besteuerung würde in Form schlechterer Konditionen auf die Kunden des Sparkassensektors überwälzt; hiervon seien vor allem die Gebietskörperschaften, die mittelständische Wirtschaft, der Wohnungsbau mit der Folge steigender Mieten und der landwirtschaftliche Sektor betroffen. [2]

Hinsichtlich der von ihm vertretenen Landesbanken/ Girozentralen spricht sich der Verband für eine Einbeziehung in das Anrechnungsverfahren aus; gleichzeitig solle sichergestellt werden, daß die mit den Ausschüttungen der Girozentralen verbundenen Körperschaftsteuergutschriften durch die beschränkt steuerpflichtigen regionalen Sparkassen- und Giroverbände (Körperschaften des öffentlichen Rechts) hindurchgeleitet werden und bei den Sparkassen zur Anrechnung gelangen, um Doppelbelastungen zu vermeiden. [3]

---

1) Diese Forderung verhält sich analog zu den Wünschen der vollbesteuerten öffentlich-rechtlichen Unternehmen, die ebenfalls außerhalb des Anrechnungsverfahrens stehen und aus diesem Grunde eine Reduzierung des 56%-Satzes auf etwa 50 % verlangen. Der Deutsche Sparkassen- und Giroverband nimmt hierauf ausdrücklich Bezug. Vgl. Deutscher Sparkassen- und Giroverband (1975) S. 3 und (1976) S. 4.

2) Vgl. Deutscher Sparkassen- und Giroverband (1971a) S. 9 f., (1971b) S. 2, (1976) S. 4.

3) Vgl. Deutscher Sparkassen- und Giroverband (1975) S. 4.

3. Der Verband öffentlicher Banken

Die Forderungen des Verbandes der öffentlichen Banken bezogen sich auf die Besteuerung der Landesbanken und der steuerpflichtigen öffentlich-rechtlichen Grundkreditanstalten, die als gewerbliche Betriebe von juristischen Personen des öffentlichen Rechts nach dem Regierungsentwurf nicht in das Anrechnungsverfahren einbezogen waren. [1] Sowohl für ihre einbehaltenen als auch für ihre ausgeschütteten bzw. abgeführten Gewinne sah der Entwurf eine definitive Belastung mit 56 % Körperschaftsteuer vor [2]; eine Anrechnungsmöglichkeit bei den öffentlich-rechtlichen Trägern bestand nicht.

Schon im Oktober 1974 forderte der Verband eine Einbeziehung seiner Mitgliedsinstitute in das Anrechnungsverfahren [3] bzw. als second-best-Lösung eine

---

1) Die Bundesregierung begründete dies mit einem zu hohen verwaltungstechnischen Aufwand. Vgl. Bundesregierung (1974) S. 342, 377. Allerdings enthielt der Entwurf die Regelung, daß die Ausschüttungen dieser Betriebe bei der Gewinnermittlung der Empfänger außer Ansatz bleiben, um eine Doppelbelastung zu vermeiden (§ 8 Abs. 5 des Regierungsentwurfes).

2) Ausgenommen hiervon waren lediglich die Einkünfte aus dem langfristigen Kommunalkredit-, Realkredit- und Meliorationskreditgeschäft, die einem ermäßigten Satz von 46 % unterliegen sollten (§ 26 Abs. 2 des Regierungsentwurfes).

3) Der Verband erhoffte sich hiervon eine Belastung von 44 % bei Gewinnabführungen an nicht unbeschränkt steuerpflichtige Anteilseigner (Ausschüttungsbelastung von 36 % plus Kapitalertragsteuer von 25 %, die zur Hälfte erstattet wird) bzw. die Anrechnung der Körperschaftsteuer- und Kapitalertragsteuerbelastung bei unbeschränkt steuerpflichtigen Anteilseignern (z.B. Sparkassen) auf deren Steuerschuld.

Ermäßigung des 56 %-Satzes zum Ausgleich für die Nichteinbeziehung, ohne hier jedoch schon einen konkreten Satz zu nennen. [1] In einer weiteren Eingabe anläßlich der öffentlichen Anhörung des Finanzausschusses im Dezember 1975, die sich ansonsten inhaltlich von der früheren Stellungnahme kaum unterscheidet, wird ein "Satz etwa in der Mitte zwischen der ... Belastung für öffentliche Unternehmen in der Form von Kapitalgesellschaften in Höhe von 44 % und dem vorgesehenen Körperschaftsteuersatz von 56 %" [2] vorgeschlagen. Dieser Wunsch wird im Frühjahr des Jahres 1976 dann erneut vorgetragen, [3] allerdings unter Nennung des konkreten Satzes von 51 % und nun auch nicht mehr als second-best-Lösung, da der Verband - so ist zu vermuten - erkannt hatte, daß eine Einbeziehung in das Anrechnungsverfahren nicht durchzusetzen war. Zusätzlich wurde von ihm die Forderung erhoben, den ermäßigten Satz von 46 % für Einkünfte aus dem langfristigen Kreditgeschäft auf 41 % abzusenken (Abschlag von 10 % auf den gewünschten Normalsteuersatz von 51 %).

Der Verband der öffentlichen Banken begründete seine Forderungen

- mit einer steuerlichen Benachteiligung seiner Mitgliedsinstitute gegenüber Kapitalgesellschaften mit privaten Anteilseignern, denen die Anrechnung gewährt wird,
- mit einer steuerlichen Benachteiligung seiner Mitgliedsinstitute gegenüber Kapitalgesellschaften mit öffentlichen Anteilseignern, denen über die

1) Vgl. Verband öffentlicher Banken (1974) S. 5 ff.
2) Verband öffentlicher Banken (1975) S. 6.
3) Vgl. Verband öffentlicher Banken (1976).

Gewährung der Ausschüttungsbelastung von 36 % hinaus die Kapitalertragsteuer zur Hälfte erstattet wird,
- mit einer steuerlichen Benachteiligung seiner Mitgliedsinstitute gegenüber den privaten Hypothekenbanken, denen der ermäßigte Körperschaftsteuersatz von 46 % auf einer breiteren Grundlage gewährt wird und
- mit im Vergleich zum geltenden Körperschaftsteuerrecht sich verschlechternden Möglichkeiten der Eigenkapitalbildung.

D. Die unternehmerischen Interessen IV: Verbandskoalitionen der Kreditwirtschaft

Die Spitzenverbände der Kreditwirtschaft [1] wandten sich mit drei gemeinsamen Eingaben an die Mitglieder des Finanzausschusses des Deutschen Bundestages. Im einzelnen wurden von ihnen folgende Petiten geäußert:

- Nicht aufgegriffen werden soll ein Vorschlag der Länderfinanzbehörden, nach dem bei Anteilseignern, die nicht zur Einkommensteuer veranlagt werden, die Vergütung bzw. Erstattung der Körperschaftsteuer und der Kapitalertragsteuer im Rahmen eines Lohnsteuerjahresausgleichs, des Prämienverfahrens oder eines gesonderten Verfahrens über

1) Bundesverband deutscher Banken e.V., Deutscher Sparkassen- und Giroverband e.V., Verband öffentlicher Banken e.V., Bundesverband der Deutschen Volksbanken und Raiffeisenbanken e.V., Verband der Gemeinwirtschaftlichen Geschäftsbanken, Bundesverband Deutscher Investmentgesellschaften e.V., Verband privater Hypothekenbanken e.V.

die Finanzämter erfolgen sollte. Die Verbände sprechen sich demgegenüber für die im Regierungsentwurf vorgesehene Regelung aus, nach der den nicht veranlagten Anteilseignern gleichzeitig mit der Bruttodividende (ohne Abzug der Kapitalertragsteuer) von den Kreditinstituten auch das Körperschaftsteuerguthaben ausgezahlt werden soll. [1)] Zur Finanzierung solle den Kreditinstituten 90 % des Vergütungs- und Erstattungsbetrages unmittelbar bei Antragstellung von Seiten der Finanzverwaltung überwiesen werden; der Rest könne dann nach zeitnaher Prüfung des Vergütungs- und Erstattungsantrages folgen.

- Aus steuerrechtlichen, steuersystematischen, kapitalmarkt- und wettbewerbspolitischen Gründen sollte auf die in den einkommensteuerlichen Vorschriften des Regierungsentwurfes vorgesehene Besteuerung des Disagios verzichtet werden. [2)]
- Eine Reihe von Änderungsvorschlägen der Spitzenverbände der Kreditwirtschaft beziehen sich auf die Vorschriften über die Dividendenbescheinigungen und die Kapitalertragsteuerbescheinigungen; sie sollen im einzelnen hier nicht aufgeführt werden. [3)] Auch einige weitere Änderungswünsche zu den einkommensteuerlichen Vorschriften sind von

---

1) Die Verbände begründen ihre Ablehnung des Ländervorschlags mit seinen möglichen psychologischen Auswirkungen. So könnte bei Kleinanlegern der Eindruck entstehen, "daß sich die Nettoerträge verringert haben und sich die Aktienanlage weniger lohnt als bisher". Bundesverband deutscher Banken u.a. (1975a) S. 3.

2) Vgl. insbesondere Bundesverband deutscher Banken u.a. (1976).

3) Siehe hierzu Bundesverband deutscher Banken u.a. (1975b) S. 4 ff.

untergeordneter Bedeutung und daher im Detail hier nicht zu erläutern. [1]

- Die Kreditwirtschaft spricht sich für eine rechtzeitige Verabschiedung und ein Inkrafttreten der Reform zum 1.1.1977 aus.

E. Die unternehmerischen Interessen V: Die Interessenorganisationen ausländischer Unternehmen

1. Die Union des industries de la Communauté européenne (UNICE)

Die UNICE als Vereinigung der industriellen Spitzenverbände innerhalb der Europäischen Gemeinschaft trat - entgegen den Vorstellungen der EG-Kommission - für eine Vollanrechnung der auf Ausschüttungen lastenden Körperschaftsteuer im europäischen Rahmen ein. Auf der nichtöffentlichen Anhörung des Finanzausschusses im März 1976 befürwortete sie daher - ebenso wie die Ständige Konferenz der Industrie- und Handelskammern der EG - die Einführung des Anrechnungsverfahrens in der Bundesrepublik Deutschland und erhoffte sich hiervon eine gewisse Sogwirkung auch auf die übrigen Mitgliedstaaten der EG. [2] Für die noch ungelösten außensteuerlichen Probleme des Regierungsentwurfes schlug die Union die bilaterale Lösung über Doppelbesteuerungsabkommen vor, wobei sie für den EG-Bereich dem Verfahren einer Körperschaftsteueranrechnung über die Grenze hinweg den Vorzug gab. [3]

---

1) Siehe hierzu im einzelnen Bundesverband deutscher Banken (1975b) S. 10 ff.

2) Vgl. Deutscher Bundestag, 7. Ausschuß (10.3.1976) S. 10 f., S. 44.

3) Vgl. Deutscher Bundestag, 7. Ausschuß (10.3.1976) S. 11, S. 19.

2. Die Offizielle Deutsch-Französische Industrie- und Handelskammer

In einer Eingabe anläßlich der Anhörung des Finanzausschusses zur Ausländerbesteuerung äußert die Deutsch-Französische Industrie- und Handelskammer die Ansicht, daß die im Außenverhältnis nicht gewährte Anrechnung der Körperschaftsteuerschuld für ausländische Muttergesellschaften einen "negativen Standortfaktor" darstelle, "der die Wettbewerbssituation der Betroffenen nicht unerheblich belastet." [1] Als Lösungsvorschlag präsentiert die Kammer das französische Verfahren einer in bilateralen Doppelbesteuerungsabkommen paraphierten Öffnung der Steueranrechnung über die Grenze hinweg. Auch bezüglich des Streubesitzes sollte eine derartige Lösung gewählt werden; hier sei jedoch außerdem eine sofortige Übergangsregelung "unbedingt erforderlich". [2]

Auch die Besteuerung der in inländischen Betriebsstätten erzielten Einkünfte ausländischer Unternehmen wird als nicht zufriedenstellend beurteilt, da sich die definitive Körperschaftsteuerbelastung um 7 Prozentpunkte auf 56 % erhöhe und dies nicht ohne Wirkung auf die Wettbewerbspositionen der Unternehmen bleiben könne. [3]

---

1) Offizielle Deutsch-Französische Industrie- und Handelskammer (1976) S. 4.

2) Offizielle Deutsch-Französische Industrie- und Handelskammer (1976) S. 5.

3) Vgl. Offizielle Deutsch-Französische Industrie- und Handelskammer (1976) S. 5.

3. Der Rat für Deutsch-Britischen Handel

Nach Ansicht des Rates sind mit der Körperschaftsteuerreform, auch wenn das neue System im Grundsatz bejaht wird, die folgenden Negativwirkungen verbunden [1]:

- Erhöhung der Steuerbelastung für Tochtergesellschaften britischer Konzerne auf 48,8 % (altes Recht: 43,5 %) bei gleichzeitiger erheblicher Entlastung der Gewinne deutscher Konzerne aufgrund des Anrechnungsverfahrens [2]
- wesentliche Schlechterstellung der Betriebsstätten britischer Unternehmen (altes Recht: 50,5 %, Regierungsentwurf: 56 %)
- Erhöhung der Körperschaftsteuerbelastung für den britischen Streubesitz von 24,6 % auf 36 %. [3]

Der Rat für Deutsch-Britischen Handel bittet daher den Finanzausschuß des Deutschen Bundestages, auf eine Revision des deutsch-britischen Doppelbesteuerungsabkommens hinzuwirken. Der Bundestag solle hierzu eine Entschließung verabschieden, "durch welche die Deutsche Bundesregierung verpflichtet

---

1) Vgl. Rat für Deutsch-Britischen Handel (1976) Anlage.

2) Nach den Berechnungen des Rates ergibt sich bei unverändertem Ausschüttungsverhalten und Weitergeltung des deutsch-britischen Doppelbesteuerungsabkommens eine Belastungsdifferenz von 18 Prozentpunkten, wenn man die Möglichkeit zur Anrechnung der Körperschaftsteuer bei den inländischen Anteilseignern miteinbezieht. Vgl. Rat für Deutsch-Britischen Handel (1976) Anlage S. 1 f.

3) Diese Verschlechterung sei durch eine entsprechende Gutschrift deutscher Körperschaftsteuer auszugleichen. Vgl. Rat für Deutsch-Britischen Handel (1976) Anlage S. 3.

wird, in solche Verhandlungen so rechtzeitig einzutreten, daß das revidierte DBA gleichzeitig mit dem neuen Körperschaftsteuergesetz in Kraft treten kann". [1]

4. Die American Chamber of Commerce in Germany

Die amerikanische Handelskammer als Interessenvertreterin der amerikanischen Unternehmen in der Bundesrepublik Deutschland weist in einer Stellungnahme zum Gesetzentwurf der Bundesregierung [2] ausdrücklich darauf hin, daß sie die Zielsetzungen der Reform begrüße. Allerdings erfordere die extrem hohe im Außenverhältnis definitiv wirkende Ertragsteuerbelastung der an amerikanische Muttergesellschaften abgeführten Gewinne belastungsreduzierende Regelungen, um den freien Kapitalverkehr nicht zu beeinträchtigen und die Investitionsbereitschaft amerikanischer Unternehmen in der Bundesrepublik zu erhalten. Zwei Lösungen böten sich an: eine unilaterale durch Änderungen am Regierungsentwurf selbst und eine bilaterale durch Revision des bestehenden Doppelbesteuerungsabkommens. Ziel beider Maßnahmen müsse die Herabsetzung der Belastung "auf ein international übliches Maß" sein. [3]

Vermutlich um die Verabschiedung der Gesamtreform durch den Bundestag nicht zu gefährden, entscheidet sich die Kammer für die bilaterale Lösung. Allerdings sei es "erforderlich, daß der Gesetzgeber der

---

1) Rat für Deutsch-Britischen Handel (1976) S. 1.

2) American Chamber of Commerce in Germany (1976a).

3) American Chamber of Commerce in Germany (1976a) S. 5.

Bundesregierung mit der Verabschiedung der Körperschaftsteuerreform Auflagen über den Umfang und die zeitliche Anwendung der zu revidierenden Doppelbesteuerungsabkommen macht." [1] Hierzu legte die American Chamber of Commerce dem Finanzausschuß des Bundestages Anfang Mai 1976 einen Entschließungsentwurf vor, der die Bundesregierung verpflichten sollte, einer überhöhten Ertragsteuerbelastung ausländischer Anteilseigner von deutschen Kapitalgesellschaften durch Revision bestehender Doppelbesteuerungsabkommen zu begegnen. "Dabei ist ... auf die Aufrechterhaltung der Bereitschaft ..., im Inland zu investieren, besonderes Gewicht zu legen." [2][3] Die Neuabkommen sollen zudem gleichzeitig mit Inkrafttreten der Körperschaftsteuerreform - gegebenenfalls rückwirkend - zur Geltung gelangen.

5. Die Vereinigung Schweizerischer Unternehmen in Deutschland

Die Vereinigung der Schweizerischen Unternehmen geht davon aus, daß die im Regierungsentwurf vorgesehene 52 %ige Steuerbelastung der an ausländische Muttergesellschaften ausgeschütteten Gewinne nur im Wege

---

1) American Chamber of Commerce in Germany (1976a) S. 5.

2) American Chamber of Commerce in Germany (1976b) Anlage.

3) Hierzu ist nach Ansicht Lappens, stellvertretender Vorsitzender des Steuerausschusses der Amerikanischen Handelskammer in Deutschland, eine Reduzierung der Kapitalertragsteuer auf weit unter 15 % erforderlich. Vgl. Deutscher Bundestag, 7. Ausschuß (10.3.1976) S. 47.

der fallweisen Revision von Doppelbesteuerungsabkommen zu korrigieren sei: "Wegen der unterschiedlichen steuerlichen Situation in den einzelnen Partnerstaaten läßt sich eine einheitliche Regelung etwa im Rahmen der Körperschaftsteuerreform kaum erreichen". [1]

Für den ausländischen Streubesitz sei allerdings eine sofortige Übergangsregelung - etwa in Form einer Erstattungsmöglichkeit - zu wählen, da die Erhöhung der Steuerbelastung für diese Gruppe besonders gravierend sei und unmittelbare negative Auswirkungen auf den Kapitalmarkt nicht auszuschließen seien. [2]

6. Die Deutsch-Niederländische Handelskammer

Das Anrechnungsverfahren des Regierungsentwurfes ist nach Ansicht der Handelskammer im Außenverhältnis mit "erheblichen diskriminierenden Wirkungen" verbunden; die Verweigerung der Anrechnung über die Grenze hinweg trage "einen außerordentlich starken Zug zur Autarkie ..., der einen schwerwiegenden Einfluß auf die Kapitalmärkte haben muß". [3] Im einzelnen wird von der Kammer auf folgende negative Auswirkungen hingewiesen [4]:

---

1) Vereinigung Schweizerischer Unternehmen in Deutschland (1976) S. 3.

2) Vgl. Vereinigung Schweizerischer Unternehmen in Deutschland (1976) S. 4.

3) Deutsch-Niederländische Handelskammer (1975) S. 1.

4) Vgl. Deutsch-Niederländische Handelskammer (1975) S. 2 ff. und (1976) S. 4 ff.

- Das Anrechnungsverfahren in der vorgesehenen Form verdränge die auf dem deutschen Kapitalmarkt plazierten niederländischen Anteilswerte zugunsten deutscher Aktien, da bei ersteren eine Anrechnung der niederländischen Körperschaftsteuer auf die Einkommensteuerschuld deutscher Anteilseigner nicht vorgesehen sei.
- Die Steuerbelastung deutscher Tochtergesellschaften von niederländischen Unternehmen erreiche durch die Körperschaftsteuerreform ein nicht mehr tragbares Niveau, welches die Höhe der holländischen Direktinvestitionen in der Bundesrepublik Deutschland beeinträchtigen werde.

Zur Beseitigung dieser Nachteile wären nach Ansicht der Handelskammer die folgenden Regelungen in das Reformgesetz zu übernehmen:

- Volle oder partielle Befreiung der Dividenden aus niederländischen Aktien von der deutschen Einkommensteuer im Falle deutschen Streubesitzes
- Herabsetzung der Kapitalertragsteuer auf mindestens 12,5 % für Ausschüttungen deutscher Tochtergesellschaften an ihre holländischen Mütter

Sollte eine Regelung innerhalb des Körperschaftsteuerreformgesetzes "wegen ihrer breiten Streuung nicht angezeigt sein", so sei ein entsprechendes Doppelbesteuerungsabkommen gegebenenfalls rückwirkend in Kraft zu setzen. [1)]

---

1) Deutsch-Niederländische Handelskammer (1975) S. 5 f.

F. Die gewerkschaftlichen Interessen

1. Der Deutsche Gewerkschaftsbund

Die Haltung des Deutschen Gewerkschaftsbundes zu einer Umgestaltung des Körperschaftsteuerrechts wurde bereits in einem frühen Stadium des Reformprozesses ersichtlich. Im Jahre 1969 äußerte der Referent für Steuer- und Finanzpolitik der Wirtschaftspolitischen Abteilung des DGB-Bundesvorstands H.-G. Wehner die Meinung, daß "für eine umwälzende Reform des geltenden Körperschaftsteuerrechtes weder unter wettbewerbspolitischen und unternehmensrechtlichen noch unter steuersystematischen Gesichtspunkten irgendein Anlaß besteht". [1] Abgelehnt wird von H.-G. Wehner sowohl der Vorschlag einer Teilhabersteuer, wie er von W. Stützel und W. Engels vorgetragen wurde, als auch das Anrechnungsverfahren des Wissenschaftlichen Beirats beim Bundesministerium der Finanzen. Die beiden Vorschlägen zugrundeliegende Zielsetzung einer Beseitigung der Doppelbelastung ausgeschütteter Gewinne wird von H.-G. Wehner nicht geteilt; er hält im Gegensatz dazu die Doppelbelastung aufgrund der "Eigenständigkeit der Kapitalgesellschaften" gegenüber ihren Anteilseignern und aufgrund ihrer "besonderen Wettbewerbsfähigkeit" im Vergleich zu den Personengesellschaften für gerechtfertigt. [2] Ferner weist er darauf hin, daß in allen westlichen Industrieländern die Doppelbelastung ausgeschütteter Gewinne praktiziert werde [3] und daß sich dieses System bewährt habe [4].

---

1) Wehner (1969) S. 269.

2) Vgl. Wehner (1969) S. 273 f.

3) Vgl. Wehner (1969) S. 269.

4) Wehner (1969) S. 275: "Die Besteuerung der Kapitalgesellschaften bereitet keine praktischen Schwierigkeiten und hat die wirtschaftliche Entwicklung dieser Unternehmen bisher in keiner Weise behindert."

Insbesondere dem sog. Stützel-Plan lastet er darüber hinaus negative Umverteilungswirkungen an; die mit ihm verbundenen erheblichen Steuerausfälle seien über kompensierende Einkommensteuererhöhungen vor allem von den Beziehern niedriger Einkommen zu tragen, die, da sie nicht im Besitz von Aktien seien, vom Wegfall der Doppelbelastung nicht profitieren könnten. [1] Einzig für die sog. personenbezogenen Kapitalgesellschaften hält H.-G. Wehner das alte Körperschaftsteuerrecht für "nicht voll befriedigend"; [2] er plädiert dafür, diesen Unternehmen ein Wahlrecht zwischen der Besteuerung nach dem Körperschaftsteuer- oder dem Einkommensteuergesetz zu gewähren, um die Rechtsformentscheidung in diesem Grenzbereich zwischen Kapitalgesellschaft und Personengesellschaft besteuerungsunabhängig zu halten und weil darüber hinaus die Argumente für die Doppelbelastung "zumindest nicht in demselben Maße gelten wie für große Kapitalgesellschaften". [3] Diese im Jahre 1969 von H.-G. Wehner veröffentlichte Stellungnahme entspricht in ihrem Ergebnis einer Minderheitsmeinung, welche zwei Mitglieder der Eberhard-Kommission, W. Köppen und H. Troeger, in dem 1971 abgeschlossenen Gutachten zum Ausdruck bringen und die sich wesentlich von der Auffassung der übrigen Kommissionsmitglieder unterscheidet.

Eine erste offizielle Stellungnahme zur Reform der Körperschaftsteuer, die nicht ganz so rigoros ablehnend ausfällt wie die Ausführungen H.-G. Wehners,

---

1) Vgl. Wehner (1969) S. 271 ff. Siehe hierzu auch den Aufsatz von Wehner (1970a), die Erwiderung der Stützel-Assistenten Bitz und Welcker (1970) und die Replik von Wehner (1970b).

2) Wehner (1969) S. 270.

3) Wehner (1969) S. 270. Vgl. auch ebd., S. 275.

übermittelt der Bundesvorstand des Deutschen Gewerkschaftsbundes der Bundesregierung anläßlich ihrer Kabinettsberatungen zur Vorbereitung der Eckwerte im Mai 1971: "Eine Änderung des geltenden Körperschaftsteuersystems im Sinne des Anrechnungsverfahrens kann allenfalls nach sorgfältiger Prüfung aller damit zusammenhängenden Gesichtspunkte akzeptiert werden. Voraussetzung ist, daß kein Steuerausfall entsteht, den niedrig besteuerte Nicht-Aktienbesitzer zu Gunsten von höher besteuerten Aktionären ausgleichen müßten. Gratisaktien dürfen nicht wie Ausschüttungen behandelt werden." [1]

Diese das Anrechnungsverfahren zumindest in Erwägung ziehende Erklärung wird dann jedoch im November 1972 abgelöst von einer klaren Entscheidung gegen das Anrechnungsverfahren. In einem vom Bundesvorstand des Deutschen Gewerkschaftsbundes verabschiedeten "Kernprogramm zur Steuerreform", das als eine überarbeitete Fassung der Vorschläge vom Mai 1971 zu gelten hat, heißt es:

"1. Eine Umstellung des geltenden Körperschaftsteuersystems auf das sogenannte Anrechnungsverfahren wird abgelehnt.
2. Der heutige Körperschaftsteuersatz von 51 vH auf einbehaltene Gewinne wird auf 56 vH erhöht." [2]

Die Begründung des DGB ist nicht neu: Da er das Anrechnungsverfahren mit erheblichen Steuerausfällen verbunden sieht, befürchtet er eine stärkere Belastung der Arbeitnehmer durch kompensatorische Steuererhöhungen; "Arbeitnehmer müßten also für die Aktionäre

1) Deutscher Gewerkschaftsbund (1971) S. 3.

2) Deutscher Gewerkschaftsbund (1972) S. 16.

zahlen", [1] da sie selbst nur in äußerst geringem Ausmaß Aktien besitzen. Den Hinweis, gerade über die Einführung des Anrechnungssystems würden die Arbeitnehmer zu verstärktem Aktienerwerb animiert, betrachtet der DGB als "Scheinargument", da solch ein Anreiz von einer parallelen Verteuerung der Aktien (Anstieg der Aktienkurse) als Folge ihrer erhöhten Attraktivität aufgezehrt werde. [2]

Auch während der drei Jahre später stattfindenden Beratungen des Finanzausschusses des Deutschen Bundestages sind es primär diese verteilungspolitischen Befürchtungen, mit denen der Deutsche Gewerkschaftsbund seine Ablehnung des Anrechnungsverfahrens begründet. Hinzu tritt ein Verweis auf die Bestrebungen der EG-Kommission, die Körperschaftsteuersysteme der Mitgliedstaaten lediglich über ein Teilanrechnungsverfahren zu harmonisieren. [3] Die übrigen Teile des Regierungsentwurfes scheinen für den Deutschen Gewerkschaftsbund nur von marginalem Interesse zu sein: Neben dem Wunsch nach einer geringfügigen Änderung der Befreiungsvorschrift für rechtsfähige Pensions-, Sterbe-, Kranken- und Unterstützungskassen wendet er sich gegen die den Kirchen, nicht jedoch den Berufsverbänden gewährte Vollerstattung der Kapitalertragsteuer. [4] Weitere Änderungsvorschläge werden von ihm nicht unterbreitet.

---

1) Deutscher Gewerkschaftsbund (1972) S. 17.

2) Vgl. Deutscher Gewerkschaftsbund (1972) S. 17

3) Vgl. Deutscher Gewerkschaftsbund (1975) S. 2 f.

4) Vgl. Deutscher Gewerkschaftsbund (1975) S. 4.

2. Der Bund Deutscher Steuerbeamten

Der Bund Deutscher Steuerbeamten war durch seinen Vorsitzenden H. Fredersdorf bereits an den Arbeiten der Eberhard-Kommission zur Steuerreform beteiligt. Seine in weiten Teilen von dem offiziellen Kommissionsgutachten abweichenden Vorstellungen präsentierte H. Fredersdorf der Öffentlichkeit in Form eines gesonderten, vom Bund Deutscher Steuerbeamten herausgegebenen Minderheitsgutachtens. Die darin enthaltenen Ausführungen zur Reform der Körperschaftsteuer sind widersprüchlich. [1] Der Begründung für die Einführung des Anrechnungsverfahrens, die ganz überwiegend mit einer Kritik an der Doppelbelastung ausgeschütteter Gewinne identisch ist, vermag H. Fredersdorf nicht beizupflichten. Er tendiert vielmehr dazu, die "Kapitalgesellschaft auch steuerlich" als "eigenständige Größe" aufzufassen; eine Verwirklichung der Reform hält er dementsprechend "auch wegen des Steuerausfalls nicht für vorrangig". [2] Erstaunen muß es allerdings, daß er dem vorgeschlagenen Anrechnungsverfahren ohne nähere Begründung grundsätzlich dennoch zustimmt. Als "völlig unannehmbar" bezeichnet er die von der Kommission befürwortete Einbeziehung der sog. Gratisanteile (Kapitalerhöhungen aus Gesellschaftsmitteln) in das System der Anrechnung; "dies würde zu einer erheblichen Besserstellung der Kapitalgesellschaften gegenüber den Personenunternehmen führen und außerdem einen überhaupt nicht zu rechtfertigenden Steuerausfall bewirken." [3]

---

1) Vgl. hierzu Fredersdorf (1971) S. 13 f.

2) Fredersdorf (1971) S. 14.

3) Fredersdorf (1971) S. 14.

Anläßlich der Beratungen des Finanzausschusses des Bundestages in den Jahren 1975 und 1976 betont die Deutsche Steuer-Gewerkschaft, daß nach ihrer Auffassung "steuersystematisch kein Zugzwang für einen Abbau der Doppelbelastung besteht". [1] Das Vollanrechnungssystem wird von ihr vor allem auch aus Gründen gegenläufiger Harmonisierungstendenzen innerhalb der EG entschieden abgelehnt. [2] Die Gewerkschaft spricht sich allerdings für ein Teilanrechnungssystem aus, das jedoch erst zu einem späteren Zeitpunkt (nicht vor 1980) realisiert werden solle und dessen Verwirklichung an folgende Bedingungen, welche insbesondere auch den zu erwartenden Verwaltungsaufwand und die Arbeitsbelastung des Personals der Steuerverwaltungen in Rechnung stellen, geknüpft wird: [3]

- Vor Inkrafttreten der Reform solle ein vereinfachtes Veranlagungsverfahren für alle Arbeitnehmer eingerichtet werden.
- Die Körperschaftsteuerreform solle nicht gleichzeitig mit der neuen Abgabenordnung in Kraft treten.
- Im neuen Körperschaftsteuersystem solle möglichst ein einheitlicher Steuersatz installiert werden.

---

1) Die Steuer-Gewerkschaft (Januar 1976) S. 4.

2) Vgl. Die Steuer-Gewerkschaft (Mai 1976) S. 82. Der hohe Stellenwert, den die DStG im Zusammenhang mit der Körperschaftsteuerreform den Harmonisierungsbestrebungen der EG beimißt, läßt sich u.a. damit erklären, daß ihr Bundesvorsitzender H. Fredersdorf zum damaligen Zeitpunkt zugleich auch den Vorsitz der Studiengruppe "Körperschaftsteuer-Reform" des Wirtschafts- und Sozialausschusses der EG innehatte.

3) Vgl. Die Steuer-Gewerkschaft (Januar 1976) S. 4.

- Steuerbefreite Körperschaften seien vom Anrechnungssystem auszuschließen.
- Das neue Körperschaftsteuersystem sei mit den übrigen Mitgliedern der EG abzustimmen, um erneute Umstellungen zu vermeiden.
- Die Ausgabe von Gratisanteilen sei wie eine Gewinnausschüttung zu behandeln. [1]
- Die Körperschaftsteuerreform solle erst dann in Kraft treten, wenn die zu erwartenden Steuerausfälle fiskalisch vertretbar seien; dies sei zur Zeit nicht der Fall.

3. Die Deutsche Angestellten-Gewerkschaft

Die Deutsche Angestellten-Gewerkschaft unterbreitete im Jahre 1971 ein eigenes Modell zur Reform der Körperschaftsteuer, das folgende Elemente umfaßte: [2]

- Die ausgeschütteten Gewinne werden von der Körperschaftsteuer befreit.
- Der Kapitalertragsteuersatz wird auf 50 vH angehoben.
- Die abgeführte Kapitalertragsteuer wird vollständig auf die Einkommensteuerschuld des Anteilseigners angerechnet, soweit seine Kapitaleinkünfte nicht über einen Betrag von 1000 DM (2000 DM bei Verheirateten) hinausgehen.

---

1) Dies steht in Widerspruch zu den Ausführungen des im Jahre 1971 von Fredersdorf erstellten Minderheitsgutachtens. Der Widerspruch erklärt sich jedoch mit dem Hinweis, daß sich die Aussagen des Minderheitsgutachtens auf ein Vollanrechnungssystem beziehen, während hier ein Teilanrechnungsverfahren zugrunde gelegt wird, welches bei einer Interpretation der Gratisanteile als Einbehaltungen dazu führen kann, daß für Spitzenverdiener die Kapitalerhöhung aus Rücklagen günstiger ist als die jährliche Ausschüttung, für Bezieher niedriger Einkommen dagegen das Umgekehrte gilt.

2) Vgl. Dittmar (1971).

- Die Kapitalertragsteuer wird nur zur Hälfte angerechnet, wenn die Kapitaleinkünfte des Anteilseigners den "Freibetrag" von 1000 DM übersteigen.

Die Deutsche Angestellten-Gewerkschaft glaubte hiermit eine Lösung gefunden zu haben, "die von der Doppelbesteuerung wegführt, ohne gleichzeitig einen erheblichen Steuerausfall zu verursachen". [1)] Die Gewerkschaft wiederholte ihren Vorschlag anläßlich der Beratungen des Finanzausschusses des Bundestages im Jahre 1975 mit geringen Modifikationen. [2)] Der von der Bundesregierung vorgelegte Gesetzentwurf dagegen wurde von ihr abgelehnt,

- da von ihm keine breitere Streuung des Produktivvermögens zu erwarten sei,
- da die Argumente, die gegen das System der Doppelbelastung vorgebracht würden, nicht stichhaltig seien und
- da die konjunkturelle Situation eher eine Entlastung der Einbehaltungen denn der Ausschüttungen verlange. [3)]

---

1) Dittmar (1971).

2) Der "Kapitaleinkünftehöchstbetrag" wurde von 1000 DM auf 1500 DM heraufgesetzt. Außerdem wurde vorgeschlagen, neben dem Höchstbetrag für Kapitaleinkünfte eine generelle Einkommensgrenze zu bestimmen, bis zu der die Vollanrechnung zu gewähren wäre. Vgl. Deutsche Angestellten-Gewerkschaft (1975) Anhang.

3) Vgl. Deutsche Angestellten-Gewerkschaft (1975) S. 1 ff.

G. Die Voten weiterer Verbände

1. Die Bundessteuerberaterkammer

Die Bundessteuerberaterkammer richtete zwei Eingaben an den Finanzausschuß des Deutschen Bundestages zur Körperschaftsteuerreform. [1] Folgende Einzelvorschläge wurden von ihr unterbreitet:

- Volle Abzugsfähigkeit der Kosten für die Ausgabe von Gesellschaftsanteilen.
- Einbeziehung der Unterschiedsbeträge zwischen Tarif- und Ausschüttungsbelastung in den Begriff des Eigenkapitals bzw. des verwendbaren Eigenkapitals. [2]
- Einreihung des alten verwendbaren Eigenkapitals (entstanden vor dem 1.1.1977), das mit 51 % Körperschaftsteuer und mit 3 % Ergänzungsabgabe belastet ist, unter die Einkommensteile, die einer ermäßigten Körperschaftsteuer von 36 % unterliegen, um bei den Anteilseignern eine Anrechnung von 36 % zu ermöglichen. [3]
- Zuordnung der sonstigen nicht abziehbaren Ausgaben zu den Einkommensteilen, auf die sie sich betriebswirtschaftlich beziehen. [4]

---

1) Vgl. Bundessteuerberaterkammer (1975a) und (1975b).

2) Der Vorschlag bezieht sich auf § 32 des Regierungsentwurfes.

3) Der Vorschlag bezieht sich auf § 33 des Regierungsentwurfes. Schon die Eberhard-Kommission ging jedoch davon aus, daß eine Anrechnung in diesem Falle nicht erfolgen solle. Vgl. Bundesministerium für Wirtschaft und Finanzen (1971) S. 364.

4) Der Vorschlag bezieht sich auf § 34 Abs. 1 Nr. 4 des Regierungsentwurfes.

- Keine generelle Ausnahme von der Zurechnung zum Eigenkapital des Organträgers für Vermögen, das durch Gesamtrechtsnachfolge auf die Organgesellschaft übergegangen ist. [1]
- Keine Fiktion der Einlage bei Ausschüttung offener und stiller Rücklagen an den Anteilseigner nach steuerfreiem Erwerb. [2]
- Gewährung der Anrechnung und Vergütung der Ausschüttungsbelastung bei steuerbefreiten Anteilseignern. [3]
- Übernahme der in einem Ländererlaß gewährten Einnahmenfreigrenze von DM 60.000 Umsatz/Jahr für Betriebe gewerblicher Art von juristischen Personen des öffentlichen Rechts in den Wortlaut des Körperschaftsteuergesetzes. [4]
- Aufnahme der Möglichkeit zur Bildung eines Rumpfwirtschaftsjahres auf den Auflösungsstichtag in § 11 Abs. 4 des Regierungsentwurfes.

Ferner sollte geprüft werden, ob nicht in der bei Erlöschen der Steuerpflicht aufzustellenden Schlußbilanz statt des Teilwertes analog zu § 16 Abs. 3 EStG der Ansatz des gemeinen Wertes erfolgen müßte. [5]

---

1) Der Vorschlag bezieht sich auf § 39 Nr. 3 des Regierungsentwurfes.

2) Der Vorschlag beinhaltet die ersatzlose Streichung von § 42 des Regierungsentwurfes.

3) Der Vorschlag bezieht sich auf die §§ 45 und 52 des Regierungsentwurfes.

4) Betroffen ist § 4 des Regierungsentwurfes.

5) Betroffen ist § 12 Abs. 3 des Regierungsentwurfes.

2. Der Gesamtverband gemeinnütziger Wohnungsunternehmen

In einer Eingabe an den Finanzausschuß des Deutschen Bundestages trägt der Verband unter Hervorhebung der Gemeinnützigkeit seiner Mitgliedsunternehmen die folgenden Änderungswünsche vor: [1]

- Körperschaftsteuerbefreiten Wohnungsunternehmen sollte es gestattet werden, die auf Ausschüttungen zu zahlende Körperschaftsteuerschuld (§ 5 Abs. 2 Nr. 2 des Regierungsentwurfes) mit den Körperschaftsteuervergütungen zu verrechnen, die diese Unternehmen in Vertretung ihrer Anteilseigner/Mitglieder geltend machen können. Dies könne bei steuersystematischen Bedenken auch in Form einer Durchführungsverordnung geregelt werden.
- Körperschaftsteuerbefreite Wohnungs- und Siedlungsunternehmen sollten in das Anrechnungsverfahren einbezogen werden, indem ihnen die auf ihre Beteiligungserträge lastende Körperschaftsteuer vergütet wird.
- In das Körperschaftsteuergesetz sollte eine Vorschrift aufgenommen werden, welche die Bundesregierung ermächtigt, Verordnungen zur Vereinfachung des Besteuerungsverfahrens und zur Festsetzung von Pauschbeträgen bei steuerbefreiten Wohnungsunternehmen zu erlassen.
- Die einbehaltene Kapitalertragsteuer auf Beteiligungserträge sollte den körperschaftsteuerbefreiten Wohnungs- und Siedlungsunternehmen voll erstattet werden. Der Verband fordert hiermit eine

---

1) Siehe Gesamtverband gemeinnütziger Wohnungsunternehmen (1975).

Gleichstellung mit denjenigen steuerbefreiten gemeinnützigen Körperschaften, für die eine volle Erstattung bereits vorgesehen war (§ 5 Abs. 1 Nr. 9 des Regierungsentwurfes).

3. Der Bund der Steuerzahler

Der Bund der Steuerzahler hat sich bereits im Jahre 1969 mit der Reform der Körperschaftsteuer befaßt; im Februar dieses Jahres veröffentlichte das Karl-Bräuer-Institut des Bundes der Steuerzahler in seiner Reihe "Stellungnahmen" eine Broschüre zum damals stark diskutierten Stützel-Plan. [1] Die Schrift setzt sich vor allem mit den von W. Stützel und W. Engels vorgebrachten Begründungen ihrer Teilhabersteuer kritisch auseinander. Das Institut sieht den Stützel-Plan als einen Beitrag zur - nicht näher definierten - "Steuergerechtigkeit" an, da Beziehern von geringen Einkommen der Zugang zum Beteiligungssparen erleichtert wird und Verstöße gegen die Wettbewerbsneutralität zwischen inländischen und ausländischen Anteilseignern beseitigt werden. [2] Zugestimmt wird auch der vermögenspolitischen Bedeutung des Planes, allerdings mit dem nicht unerheblichen Bedenken, "ob es allein der Einführung der Teilhabersteuer gelingen würde, größere Bevölkerungskreise am

1) Karl-Bräuer-Institut des Bundes der Steuerzahler (1969).

2) Allerdings schließt sich das Karl-Bräuer-Institut der Kritik des Instituts "Finanzen und Steuern" an, daß die Ausländerbesteuerung im Stützel-Plan nicht ausreichend geregelt sei. Vgl. Karl-Bräuer-Institut des Bundes der Steuerzahler (1969) S. 7.

'Beteiligungssparen' ... zu interessieren." [1] Des weiteren wird von der Teilhabersteuer ein Beitrag zur steuerneutralen Wahl der Rechtsform von Unternehmen, zur Verbesserung der Kapitalstruktur und zur konjunkturellen Stabilität erwartet; der mit ihr verbundene Steuerausfall sei nur vorübergehender Natur. Eindeutig abgesprochen wird dem Stützel-Plan dagegen ein Beitrag zur Vereinfachung des Steuersystems.

Auch wenn die Schrift in ihrer Schlußbemerkung auf eine "Reihe von gewiß nicht leicht zu nehmenden Bedenken" [2] hinweist, so erfährt die Teilhabersteuer doch insgesamt eine äußerst positive Beurteilung. Für V. Muthesius, den Präsidenten des Bundes der Steuerzahler, ist die Teilhabermethode "ein begrüßenswerter und diskutabler Vorschlag zur Verbesserung unseres Steuersystems." [3]

Die in den Diskussionen der folgenden Jahre insbesondere durch die Beratungen der Eberhard-Kommission sichtbar werdenden Durchführungsschwierigkeiten des Stützel-Planes haben den Bund der Steuerzahler von der Teilhabersteuer abrücken lassen. In seinem parallel zum Abschlußbericht der Eberhard-Kommission erscheinenden Gutachten wird sie zwar weiterhin als "theoretische Optimallösung" [4] bezeichnet, dem

---

1) Karl-Bräuer-Institut des Bundes der Steuerzahler (1969) S. 7.

2) Karl-Bräuer-Institut des Bundes der Steuerzahler (1969) S. 11.

3) Karl-Bräuer-Institut des Bundes der Steuerzahler (1969) S. 1.

4) Karl-Bräuer-Institut des Bundes der Steuerzahler (1971) S. 176.

Anrechnungsverfahren wird jedoch als dem praktikableren Lösungsvorschlag der Vorzug gegeben. Dieses Ergebnis wie auch die ihm vorgelagerte Argumentationskette - nachteilige Auswirkungen des geltenden Körperschaftsteuersystems, Ablehnung der Doppelbelastung, Durchführungsschwierigkeiten des Stützel-Plans - stimmen inhaltlich mit dem Gutachten der Eberhard-Kommission überein, zu deren Mitgliedern ja auch der Präsident des Bundes der Steuerzahler, V. Muthesius, gehörte.

4. Der Arbeitskreis zur Förderung der Aktie

Der Arbeitskreis zur Förderung der Aktie hat sich in zwei Memoranden zur Reform der Körperschaftsteuer geäußert und hierbei insbesondere die vermögenspolitische Komponente der Reform hervorgehoben. In einer ersten Stellungnahme vom Februar 1970 bezeichnet er die "Beseitigung der steuerlichen Benachteiligung der Aktie" als "eine Voraussetzung für die breitere Vermögensbildung", ohne sich allerdings für einen der damals diskutierten Reformvorschläge zu entscheiden. [1)]

Das zweite Memorandum erschien im Februar 1974 im Anschluß an die Vorlage des Regierungsentwurfes, von dem der Arbeitskreis erwartet, daß er

- "zu einer gerechteren Ertragsbesteuerung, die sich nach der Leistungsfähigkeit der Anteilseigner richtet", führt,
- "die steuerliche Benachteiligung der Dividendeneinkünfte gegenüber anderen Einkünften ... beseitigt und die Attraktivität der Aktien erhöht",

---

1) Vgl. Arbeitskreis zur Förderung der Aktie (1970).

- "Interessengegensätze zwischen Klein- und Großaktionären zu verringern" in der Lage ist und
- "dazu bei(trägt), die steuerliche Benachteiligung der Aktie als Finanzierungsmittel und die Unterschiede in der Besteuerung von Kapital- und Personengesellschaften zu verringern". [1]

H. Das Meinungsspektrum im Überblick

Im folgenden sind nochmals die wichtigsten [2] Eingaben aus dem Verbändesystem an den Regierungs- und Verwaltungsbereich und an die Legislative, hier insbesondere an den Finanzausschuß des Deutschen Bundestages, in einer Synopse zusammengestellt. Nahezu vollständig ausgewertet wurden solche Petiten, die an den Finanzausschuß des Deutschen Bundestages gerichtet waren, da dem Verfasser Einsicht in die diesbezügliche Gesetzesdokumentation des Bundestages gewährt wurde. Bei den Eingaben an das Bundesfinanzministerium und die Regierung war eine solche vollständige Erfassung aufgrund der mangelnden Verfügbarkeit des empirischen Materials nicht möglich, die wichtigsten Eingaben der Spitzenverbände sind jedoch nach Einschätzung des Verfassers auch für diese Adressatengruppe erfaßt.

Der Erfolg der an den Finanzausschuß gerichteten und sich auf den Regierungsentwurf beziehenden

---

1) Arbeitskreis zur Förderung der Aktie (1974) S. 2.

2) Ausgenommen wurden insbesondere solche Petiten, die sich auf die rein technische Ausgestaltung des Anrechnungsverfahrens bezogen, Verbesserungen lediglich redaktioneller Art betrafen oder allgemein von marginaler Bedeutung für die beteiligten Akteure waren.

Eingaben ist ablesbar in der letzten Spalte der Übersicht, welche die Übernahme der Verbandsforderungen in das Körperschaftsteuergesetz 1977 aufzeigt. Gleichzeitig wird ausgewiesen, wie der Gegenstand des Petitums im ersten Referentenentwurf geregelt war. Für alle an den Regierungs- und Verwaltungsbereich gerichteten Änderungswünsche läßt sich ihre Berücksichtigung im ersten Referentenentwurf, im Regierungsentwurf vom Oktober 1973 und im verabschiedeten Gesetz aus der Übersicht ermitteln. Darüber hinaus werden die fiskalischen Konsequenzen sämtlicher Petiten gegenüber dem Eberhard-Gutachten, dem ersten Referentenentwurf, dem Regierungsentwurf vom Oktober 1973 und gegenüber dem alten Körperschaftsteuerrecht ausgewiesen - zum Teil in vom Bundesfinanzministerium ermittelten numerischen Größen, zum Teil nur unter Angabe erhöhender oder vermindernder Steueraufkommensentwicklung. Im 8. Kapitel der Arbeit wird auf diese Übersicht zurückgegriffen werden.

Petitum	Adressat	Verbände	Fiskalische Dimension (in Mio.DM) im Vergleich zum				Übernahme in den/das		
			Eberhard-Gutachten	Referentenentwurf	Regierungsentwurf	alten Recht	Referentenentwurf	Regierungsentwurf	KStG 1977
1. Vollabzug der Emissionskosten	Finanzausschuß/ Bundestag	BDI, DIHT, Bankenverband, Versicherungsverband, Groß- u. Außenhandelsverband, Einzelhandelsverband, Handwerksverband, ASU, Bund d. Konsumgenossenschaften, Steuerberaterkammer	+ -	+ -	- 2oo	- 125	ja	nein	nein
2. Gemeiner Wert statt Teilwert in der Schlußbilanz	Finanzausschuß/ Bundestag	Steuerberaterkammer	im Gutachten nicht behandelt	im Referentenentwurf nicht angesprochen	- (unbedeutend)	keine Angabe möglich	im Referentenentwurf nicht angesprochen	nein	nein
3. Herausnahme der Vorschriften über versicherungstechnische Rückstellungen aus dem Gesetz	Finanzausschuß/ Bundestag	Gesamtverband der Versicherungswirtschaft	nicht ermittelbar				nein	nein	ja
4. Ausdehnung der Anrechnung auf ausländische KSt	BMF	DIHT, BDI, Bankenverband, Groß- u. Außenhandelsverband, Einzelhandelsverband	-	-	-	-	nein	nein	nein
5. Allgemeine Reduzierung des Steuersatzes von 56 %	Finanzausschuß/ Bundestag	BDI, Centrale für GmbH	+ - (Steuersatz: 55 %)	-	-	+ - (Steuersatz: 52,5 %)	nein	nein	nein
6. Beibehaltung des Sparkassenprivilegs im Sinne des geltenden Rechts	Bundesregierung bzw. BMF	Sparkassen- und Giroverband	- 14o	-	-	+ -	nein	nein	nein
7. Reduzierung des Steuersatzes für Sparkassen auf 41 %	Finanzausschuß/ Bundestag	Sparkassen- und Giroverband, kommunale Spitzenverbände	-	-	- (über 6o Mio.DM)	+	nein	nein	z.T.: Reduzierung auf 44 %
8. Vollabbau des Sparkassenprivilegs	Bundesregierung	Bundesverband dt. Banken	+ -	+ - bzw. +	+	+	nein	nein	nein
9. Reduzierung des Steuersatzes für private Hypothekenbanken auf 43 %	Finanzausschuß/ Bundestag	Verband privater Hypothekenbanken	-	-	- 1o	+	nein	nein	nein
1o. Reduzierung des Steuersatzes für Einkünfte öffentlicher Banken aus dem langfristigen Kreditgeschäft auf 41 %	Finanzausschuß/ Bundestag	Verband öffentlicher Banken	-	-	-	+	nein	nein	nein
11. Besteuerung ausländischer Schiffahrtseinkünfte zur Hälfte mit 56 %, andere Hälfte steuerfrei	Finanzausschuß/ Bundestag	Reeder-Verband	im Gutachten nicht behandelt	keine Angabe möglich	- 1o	keine Angabe möglich	nein	nein	nein
12. Reduzierung des Steuersatzes für gewerblich tätige Stiftungen auf 46 %	Finanzausschuß/ Bundestag	Carl-Zeiss-Stiftung	-	-	- 5	-	nein	nein	nein
13. Beseitigung bzw. Milderung steuerlicher Geschäftsbeschränkungen d. Kreditgenossenschaften u. Zentralkassen	BMF, Finanzausschuß/Bundestag	Verband der Volksbanken und Raiffeisenbanken	nicht angebbar, da Abschaffung d. gesamten Ermäßigung gefordert wird	-	- 1o	nicht angebbar, da Ermäßig. ein anderer Steuersatz zugrundeliegt	nein	nein	nein
14. Ermäßigter Steuersatz v. 5o % f. Landesbanken u. öffentlich-rechtliche Grundkreditanstalten	Finanzausschuß/ Bundestag	Verband öffentlicher Banken	-	-	- 4o	+ -	nein	nein	ja

Petitum	Adressat	Verbände	Fiskalische Dimension (in Mio.DM) im Vergleich zum				Übernahme in den/ das		
			Eberhard-Gutachten	Referentenentwurf	Regierungsentwurf	alten Recht	Referentenentwurf	Regierungsentwurf	KStG 1977
15. Ermäßigter Steuersatz von 52 % für Versicherungsvereine a.G. und öffentlich-rechtliche Versicherungsunternehmen	Finanzausschuß/ Bundestag	Verband der Versicherungswirtschaft	-	-	-	+	nein	nein	ja (Reduzierung d. Satzes auf 5o% = Besitzstandswahrung)
16. Ermäßigter Steuersatz von 5o,5 % für gewerbliche Betriebe der öffentlichen Hand	Finanzausschuß/ Bundestag	Kommunale Spitzenverbände	-	-	-	+ -	nein	nein	ja
17. Verminderung der Steuerbelastung ausländischer Muttergesellschaften	BMF	BDI	-	-	-	+	nein	z.T., da System mit gespaltenem Satz	wie Regierungsentwurf
18. Unilaterale Übergangsregelung für den ausländischen Streubesitz (KSt-Vergütung)	Finanzausschuß/ Bundestag	BDI, DIHT, Bankenverband, Versicherungsverband, Groß- und Außenhandelsverband, Einzelhandelsverband, Handwerksverband, ASU, Deutsch-Französische Industrie- und Handelskammer, Vereinigung Schweizerischer Unternehmen	abhängig von dem Vergütungssatz, fiskalische Dimension jedoch keinesfalls negativ	abhängig von dem Vergütungssatz, fiskalische Dimension jedoch keinesfalls negativ	- 1o Mio.DM je Vergütungsprozentpunkt	abhängig von dem Vergütungssatz, fiskalische Dimension jedoch keinesfalls negativ	ja	nein	nein
19. KSt-Vergütung und KapESt-Erstattung für alle steuerbefreiten Anteilseigner	Finanzausschuß/ Bundestag	Steuerberaterkammer	-	-	- 52o	-	nein	nein	nein
2o. KSt-Vergütung und KapESt-Erstattung für steuerbefreite Wohnungs- und Siedlungsunternehmen	Finanzausschuß/ Bundestag	Verband gemeinnütziger Wohnungsunternehmen	-	-	- 25	-	nein	nein	nein
21. KSt-Vergütung für kommunale Anteilseigner	BMF	Kommunale Spitzenverbände	-	-	-	-	nein	nein	nein
22. Einbeziehung der öffentlich-rechtlichen Banken (ohne Sparkassen) in das Anrechnungsverfahren	Finanzausschuß/ Bundestag	Verband öffentlicher Banken, Sparkassen- und Giroverband	-	-	- 7o	-	nein	nein	nein

Petitum	Adressat	Verbände	Fiskalische Dimension (in Mio.DM) im Vergleich zum				Übernahme in den/das		
			Eberhard-Gutachten	Referenten-entwurf	Regierungs-entwurf	alten Recht	Referenten-entwurf	Regierungs-entwurf	KStG 1977
23. Einbeziehung der gewerblichen Betriebe der öffentlichen Hand in das Anrechnungsverfahren	Finanzausschuß/ Bundestag	Kommunale Spitzenverbände	-	-	-	-	nein	nein	nein
24. Einbeziehung der Ausgabe von Gratisanteilen in das Anrechnungsverfahren	BMF, Bundestag	BDI, DIHT, Bundesverband Dt. Banken, Bundesverband des Dt. Groß- und Außenhandels, Hauptgemeinschaft des Dt. Einzelhandels	+ -	- 4oo	-	-	nein	nein	nein
25. Milderung der Doppelbelastung bei der Ausschüttung von Altrücklagen	BMF, Finanzausschuß/Bundestag	BDI, DIHT, Bundesverband Dt. Banken, Bundesverband des Dt. Groß- und Außenhandels, Hauptgemeinschaft des Dt. Einzelhandels, Steuerberaterkammer	-	-	- 3o	-	nein	nein	nein
26. Zuordnung der sonstigen nichtabziehbaren Ausgaben zu den Einkommensteilen, auf die sie sich betriebswirtschaftlich beziehen	Finanzausschuß/ Bundestag	Steuerberaterkammer	im Gutachten nicht behandelt	Referentenentwurf macht hierzu keine Aussage	- (unbedeutend)	keine Angabe möglich	nein	nein	nein
27. Streichung von § 42 des Regierungsentwurfs	Finanzausschuß/ Bundestag	Steuerberaterkammer	im Gutachten nicht behandelt	Referentenentwurf macht hierzu keine Aussage	-	keine Angabe möglich	nein	nein	Ersatz des § 42 durch § 5oc EStG in 198o
28. Erstattung der KapESt an Berufsverbände	Finanzausschuß/ Bundestag	DGB	KapESt entfällt	KapESt entfällt	- 3o	-	nein	nein	nein
29. Ablehnung des Anrechnungsverfahrens in toto	Bundesregierung, Finanzausschuß/ Bundestag	DGB, Steuer-Gewerkschaft, Dt. Angestellten-Gewerkschaft	+	+	+	+ -	nein	nein	nein
3o. Herabsetzung der KapESt auf 12,5 % bei Ausschüttungen an ausländische Mütter	Finanzausschuß/ Bundestag	Dt.-Niederländische Handelskammer	-	-	-	-	KapESt nicht vorgesehen	nein	nein
31. Befreiung der Dividenden aus niederländischen Anteilswerten von der dt. ESt	Finanzausschuß/ Bundestag	Dt.-Niederländische Handelskammer	-	-	-	-	nein	nein	nein

+ - = keine Veränderung des Aufkommens; + = aufkommenserhöhend; - = aufkommensmindernd; KapESt = Kapitalertragsteuer

4. Kapitel: DER KODIFIZIERUNGSPROZESS DES KÖRPERSCHAFTSTEUERGESETZES IM REGIERUNGS- UND VERWALTUNGSBEREICH

A. Die Grundsatzentscheidungen der Bundesregierung zur Körperschaftsteuerreform: Von der Regierungserklärung 1969 zu den Eckwerten 1971

1. Die abwartende Haltung A. Möllers

Auf der Regierungsebene wurde die Reform der Körperschaftsbesteuerung in der 6. Wahlperiode des Deutschen Bundestages eingeleitet, auch wenn die Regierungserklärung des Bundeskanzlers im Oktober 1969 noch keinen konkreten Hinweis hierzu enthielt. W. Brandt erwähnte lediglich die Absicht der Bundesregierung, "ein gerechtes, einfaches und überschaubares Steuersystem zu schaffen" und deutete gleichzeitig an, daß vor einer Operationalisierung dieses Allgemeinziels der "Bericht der Steuerreformkommission abzuwarten" sei. [1] Zwar wird in der Regierungserklärung auch die Bedeutung einer breiteren Vermögensbildung im Rahmen der Steuerpolitik besonders herausgestrichen, doch zunächst ohne eine Verknüpfung mit der Reform der Körperschaftsbesteuerung herzustellen.

Bis zum Frühjahr des Jahres 1971 - bis zur offiziellen Übergabe des Gutachtens der Eberhard-Kommission also - findet sich auf Seiten der Regierungsmitglie-

1) Bulletin des Presse- und Informationsamtes der Bundesregierung (29.10.1969) S. 1123. Auf die mangelnde Prägnanz der gesamten Regierungserklärung vom Oktober 1969 weist Böhret hin. Vgl. Böhret (1979) S. 64.

der keine offizielle Äußerung, welche die Richtung der zukünftigen Körperschaftsbesteuerung andeuten könnte. Beispielhaft sei hier auf ein Interview des Bundesfinanzministers verwiesen, in dem sich A. Möller erfolgreich bemüht, zu den wiederholten Fragen seines Gesprächspartners nach einer "Reform der Aktienbesteuerung" keine (!) Stellung zu beziehen.[1] Im März des Jahres 1970 äußert er immerhin seine "persönliche Meinung", daß "der weitere Abbau der Doppelbelastung im Rahmen unserer Möglichkeiten anzustreben ist".[2] Auf eines der zur Diskussion stehenden Verfahren vermag sich Möller jedoch nicht festzulegen, und er betont gleichzeitig, daß seine Äußerung nicht als "verbindliche Antwort" zu verstehen sei.[3]

Weitaus konkretere Vorstellungen als zur inhaltlichen Konzeption hatte die Bundesregierung allerdings zum zeitlichen Ablauf der Reform. So war vorgesehen, das sog. Zweite Steuerreformgesetz, das u.a. auch die Reform der Körperschaftsteuer einschließen sollte, im Frühsommer 1971 durch das Bundeskabinett zu verabschieden. Die Beratungen im Deutschen Bundestag sollten dann im Herbst des Jahres 1972 abgeschlossen sein, und das Inkrafttreten war für den 1.1.1974 geplant.[4] An diesem einmal festgeschriebenen Termin"fahrplan" hielt man zu einem späteren Zeitpunkt nach außen hin selbst dann noch fest, als von einem Großteil der Beteiligten seine Vollziehbarkeit mit zunehmender Skepsis be-

---

1) Der Volkswirt (5.12.1969) S. 21 f.

2) Möller (1970a) S. 312.

3) Möller (1970a) S. 312.

4) Möller (1970b) S. 404.

trachtet wurde. [1]

Im September 1970 erschien der in der Regierungserklärung angekündigte "Bericht an den Deutschen Bundestag über den Stand der Steuerreform". Sein Informationswert war überaus gering bzw. überhaupt nicht vorhanden; denn "eine Aussage über Inhalt und Ausmaß der angestrebten Steueränderungen kann zum gegenwärtigen Zeitpunkt noch nicht gemacht werden". [2] Dementsprechend läßt der Bericht auch die Ausgestaltung der Körperschaftsteuerreform vollkommen offen. Er enthält keinerlei Ergebnisse bisheriger Regierungsarbeit, lediglich die programmatischen Formulierungen, daß über die Frage diskutiert wird, "ob die sogenannte Doppelbelastung ... beseitigt werden soll" und daß geprüft wird, "ob man durch Aufhebung oder weitere Milderung der Doppelbelastung einen günstigen Einfluß auf die Streuung des Eigentums am Produktionsvermögen, auf die Kapitalstruktur der Gesellschaften und damit wiederum auf Wachstum und Stabilität ausüben kann" und "ob es geboten und möglich ist, einen höheren Grad steuerlicher Wettbewerbsneutralität zwischen inländischen und ausländischen Unternehmen herzustellen". [3] Die einzige weitergehende Festlegung, die sich dem Bericht entnehmen läßt - sie dürfte allerdings bereits bekannt gewesen sein -, ist die Einschränkung der zur Diskussion stehenden Reformalternativen auf das

---

1) Der Termin für das Inkrafttreten wurde offiziell im August 1972 aufgegeben. Vgl. hierzu Preusker (1979) S. 76.

2) Bundesminister der Finanzen (1970) S. 2.

3) Bundesminister der Finanzen (1970) S. 7 f.

Teilhabersteuermodell, das Anrechnungsverfahren und das Abzugssystem. Die Bundesregierung und insbesondere die Spitze des Bundesfinanzministeriums haben somit bis zur Übergabe des Gutachtens der Eberhard-Kommission im März 1971 auf eine offizielle Außendarstellung ihrer Reformvorstellungen zur Körperschaftsteuer wie auch zu den übrigen Steuerreformvorhaben bewußt verzichtet.

Es scheint in einem ersten Erklärungsansatz, daß der Bundesregierung an einer konkreten Umsetzung ihrer Steuerreformankündigungen zunächst überhaupt nicht gelegen war bzw. daß sie dazu aufgrund von Informations- und Beratungsdefiziten noch gar nicht in der Lage war, sondern daß mit der bloßen Absichtserklärung einer "Großen Steuerreform" zunächst einmal "präventive Legitimationspolitik" [1] betrieben wurde. Nach P. Grottians empirischen Untersuchungen "spricht fast alles für die These, daß Möller die abwartende Haltung zur Steuerreformkommission nur als Vorwand verwendet hat, den inhaltlichen Entscheidungsprozeß nicht zügig vorantreiben zu müssen". [2] Nach der Übergabe des Gutachtens der Eberhard-Kommission war eine über die

---

1) Grottian (1978) S. 83.

2) Grottian (1978) S. 86. Nach Grottian wird diese These dadurch gestützt, daß Möller auch an der Erarbeitung des Terminplans für die Steuerreform nicht beteiligt war, sondern daß der Plan auf Abteilungsleiterebene im Bundesfinanzministerium "ohne Rücksprache mit Möller - aber offenkundig mit seiner stillschweigenden Duldung - erstellt" wurde. Grottian (1978) S. 85.

Regierungserklärung hinausgehende Konkretisierung der steuerreformpolitischen Maßnahmen dann allerdings nicht weiter aufschiebbar, da die Selbstbindung der Bundesregierung an das Vorliegen des Gutachtens und die Erwartungen der Öffentlichkeit die Regierung unter Handlungsdruck setzten. Eine zweite Erklärung der steuerreformpolitischen Enthaltsamkeit der Bundesregierung bis zur Fertigstellung des Gutachtens der Steuerreformkommission geht von der Annahme aus, daß die Bundesregierung zu einer umfassenden Steuerreform zwar grundsätzlich ambitioniert war, aus taktischen Gründen jedoch die Veröffentlichung des Eberhard-Gutachtens abwartete. Das Gutachten bot ihr nämlich die Möglichkeit, die Durchsetzungschancen ihrer eigenen Vorschläge, soweit sie mit der Meinung der Gutachter konform waren, durch Hinweis auf den "Expertencharakter" des Gremiums zu erhöhen; von der Kommission abweichende steuerpolitische Maßnahmen ließen sich dagegen mit der "Verbandslastigkeit" des Gremiums begründen. Zudem war das Gutachten für die Bundesregierung von hohem informativem Wert, und dies nicht nur was die wissenschaftliche Seite der Ausarbeitungen betraf, sondern auch im Hinblick auf das Meinungsspektrum der beteiligten Verbandsvertreter und in diesem Zusammenhang insbesondere hinsichtlich der Suche nach mehrheitsfähigen konfliktarmen Lösungen. -

Die mangelnde Konkretisierung von Reformvorstellungen seitens der politischen Spitze nach außen wirkte auch auf die Binnenstruktur der Ministerialverwaltung zurück. Eine im Dezember 1969 innerhalb des Bundesfinanzministeriums gebildete Steuerreformgruppe [1], welcher die Aufgaben zugedacht waren, die unverzügliche Auswertung des Gutachtens der Eberhard-Kommission vorzubereiten, im Gutachten ausgesparte Einzelprobleme zu untersuchen und mit den übrigen Bundesressorts, den Ländern und Verbänden in Interaktion zu treten, war "angewiesen, den Vorschlägen der Reformkommission nicht vorzugreifen". [2] Die Gruppe hat sich allem Anschein nach über weite Strecken bis zur offiziellen Übergabe des Gutachtens der Eberhard-Kommission mit der Steuerreform befaßt, "ohne daß die politische Spitze an irgendwelchen Akzentsetzungen beteiligt war, genauer: sich beteiligt hat". [3]

---

1) Aus verwaltungsorganisatorischer Sicht weist die Steuerreformgruppe die typischen Merkmale einer Projektgruppe auf. Vgl. Baars (1973) S. 55 f. In hierarchischer Betrachtung unterstand sie dem Leiter der Stammabteilung "Besitz- und Verkehrsteuern", F. Klein; ihm übergeordnet waren die Staatssekretäre Emde (bis April 1970) und Haller (ab April 1970), der eigens für die Steuerreform eingestellt worden war. Auf diese Weise war eine formale (!) Verknüpfung der Steuerreformgruppe mit der Leitungsebene hergestellt worden.
Zur Projektgruppe als Strukturvariante von Verwaltungsorganisationen siehe allgemein auch Baars/Baum/Fiedler (1976) S. 75 ff., ferner Lepper (1972) S. 141 ff.

2) Bundesminister der Finanzen (1970) S. 4.

3) Grottian (1978) S. 86. Inwieweit die Steuerreformgruppe eigene Konzeptionen entwickelt hat, welche den weiteren Reformprozeß geprägt haben, oder ob sie lediglich die Ergebnisse der Eberhard-Kommission, die ihr zum größten Teil vor der Veröffentlichung des Gutachtens bekannt waren, übernommen hat, ist zumindest an dieser Stelle noch nicht zu beantworten. Zu den Problemen einer unzureichenden Interaktion von Projektgruppen und Leitungsebene siehe allgemein auch Baars (1973) S. 61 ff.

Unmittelbar nach der Übergabe des Gutachtens der Eberhard-Kommission begann die Regierung auf Kabinettsebene mit der Erarbeitung ihres eigenen Steuerreformkonzeptes, wobei den Vorlagen des Bundesfinanzministers eine gewisse präjudizierende Bedeutung beigemessen werden muß. Bezüglich der Körperschaftsbesteuerung sprach sich A. Möller im Kabinett für die Einführung des Anrechnungsverfahrens mit einem Steuersatz von 56 % aus. [1] Dies stellte jedoch keine Überraschung dar, da der Bundesfinanzminister ja schon früher - wenn auch nicht offiziell - für einen Abbau der Doppelbelastung eingetreten war [2], sein für die Steuerreform zuständiger Staatssekretär H. Haller sich ebenfalls in diesem Sinne geäußert hatte [3] und die Eberhard-Kommission das Anrechnungsverfahren als die geeignetste Lösung hierzu empfohlen hatte. Allerdings hatte man sich im Bundesfinanzministerium entgegen den Vorschlägen der Gutachter nicht dazu entschließen können, die Ausgabe von Gratisanteilen als Gewinnausschüttung zu betrachten. [4] Fiskalische Gründe im Zusammenhang mit innerparteilichen Widerständen

---

1) Vgl. Wirtschaftswoche (8.4.1971) S. 15 und Handelsblatt (14./15.5.1971).

2) Vgl. Möller (1970a) S. 312.

3) Vgl. Haller (1971b) S. 21 ff. Haller bezeichnet sich hier als "theoretischer Befürworter" eines Systems, das auch die einbehaltenen Gewinne der persönlichen Einkommensteuer der Anteilseigner unterwirft und insoweit dem Teilhabersteuer-Modell entsprechen würde. Die "gravierenden technischen Schwierigkeiten" dieses Systems lassen ihn dann aber auf das Abzugsverfahren bzw. das Anrechnungsverfahren als Lösungsvorschlag zurückkommen. Haller (1971b) S. 23 f.

4) Vgl. Handelsblatt (14./15.5.1971).

bei den Sozialdemokraten gegen die Körperschaftsteuerreform und ihre als verteilungspolitisch negativ angesehenen Steuerausfälle waren dafür entscheidend. [1)]

Die Befürwortung des Anrechnungssystems durch das Bundesfinanzministerium wurde jedoch, wie sich aus Pressemeldungen entnehmen läßt, scheinbar nicht von allen Ressorts geteilt. Vom gewerkschaftsnahen Bundesarbeitsministerium wurde das Anrechnungssystem aus vermögenspolitischen Gründen abgelehnt, und auch der Bundesminister für wirtschaftliche Zusammenarbeit und Vorsitzende der SPD-Steuerreformkommission, E. Eppler, äußerte Zweifel an der Dringlichkeit und zeitlichen Realisierbarkeit der Körperschaftsteuerreform. Keine Einwände bestanden jedoch gegen einen Körperschaftsteuersatz von 56 %, an den nach Ansicht des Bundeswirtschaftsministeriums auch die Sparkassen allmählich herangeführt werden sollten. [2)]

2. Die Vorbereitung der Eckwerte durch K. Schiller

Nach dem Rücktritt A. Möllers Mitte Mai 1971, der - folgt man seinen eigenen Aussagen - mit der Steuerreform nicht in Zusammenhang gebracht werden kann [3)], wurde K. Schiller durch die organisa-

---

1) Vgl. zur Bedeutung der fiskalischen Überlegungen Koch (1971) S. 229 und Thiel (1972) S. 38.

2) Vgl. Handelsblatt (14./15.5.1971). Zu E. Epplers Bedenken siehe auch Wirtschaftswoche (11.6.1971) S. 8 f.

3) Vgl. Möller (1980) S. 482 ff. Siehe allerdings auch Preusker (1979) S. 52 f., der gegenteilige Meinungen zitiert.

torische Zusammenfassung von Finanz- und Wirtschaftsministerium der für die Steuerreform zuständige Minister. Noch im Mai 1971 veranstaltete K. Schiller ein von A. Möller nicht vorgesehenes [1] Hearing im Bundesministerium für Wirtschaft und Finanzen, auf dem "92 Verbände(n) der Wirtschaft, der Arbeitnehmer, der Kommunen, der Kirchen und aus dem Sozialbereich" die Möglichkeit gegeben wurde, zu den Vorschlägen der Eberhard-Kommission Stellung zu beziehen. [2]

Erst im Anschluß an diese Anhörung versandte K. Schiller zur Vorbereitung der angekündigten Regierungsbeschlüsse seine eigenen Reformvorschläge an die Ressorts. Seine Vorlage enthielt Pressemeldungen zufolge zur Körperschaftsbesteuerung folgende Ausführungen:

"1. Anrechnung der Körperschaftsteuer auf die Einkommensteuer, wenn Gewinne ausgeschüttet werden.
2. Keine Erstattung der deutschen Körperschaftsteuer an ausländische Muttergesellschaft mehr. Jedoch Erstattung zur Aufrechterhaltung der bisherigen Nettodividende, wenn Dividende im Wohnsitzstaat des Ausländers der Einkommen- oder Körperschaftsteuer unterliegt.
3. Keine Anrechnung ausländischer Körperschaftsteuer.
4. Einheitlicher Steuersatz von 56 Prozent. Jedoch sollen die Sparkassen nur allmählich zum vollen Satz herangezogen werden.

1) Vgl. Wirtschaftswoche (8.4.1971) S. 12.

2) Bulletin des Presse- und Informationsamtes der Bundesregierung (27.5.1971) S. 868.

5. Aufhebung der Steuerbefreiungen für die Deutsche Genossenschaftskasse und die Staatsbanken (Ausnahme: Bayerische Landesbank für Aufbaufinanzierung); Steuerbefreiung von Pensions- und anderen sozialen Hilfskassen nur, wenn Mittel nicht in das Trägerunternehmen zurückfließen können; Steuerfreiheit der gemeinnützigen Wohnungs- und Siedlungsunternehmen nur für gemeinnützige Tätigkeit." [1)]

Widersprüche gegenüber den Vorstellungen seines Amtsvorgängers A. Möller sind in diesen Punkten nicht zu erkennen; die Positionen der Schiller-Vorlage sind allerdings in einigen Punkten konkreter gefaßt. Von A. Möller war lediglich seine Befürwortung des Anrechnungssystems auf ausgeschüttete Gewinne mit einem Steuersatz von 56 % bekannt geworden, was sich u.U. mit einer unterschiedlich detaillierten Informationsvergabe seitens des Ministeriums an die Presse erklärt.

Auch mit dem Gutachten der Eberhard-Kommission sind die Überlegungen K. Schillers zur Körperschaftsteuerreform im wesentlichen kompatibel. [2)] Unterschiede bestehen bei dem um einen Prozentpunkt differierenden Steuersatz und in der Beschränkung der Anrechnung auf die ausgeschütteten Gewinne, während die Eberhard-Kommission auch die Ausgabe von Gratisanteilen in das Anrechnungsverfahren einbeziehen wollte.

---

1) Wirtschaftswoche (11.6.1971) S. 9.

2) Zu den abweichenden Vorstellungen der Eppler-Kommission siehe 2. Kapitel Abschnitt B.

3. Die Eckwerte zur Körperschaftsteuerreform vom Juni 1971

Auf der Grundlage der Schiller'schen Vorstellungen beschloß das Bundeskabinett am 11. Juni 1971 "Eckwerte und Grundsätze für die Steuerreform". Auf ihnen aufbauend sollen "nach Verhandlungen mit den Ländern und Verbänden sowie in Auswertung praktischer Versuche" die Gesetzentwürfe erarbeitet und, soweit sie das 2. Steuerreformgesetz, das auch die Körperschaftsteuer umfaßt, betreffen, im Dezember 1971 endgültig vom Kabinett verabschiedet werden.[1] Nach Ansicht von K. Koch, zum damaligen Zeitpunkt Ministerialdirektor im Bundesministerium für Wirtschaft und Finanzen, begründete sich die Verabschiedung der Eckwertbeschlüsse durch das Bundeskabinett wie folgt: "Es wäre unökonomisch gewesen, wenn der Bundesminister für Wirtschaft und Finanzen, ohne die Entscheidung des Bundeskabinetts zu wichtigen Fragen zu kennen, an die Ausarbeitung der Gesetzesvorschläge herangegangen wäre. Um wenigstens in den wichtigsten Grundfragen die Auffassung der Bundesregierung kennenzulernen, war es daher unerläßlich, zu wissen, auf welcher Grundlage Formulierungsentwürfe zu besonders wichtigen Fragen ausgearbeitet werden sollen."[2]

Zur Körperschaftsteuerreform wurden die folgenden Leitlinien verabschiedet:

"1. Anrechnung der auf ausgeschüttete Gewinne entfallenden Körperschaftsteuer auf die Einkommensteuer- oder Körperschaftsteuerschuld der

1) Bundesregierung (1971a) S. 996.
2) Koch (1971) S. 221.

Anteilseigner. Keine Erstattung an steuerbefreite Anteilseigner mit Ausnahme einer Teilerstattung für einen noch zu bestimmenden Kreis gemeinnütziger Körperschaften.

2. Einheitlicher Körperschaftsteuersatz von 56 v.H. Ausnahme: für eine Übergangszeit ermäßigter Steuersatz für öffentliche oder unter Staatsaufsicht stehende Sparkassen (...) sowie für Kreditgenossenschaften und Zentralkassen (...).
3. Beseitigung der persönlichen Steuerbefreiung in noch zu bestimmenden Fällen (vorwiegend Sonderinstitute des Kreditgewerbes)." [1]

Die hierdurch verursachten Steuermindereinnahmen wurden von der Grundsatzabteilung des ehemaligen Bundesfinanzministeriums für das Jahr 1974 auf 305 Mill. DM beziffert. [2]

Über die Schiller'sche Reformvorlage hinaus reichen die Kabinettbeschlüsse zur Körperschaftsteuerreform bei der Behandlung steuerbefreiter Anteilseigner; [3] dagegen fehlen K. Schillers Grundsätze zu den außensteuerlichen Aspekten der Reform und seine konkreten Überlegungen zur Aufhebung von Steuerbefreiungen. [4] Im Zusammenhang mit dem letzten Punkt beauftragt das Kabinett jedoch "die Bundesminister für Wirtschaft und Finanzen, des Innern, der Verteidigung, für Arbeit und Sozialordnung sowie den Chef des Bundeskanzleramtes ..., dem Bundeskabinett bis zum 1. Oktober 1971 Vorschläge über den Abbau von Steuer-

---

1) Bundesregierung (1971a) S. 997.

2) Vgl. Blatzheim (1971) S. 1041.

3) Der Kabinettbeschluß übernimmt in diesem Punkt die Vorstellungen der Eberhard-Kommission.

4) Siehe allerdings die von Ministerialrat F. Wrede gemachten Ausführungen anläßlich der Verabschiedung der Juni-Eckwerte. Wrede (1971a) S. 1029 f.

vergünstigungen zu unterbreiten". [1]

Mit ihrem Grundsatzbeschluß über die Beseitigung der Doppelbelastung will die Bundesregierung bewußt keine Entscheidung über die Frage der wirtschaftlichen Eigenständigkeit von Kapitalgesellschaften verbunden wissen. Sie "hat sich bei ihrer Entscheidung allein von den ... praktischen Erwägungen leiten lassen, die für die Änderung unseres geltenden Körperschaftsteuersystems sprechen. Sie ist davon überzeugt, daß durch ein Anrechnungssystem, das die Doppelbelastung vollständig ausschaltet, eine Reihe nachteiliger Wirkungen des geltenden Körperschaftsteuersystems vermieden oder wenigstens abgeschwächt wird." [2] Als Vorteile des Anrechnungssystems werden

- die Verringerung des Interessengegensatzes zwischen Groß- und Kleinaktionären,
- die Verringerung der Eigenfinanzierungskosten,
- die größere Attraktivität der Aktie,
- die Förderung der Vermögensbildung,
- die Verringerung des Einflusses der Besteuerung auf die Wahl der Rechtsform und
- die Beseitigung des Ausländereffekts

genannt. [3]

---

1) Bundesregierung (1971a) S. 998. Siehe hierzu auch Wirtschaftswoche (13.8.1971) S. 8 f. und (15.10. 1971) S. 14 ff.

2) Wrede (1971a) S. 1027.

3) Vgl. Wrede (1971a) S. 1027 ff. Siehe auch Fischer (1971) S. 1055 f.

4. Die Eckwerte zur Körperschaftsteuerreform vom Oktober 1971

Am 28./29. Oktober 1971 verabschiedete das Bundeskabinett erneut Eckwerte und Grundsätze zur Steuerreform, die allerdings primär dazu dienten, die Änderungswünsche der FDP an den Juni-Eckwerten zur Einkommensteuer, zur Sparförderung und zum Familienlastenausgleich zu berücksichtigen. [1] Bei der Körperschaftsteuer wurden lediglich einige Ergänzungen und Konkretisierungen vorgenommen, die Juni-Beschlüsse jedoch in keinem Punkt in Frage gestellt:

- So wurde die im Juni angekündigte Teilerstattung für gemeinnützige Körperschaften dahingehend konkretisiert, daß die "Erstattung ... 26 v.H. (statt 31 v.H.) der 56 %igen Körperschaftsteuer bei gemeinnützigen Körperschaften und Stiftungen, die ausschließlich gemeinnützigen oder mildtätigen Zwecken dienen", betragen solle. [2] Bei der Berechnung der finanziellen Auswirkungen der Juni-Beschlüsse war von einer Teilerstattung von 31 v.H. ausgegangen worden; in die Eckwerte selbst hatte dieser konkrete Satz damals allerdings keinen Eingang gefunden. Die Reduzierung der Erstattung im Rahmen der Kabinettbeschlüsse vom Oktober 1971 scheint von fiskalischen Überlegungen bestimmt gewesen zu sein; sie sollte vermutlich zusammen mit einer Reihe anderer Steuerrechtsänderungen die steuerausfallintensiven Änderungswünsche der FDP zur Einkommensteuer kompensieren, auch wenn sie nicht ausdrücklich unter die Beschlüsse mit Deckungscharakter eingereiht wurde.

---

1) Siehe hierzu ausführlich Preusker (1979) S. 57 ff.

2) Bundesregierung (1971b) S. 1699.

Die Steuermehreinnahmen gegenüber den Juni-Beschlüssen wurden mit 30 Mill. DM für das Jahr 1974 angegeben. [1)]

- Neu in die Eckwerte aufgenommen wurde der Beschluß, den Abzug der Kosten für die Ausgabe von Gesellschaftsanteilen nicht in vollem Umfang zu gewähren. [2)] Das bedeutete eine Anknüpfung an das geltende Recht, widersprach allerdings den Vorschlägen der Eberhard-Kommission, die für die volle Abzugsfähigkeit eingetreten war. Fiskalische Gründe und im Zusammenhang damit innerparteiliche Widerstände auf SPD-Seite - die volle Abzugsmöglichkeit wäre mit nicht unerheblichen Steuermindereinnahmen verbunden gewesen - [3)] scheinen für diesen ausdrücklichen Beschluß dominierend gewesen zu sein.
- Die Steuervergünstigungen der Kreditwirtschaft sollen zunächst nur zur Hälfte abgebaut werden; ein vollständiger Abbau solle nach einer Übergangszeit von drei Jahren erfolgen. Bereits in den Juni-Eckwerten war man von einer ähnlichen Regelung ausgegangen, was das Zugrundelegen unveränderter finanzieller Auswirkungen bestätigt. [4)] Im einzelnen waren hiervon folgende Steuervergünstigungen betroffen [5)]:
  -- die persönliche Steuerbefreiung von Kreditinstituten mit Sonderaufgaben (§ 4 Abs. 1 Ziff. 2

---

1) Vgl. Bundesregierung (1971b) S. 1699.

2) Vgl. Bundesregierung (1971b) S. 1699.

3) Vgl. Bundesministerium für Wirtschaft und Finanzen (1971) S. 340 f. und 1069.

4) Vgl. Bundesregierung (1971b) S. 1699.

5) Vgl. Schiller (1971) S. 1904.

und 3 KStG 1968) [1],

-- die persönliche Steuerbefreiung der Organe der staatlichen Wohnungspolitik (§ 8 Ziff. 2 KStDV 1968),
-- der ermäßigte Körperschaftsteuersatz von 35 % für öffentliche oder unter Staatsaufsicht stehende Sparkassen (§ 19 Abs. 2a KStG 1968),
-- die ermäßigten Körperschaftsteuersätze für Kreditinstitute des langfristigen Kredits (§ 19 Abs. 2 KStG 1968),
-- der ermäßigte Steuersatz von 32 % für Kreditgenossenschaften und Zentralkassen (§ 19 Abs. 2b KStG 1968).

5. Der pluralistische Charakter der Eckwertbeschlüsse zur Körperschaftsteuerreform

Insgesamt weisen die Eckwertbeschlüsse der Bundesregierung zur Körperschaftsteuerreform den Charakter einer Kompromißlösung auf; in ihnen kreuzen sich die Vorstellungen der Sozialdemokratischen Partei, der Freien Demokraten und der verbandsdurchsetzten Eberhard-Kommission.

Die FDP erwirkte gegen den Willen weiter Teile der Sozialdemokratischen Partei die Grundsatzentscheidung über eine Neugestaltung des Körperschaftsteuersystems im Sinne des Anrechnungsverfahrens, das von der Eberhard-Kommission konzipiert worden war und

---

1) Welche Kreditinstitute hiervon im einzelnen betroffen waren, wurde offiziell nicht genannt. Schillers ursprüngliche Reformvorlage vom Juni 1971 läßt jedoch vermuten, daß sich die Regierung in diesem Punkt im wesentlichen den Vorschlägen der Eberhard-Kommission angeschlossen hatte.

auch von einigen sozialdemokratischen Regierungsmitgliedern getragen wurde. Abstriche an den Vorschlägen der Kommission wurden da vorgenommen, wo mit allzu hohen Steuermindereinnahmen gerechnet werden mußte (bei der Behandlung von Gratisanteilen und bei der Abzugsfähigkeit der Ausgabekosten von Gesellschaftsanteilen). Diese Abstriche sind insbesondere auch als Konzession an die Gegner des Systemwechsels zu werten, die sich vor allem gegen die ihrer Ansicht nach negativen verteilungspolitischen Implikationen des durch die Systemänderung bedingten Steuerausfalls gewandt hatten. In diesem Sinne ist auch die über den Vorschlag der Eberhard-Kommission hinausgehende Erhöhung des Körperschaftsteuersatzes auf 56 % zu interpretieren, womit die Bundesregierung dem Parteitagsbeschluß der Sozialdemokraten entsprach.

In ähnlicher Weise lassen die Beschlüsse zum Abbau der Steuervergünstigungen im Kreditgewerbe einen gewissen Kompromißcharakter erkennen. Der radikale Beseitigungsvorschlag der Eberhard-Kommission wurde nicht übernommen, da innerhalb der SPD-Fraktion [1] und der sozialdemokratischen Parteibasis [2] starke Widerstände, insbesondere gegen einen Abbau des sog. Sparkassenprivilegs, zu Tage traten. Auch die Aufhebung der Steuerbefreiung für gemeinnützige Wohnungs- und Siedlungsunternehmen, die die Eberhard-Kommission erwogen hatte, welche auf dem Steuerparteitag der SPD - obwohl von der Eppler-Kommission befürwortet - allerdings keine Mehrheit erzielen konnte, wurde in den Eckwerten auf die Organe der

---

1) Vgl. Wirtschaftswoche (29.10.1971) S. 16.

2) Vgl. Vorstand der SPD (o.J.) S. 313 ff. und S. 350.

staatlichen Wohnungspolitik beschränkt. Ohne Bedenken konnte dagegen für die Beseitigung der Steuerbefreiung von Kreditinstituten mit Sonderaufgaben in den Eckwerten votiert werden; sowohl die Eberhard-Kommission als auch die Sozialdemokraten waren in diesem Punkte von ähnlichen Grundsätzen ausgegangen.

B. Die Konkretisierung der Eckwertbeschlüsse durch das Bundesministerium der Finanzen

1. Der erste Referentenentwurf eines Körperschaftsteuergesetzes vom August 1971

Innerhalb des Bundesministeriums für Wirtschaft und Finanzen wurde seit Juni 1971 auf der Grundlage der ersten Eckwertbeschlüsse an der Formulierung eines Referentenentwurfes zur Körperschaftsteuer gearbeitet. Dieser wurde zusammen mit anderen Entwürfen zur Steuerreform Ende September 1971 an die Spitzenverbände der Wirtschaft und der Arbeitnehmer, die kommunalen Verbände, die Vertretungen der Kirchen, die Sportverbände und die Verbände im sozialen Bereich übersandt und sollte als Diskussionsgrundlage für eine Anhörung dienen, zu der das Bundesministerium Anfang November eingeladen hatte.

Dieser erste Entwurf (RefE KStG 1974), der in relativ kurzer Zeit von den zuständigen Beamten des ehemaligen [1] Bundesfinanzministeriums, insbesondere

---

1) Seit dem Rücktritt A. Möllers im Mai 1971 war das Bundesministerium der Finanzen mit dem Wirtschaftsministerium unter der gemeinsamen Leitung von K. Schiller zusammengefaßt.

von dem damaligen Ministerialrat F. Wrede formuliert worden war, sei im folgenden in seinen wesentlichen Zügen und seinen Unterschieden zum damals geltenden Recht nachgezeichnet.

a) Komplex I: Befreiungen

- Die Steuerbefreiung der Deutschen Genossenschaftskasse (§ 4 Abs. 1 Nr. 2 KStG 1968) wird aufgehoben. Für eine Übergangszeit (bis 1976) soll sie mit einem Satz von 46 % besteuert werden (§ 31 Abs. 1 Nr. 10 RefE KStG 1974). Der Referentenentwurf greift hiermit einen Vorschlag der Bankenenquete der Bundesregierung auf, nach deren Auffassung die Steuerbefreiung zu einer ungerechtfertigten Wettbewerbsbegünstigung gegenüber privatwirtschaftlichen Kreditinstituten mit gleichem Geschäftsbereich führe. [1]
- Die Steuerbefreiung der Staatsbanken wird aus Wettbewerbsgründen aufgehoben; auch hier folgt der Referentenentwurf dem Votum der Bankenenquete, deren Untersuchungen ergeben haben, daß sich die befreiten Tätigkeiten der Staatsbanken mit den Geschäftsbereichen privatwirtschaftlicher Kreditinstitute überschneiden. Dies gilt nicht für die Bayerische Landesanstalt für Aufbaufinanzierung, die mit ihren besonderen Aufgaben nicht im Konkurrenzbereich tätig ist und dementsprechend auch weiterhin von der Körperschaftsteuer befreit werden soll (§ 5 Abs. 1 Nr. 2 RefE KStG 1974).
- Berufsverbände ohne öffentlich-rechtlichen Charakter, die einen verbandsfremden Geschäftsbetrieb

---

1) Vgl. Bundesregierung (1968) S. 111.

unterhalten, werden in Zukunft nur bezüglich ihrer Einkünfte aus diesem Geschäftsbetrieb zur Körperschaftsteuer herangezogen (§ 5 Abs. 1 Nr. 5 RefE KStG 1974). Nach geltendem Recht unterlagen in einem solchen Fall alle Einkünfte des Berufsverbandes der Körperschaftsteuerpflicht (§ 4 Abs. 1 Nr. 8 KStG 1968).

- Die Steuerbefreiung der politischen Parteien und Vereine, die im geltenden Recht nur bestimmte Einkunftsarten umfaßte (§ 8 Abs. 2 KStG 1968), wird auf Einkünfte aus Vermietung und Verpachtung ausgedehnt (§ 5 Abs. 1 Nr. 7 RefE KStG 1974).
- Die Steuerbefreiung der landwirtschaftlichen Nutzungs- und Verwertungsgenossenschaften (§ 31 KStDV 1968) ist nicht in den Referentenentwurf übernommen worden.

b) Komplex II: Bemessungsgrundlage

Der Referentenentwurf umfaßt eine Reihe bisher nicht im Körperschaftsteuergesetz enthaltener Bestimmungen über den Ansatz von versicherungstechnischen Rückstellungen (Beitragsüberträge, Schwankungsrückstellungen, Großrisikenrückstellungen, Alterungsrückstellungen, Rückstellungen für Beitragsrückerstattungen), über die Abziehbarkeit von Beitragsrückerstattungen und über den Ansatz von bauspartechnischen Rückstellungen. Im späteren Regierungsentwurf des Körperschaftsteuergesetzes aus dem Jahre 1973, der diese Bestimmungen in überarbeiteter Form ebenfalls enthält, werden sie damit begründet, "daß die im geltenden Körperschaftsteuergesetz enthaltenen besonderen Vorschriften für die Gewinnermittlung bei Versicherungsunternehmen insbesondere nach der Reform des Aktienrechts nicht mehr ausreichen" und aus Gründen der Rechtssicherheit im neuen Gesetz geregelt werden sollten. [1)]

Die Kosten der Ausgabe von Gesellschaftsanteilen sind nach dem Referentenentwurf in voller Höhe zum Abzug zugelassen (§ 13 Nr. 3). Der Abzug beschränkt sich somit nicht mehr auf den Teil der Kosten, der nicht aus dem Ausgabeaufgeld gedeckt werden kann (§ 11 Nr. 1 KStG 1968). Der Referentenentwurf folgt damit der Argumentation der Eberhard-Kommission.

"Vergütungen jeder Art, die an Mitglieder des Aufsichtsrats, Verwaltungsrats, Grubenvorstands oder andere mit der Überwachung der Geschäftsführung beauftragte Personen gewährt werden" (§ 12 Nr. 3 KStG 1968), zählen entgegen dem geltenden Recht im Referentenentwurf nicht mehr zu den nichtabzugsfähigen Ausgaben; sie sollen in Zukunft zum Abzug zugelassen werden. Auch hier besteht Übereinstimmung mit dem Gutachten der Eberhard-Kommission.

---

1) Bundesregierung (1974) S. 333.

c) Komplex III: Tarif

Für einbehaltene Gewinne[1] sieht der Referentenentwurf folgende Steuersätze vor:

Körperschaft/Personenvereinigung/Vermögensmasse	KStG 1968 (die Ergänzungsabgabe ist nicht berücksichtigt)	Referentenentwurf
unbeschränkt steuerpflichtige Kapitalgesellschaften, die nicht personenbezogen sind	51 % (incl. Ergänzungsabgabe: 52,5 %)	56 %
unbeschränkt steuerpflichtige personenbezogene Kapitalgesellschaften	Höchstbelastung: 49 %[2]	56 %
- Erwerbs- und Wirtschaftsgenossenschaften - Versicherungsvereine auf Gegenseitigkeit - sonstige juristische Personen des privaten Rechts - nicht rechtsfähige Vereine, Anstalten, Stiftungen und andere Zweckvermögen - Betriebe gewerblicher Art von Körperschaften des öffentlichen Rechts - beschränkt steuerpflichtige Körperschaften, Personenvereinigungen und Vermögensmassen, die weder ihre Geschäftsleitung noch ihren Sitz im Inland haben	49 % (incl. Ergänzungsabgabe: 5o,5 %)	56 %
- Kreditanstalten des öffentlichen Rechts (mit Ausnahme der öffentlichen oder unter Staatsaufsicht stehenden Sparkassen) 3) - Saarländische Investitionskreditbank AG[5] - private Bausparkassen[3] - reine Hypothekenbanken - gemischte Hypothekenbanken[4] - Schiffspfandbriefbanken - Industriekreditbank AG[5] - Deutsche Industriebank[5] - Berliner Industriebank AG[5]	36,5 % bei unbeschränkt steuerpflichtigen nicht personenbezogenen Kapitalgesellschaften 35 % (Höchstbelastung) bei unbeschränkt steuerpflichtigen personenbezogenen Kapitalgesellschaften 6) 35 % bei den übrigen Körperschaften, Personenvereinigungen und Vermögensmassen	46 %[7] (im Entwurf vorgeschlagene Alternativlösung: 56 %
öffentliche oder unter Staatsaufsicht stehende Sparkassen	35 %	46 % 7) (Alternativlösung 56 %)
Kreditgenossenschaften, die Kredite ausschließlich an ihre Mitglieder gewähren	32 % 19 %[8]	46 %[7] (Alternativlösung 56 %)
Zentralkassen, die Kredite ausschließlich an ihre Mitglieder gewähren und sich auf ihre eigentlichen genossenschaftlichen Aufgaben beschränken	32 %	46 %[7] (Alternativlösung 56 %)
Deutsche Genossenschaftskasse	befreit	46 %[7] (Alternativlösung 56 %)
Wirtschaftsaufbaukasse Schleswig-Holstein AG	befreit[9]	46 %[7] [1o] (Alternativlösung 56 %)
Staatsbanken: - Bayerische Staatsbank - Braunschweigische Staatsbank - Hamburgische Landesbank - Girozentrale - - Staatliche Kreditanstalt Oldenburg - Bremen - Preußische Staatsbank (Seehandlung)	befreit[9]	56 %
land- und forstwirtschaftliche Nutzungs- und Verwertungsgenossenschaften	befreit	56 %
unbeschränkt Steuerpflichtige mit ausländischen Einkünften aus dem Betrieb von Handelsschiffen im internationalen Verkehr	27,5 % bei nicht personenbezogenen Kapitalgesellschaften 26,5 % (Höchstbelastung) bei personenbezogenen Kapitalgesellschaften 11) 26,5 % bei den übrigen Körperschaften, Personenvereinigungen und Vermögensmassen	27,5 %

Fußnoten zu Übersicht S. 152

1) Zur Steuerbelastung der ausgeschütteten Gewinne siehe die Ausführungen zum Anrechnungsverfahren (Komplex IV).

2) Beträgt das Einkommen weniger als 50.000 DM, so geht die Steuerbelastung mit sich verringerndem Einkommen bis auf 39 % zurück (§ 19 Abs. 1 Nr. 2 KStG 1968).

3) Die Ermäßigung gilt nur für Einkünfte aus dem langfristigen Kommunal-, Real- und Meliorationskreditgeschäft.

4) Die Ermäßigung gilt nur für Einkünfte, welche aus den in § 5 des Hypothekenbankgesetzes genannten Geschäften herrühren.

5) Die Ermäßigung gilt nur für Einkünfte aus dem langfristigen Kreditgeschäft.

6) Beträgt das Einkommen weniger als 50.000 DM, so geht die Steuerbelastung mit sich verringerndem Einkommen bis auf 28 % zurück (§ 19 Abs. 2 Nr. 2 KStG 1968).

7) Der ermäßigte Satz von 46 % ist lediglich als Übergangsregelung (bis zum Jahre 1976) gedacht. Der Alternativvorschlag des Referentenentwurfs sieht einen direkten Übergang zur Vollbesteuerung im Kreditgewerbe vor.

8) Der Satz von 19 % gilt nur, wenn die Kredite ausschließlich an gemeinnützige Körperschaften im Sinne des § 4 Abs. 1 Nr. 6 KStG 1968 zur Förderung ihrer steuerbegünstigten Zwecke gewährt werden (§ 19 Abs. 2c KStG 1968).

9) Soweit Aufgaben staatswirtschaftlicher Art erfüllt werden.

10) Für Einkünfte aus dem langfristigen Kreditgeschäft.

11) Beträgt das Einkommen weniger als 50.000 DM, so geht die Steuerbelastung mit sich verringerndem Einkommen bis auf 21,5 % zurück (§ 19a Abs. 2 Nr. 2 KStG 1968).

Im Vergleich zum geltenden Recht beseitigt der Referentenentwurf die bestehende Tarifzersplitterung mit erstaunlicher Konsequenz. Vereinfachungsüberlegungen, vor allem jedoch Gründe der Wettbewerbsneutralität waren von ausschlaggebender Bedeutung für diese Entscheidung. Für den Bereich der Kreditwirtschaft stützt sich der Referentenentwurf dabei insbesondere auf die Bankenenquete der Bundesregierung aus dem Jahre 1968. [1] Neben der Straffung des Steuersatzspektrums enthält der Entwurf für kleinere Körperschaften, die keine Gewinnausschüttungen vornehmen, einen Freibetrag von maximal 5.000 DM (§ 24 Abs. 3 RefE KStG 1974).

d) Komplex IV: System

Kernpunkt des neuen Systems ist die Anrechnung der auf ausgeschüttete Gewinne entfallenden Körperschaftsteuer auf die Einkommen- bzw. Körperschaftsteuerschuld der Anteilseigner. Damit soll die Doppelbelastung des geltenden Rechts beseitigt werden. Die Anrechnung beschränkt sich allerdings auf Körperschaftsteuer nach deutschem Recht. Nicht angerechnet wird die auf ausländischen Beteiligungserträgen oder Betriebsstättengewinnen lastende ausländische Körperschaftsteuer, wenn Teile von diesen

1) Vgl. Bundesregierung (1968).

ausgeschüttet werden. [1)]

Zur Anrechnung berechtigt sind unbeschränkt einkommen- und körperschaftsteuerpflichtige Anteilseigner - ausgenommen solche, bei denen die Dividende steuerfrei anfällt, da bei dieser Gruppe keine Doppelbelastung vorliegt. Einer besonderen Behandlung unterliegen allerdings die steuerbefreiten gemeinnützigen Körperschaften im Sinne des § 4 Abs. 1 Nr. 6 KStG 1968, denen die Körperschaftsteuer insoweit vergütet werden soll, als sie 30 % der Einnahmen plus der darauf lastenden Körperschaftsteuer übersteigt.

Die Anrechnung von Körperschaftsteuer ist auf (offene sowie verdeckte) Gewinnausschüttungen von unbeschränkt körperschaftsteuerpflichtigen Kapitalgesellschaften sowie Erwerbs- und Wirtschaftsgenossenschaften [2)] begrenzt. "Ob auch Gewinnausschüttungen wirtschaftlicher Vereine oder der Realge-

---

1) Der 2. Referentenentwurf vom 20.1.1972 sah eine solche Anrechnung in § 30 vor, sofern die der deutschen Körperschaftsteuer entsprechende ausländische Steuer in der Form des Steuerabzugs erhoben wird. Hiermit scheint den Wünschen der Spitzenverbände der deutschen Wirtschaft nachgekommen worden zu sein. Siehe hierzu Bundesverband der Deutschen Industrie (1972) S. 117. Der Regierungsentwurf des Jahres 1973 schließt die Anrechnung wiederum aus (siehe § 30 Abs. 2); die möglichen Gründe sind fiskalischer und/oder steuersystematischer Art. Vgl. Ausschuß für wirtschaftliche Verwaltung in Wirtschaft und öffentlicher Hand (o.J.) S. 97.

2) Genossenschaften kamen im geltenden Recht (KStG 1968) nicht in den Genuß des Ausschüttungssteuersatzes von 15 %. Ausgeschüttete Gewinne wurden bei ihnen ebenso wie die Einbehaltungen mit einem Steuersatz von 49 % belastet. Das Anrechnungssystem stellt somit für sie eine wesentliche Verbesserung dar.

meinden ... ausdrücklich in das Verfahren einzubeziehen sind, ist problematisch." [1] Werden steuerfreie oder ermäßigte Gewinne ausgeschüttet, so wird auf sie bei der Körperschaft eine Ausgleichsteuer erhoben, die im Ergebnis dazu führen soll, daß alle ausgeschütteten Gewinne mit 56 % Körperschaftsteuer belastet sind. Dies ermöglicht bei den Anteilseignern eine Körperschaftsteueranrechnung, die sich stets auf 56 % des Gewinns vor Körperschaftsteuer beläuft - und zwar unabhängig davon, ob die Ausschüttungen aus voll besteuerten, ermäßigt besteuerten oder nicht besteuerten Mitteln stammen. Das vor Einführung des Anrechnungsverfahrens gebildete Betriebsvermögen (Altrücklagen) soll bei seiner Ausschüttung mit 56 % Ausgleichsteuer belastet werden; das bedeutet im Ergebnis einen Ausschluß vom Anrechnungsverfahren. Welche Teile des Betriebsvermögens - besteuerte, nicht besteuerte etc. - zur Ausschüttung verwendet werden, steht allein im Ermessen der ausschüttenden Körperschaft. Ausgenommen hiervon ist das Nennkapital, soweit es nicht durch Umwandlung von Rücklagen entstanden ist; es kann für eine Gewinnausschüttung nicht verwendet werden.

Bei <u>beschränkt steuerpflichtigen Anteilseignern</u> sind drei Gruppen zu unterscheiden:

---

1) Bundesminister für Wirtschaft und Finanzen (1971b) S. 3.

- Ausländische Muttergesellschaften [1] sind mit ihren aus der Bundesrepublik Deutschland bezogenen Dividendeneinnahmen steuerfrei; eine Anrechnung bzw. Vergütung der von der Tochtergesellschaft abgeführten Körperschaftsteuer ist daher nicht vorgesehen. Somit unterliegen die an sie ausgeschütteten Gewinne einer definitiven Körperschaftsteuerbelastung von 56 %. Nach Ansicht des Bundesministeriums für Wirtschaft und Finanzen wird damit "der im geltenden Recht bestehende Ausländereffekt, der ausländischen Muttergesellschaften Wettbewerbsvorteile gegenüber vergleichbaren inländischen Gesellschaften eröffnet, ... beseitigt." [2]
- Ausländischen Körperschaften ohne wesentliche Beteiligung und ausländischen natürlichen Personen, die in einem DBA-Staat ansässig sind, wird die auf den erhaltenen Ausschüttungen lastende Körperschaftsteuer insoweit vergütet, als sie über 25 % hinausgeht; die Kapitalertragsteuer wird im Falle der Vergütung weiterhin erhoben. Bei beiden Gruppen stand aus kapitalmarktpolitischen Gründen die Wahrung des Besitzstandes im Vordergrund. [3]

---

1) Dies sind in der Regel solche Körperschaften, die zu mindestens 10 % an einer inländischen Gesellschaft beteiligt sind (sog. wesentliche Beteiligung). Siehe zu dieser Gruppe von Anteilseignern auch Wrede (1971b) S. 353 ff., wo die diesbezüglichen Regelungen des Referentenentwurfes ausführlich erörtert werden.

2) Bundesminister für Wirtschaft und Finanzen (1971b) S. 6.

2) Bundesminister für Wirtschaft und Finanzen (1971b) S. 8.

- Beschränkt steuerpflichtige inländische Körperschaften sowie ausländische Körperschaften ohne wesentliche Beteiligung und natürliche Personen, die in keinem DBA-Staat ansässig sind, erhalten keine Vergütung der auf den Ausschüttungen lastenden Körperschaftsteuer; die Kapitalertragsteuer entfällt allerdings. Ausgenommen hiervon sind die gemeinnützigen inländischen Stiftungen des öffentlichen Rechts, denen die Körperschaftsteuer insoweit vergütet werden soll, als sie 30 % der Dividenden zuzüglich der darauf lastenden Körperschaftsteuer übersteigt.

Die nachfolgende Übersicht faßt die Steuerbelastung der einzelnen Anteilseignergruppen, so wie sie das Anrechnungsverfahren des Referentenentwurfes vorsah, nochmals synoptisch zusammen.

Anteilseigner (einer unbeschränkt steuerpflichtigen nicht personenbezogenen Kapitalgesellschaft)	Inländische Steuerbelastung	
	Geltendes Recht	RefE KStG 1974
unbeschränkt einkommensteuerpflichtige Anteilseigner	24,6 %[1)] plus individueller ESt-Durchschnittssatz auf die Dividende	individuelle ESt-Belastung
unbeschränkt körperschaftsteuerpflichtige Anteilseigner	64,2 %[2)] (bei Vorliegen des Schachtelprivilegs: 52,5 %)	56 %
inländische steuerbefreite Anteilseigner	44 %[3)]	56 %
gemeinnützige Körperschaften und Kirchen	24,6 %[1)] (einschließlich der gemeinnützigen Wohnungsunternehmen)	3o % (ausschließlich der gemeinnützigen Wohnungsunternehmen und der Kirchen)
ausländische Muttergesellschaften	43,4 %[4)]	56 %
ausländische Körperschaften ohne wesentliche Beteiligung und ausländische natürliche Personen, die in einem DBA-Staat ansässig sind	35,9 %[5)]	36,3 %[6)]
ausländische Körperschaften ohne wesentliche Beteiligung und natürliche Personen, die in keinem DBA-Staat ansässig sind	44 %[3)]	56 %
beschränkt steuerpflichtige inländische Körperschaften (öffentliche Hand)	44 %[3)]	56 %

1) Incl. "Schattenwirkung" und Ergänzungsabgabe.

2) Bei der ausschüttenden Gesellschaft fällt eine Belastung von 24,6 % (incl. "Schattenwirkung" und Ergänzungsabgabe) an. Hinzu tritt bei der Anteilseigner-Gesellschaft im Falle der Thesaurierung eine Belastung der Dividende von 52,5 % (incl. Ergänzungsabgabe).

3) Körperschaftsteuer (incl. "Schattenwirkung"), Kapitalertragsteuer (25 %) und Ergänzungsabgabe auf die KSt und die KapErtrSt.

4) Körperschaftsteuer (incl. "Schattenwirkung" und Ergänzungsabgabe) und Kapitalertragsteuer (25 %).

5) Körperschaftsteuer (incl. "Schattenwirkung" und Ergänzungsabgabe) und Kapitalertragsteuer (15 %). Die Kapitalertragsteuer wird vom DBA-Staat angerechnet.

6) Körperschaftsteuer (25 %) und Kapitalertragsteuer (15 %). Die Kapitalertragsteuer wird vom DBA-Staat angerechnet; sie stellt daher keine definitive Belastung dar.

e) Komplex V: Ermächtigungen

Die Zahl der Ermächtigungen zum Erlaß von Rechtsverordnungen durch die Bundesregierung ist im Referentenentwurf gegenüber dem geltenden Recht sehr stark reduziert worden. Die noch verbleibenden Ermächtigungen beschränken sich im wesentlichen auf die nähere Bestimmung von Voraussetzungen zur Steuerbefreiung der Pensions- und Unterstützungskassen und auf solche, die aufgrund des Gesetzes zur Förderung der Stabilität und des Wachstums der Wirtschaft vom 8.6.1967 in das Körperschaftsteuergesetz aufgenommen worden sind. Die Tatbestände der weggefallenen Ermächtigungen sind zum Teil im Referentenentwurf selbst, zum Teil im Entwurf einer neuen Abgabenordnung abschließend geregelt worden; ein weiterer Teil soll zukünftig über Verwaltungsanordnungen (Körperschaftsteuerrichtlinien) geregelt werden.

2. Der Übergang vom Anrechnungsverfahren mit einheitlichem Steuersatz zum sog. kombinierten System

Zu einer abschließenden Beratung und Verabschiedung des Gesetzentwurfes durch das Bundeskabinett kam es jedoch vorerst nicht, obwohl dies in den ersten Eckwertbeschlüssen für Dezember 1971 angekündigt worden war. [1] Auch eine für das Frühjahr 1972 in Aussicht gestellte Kabinettentscheidung [2] kam nicht zustande und wurde vorerst auf die Zeit nach der Sommerpause verschoben.

---

1) Vgl. Bundesregierung (1971a) S. 996.

2) Vgl. Piel (1972) S. 21.

Dieser permanente Vertagungsprozeß auf Kabinettebene läßt sich auf mehrere Ursachen zurückführen. Zum einen rückten im Verlaufe des Jahres 1972 andere Ereignisse in den Mittelpunkt der politischen Diskussion; die Auseinandersetzung um die Ostverträge und die sich verschiebenden Mehrheitsverhältnisse im Bundestag nahmen die personellen und zeitlichen Ressourcen der Bundesregierung in einem Ausmaß in Anspruch, das sich für das Voranschreiten der gesamten Steuerreform negativ bemerkbar machte. Zum anderen konzentrierte sich die steuerpolitische Diskussion zunächst stärker auf die Reform der einheitswertabhängigen Steuern, zu denen das Bundeskabinett im März 1972 einen Regierungsentwurf verabschiedete. Hinzu trat K. Schillers mangelndes Engagement für die gesamte Steuerreform, das von seinen Kabinettskollegen und Parteigenossen als pures Desinteresse interpretiert wurde, sich auf der anderen Seite aber wohl auch mit der Arbeitsüberlastung durch das Doppelministerium begründen läßt und zu Verzögerungen bei Abstimmungsprozessen und Vorentscheidungen führte. [1] Die Rücktritte H. Hallers im Februar 1972 (Nachfolger: R. Offergeld) und K. Schillers im Juli 1972 (Nachfolger: H. Schmidt) dürften zu zusätzlichen Belastungen für die Steuerreform geführt haben. Als wesentliches Moment trat weiterhin der Umstand hinzu, daß nicht nur körperschaftsteuerspezifische Abstimmungsprobleme selbst den Ablauf dieser Reform behinderten, sondern daß sich auch Verzögerungen, die bei der Einkommensteuerreform eintraten, auf die Reform der Körperschaftsteuer aus-

1) Vgl. hierzu Der Spiegel (7.2.1972) S. 20 ff., und (6.3.1972) S. 24 ff.

wirkten, da beide Vorhaben als "Paket" vom Kabinett verabschiedet werden sollten. [1]

Einige der körperschaftsteuerspezifischen Meinungsverschiedenheiten zwischen den Ressorts wurden durch die Presse bekannt [2]:

- Der Bundesminister für Bildung und Wissenschaft H. Leussink wollte die im Referentenentwurf vorgesehene Belastung der an gemeinnützige Körperschaften ausgeschütteten Gewinne mit 30 % auf die Belastung des geltenden Rechts von 24,6 % begrenzt wissen.
- Der Bundesminister für Raumordnung, Bauwesen und Städtebau L. Lauritzen erstrebte eine Vergütung der 56 %igen Körperschaftsteuer, mit welcher die an gemeinnützige Wohnungsunternehmen ausgeschütteten Gewinne nach dem Referentenentwurf belastet werden sollten (geltendes Recht: 24,6 %).
- Der Bundesminister für Ernährung, Landwirtschaft und Forsten J. Ertl forderte Befreiungen bzw. Vergünstigungen für landwirtschaftliche Zusammenschlüsse (Genossenschaften etc.), die der Referentenentwurf aus dem geltenden Recht gestrichen hatte.

---

1) Die ursprünglich vorgesehene gemeinsame Verabschiedung der Gesetzentwürfe zu den einheitswertabhängigen Steuern sowie der Einkommensteuer und der Körperschaftsteuer als Zweites Steuerreformgesetz durch das Bundeskabinett war bereits zu Beginn des Jahres 1972 aufgegeben worden. Vgl. Preusker (1979) S. 68.

2) Vgl. Wirtschaftswoche (18.2.1972) S. 18.

Das Fachreferat des Bundesministeriums für Wirtschaft und Finanzen nahm um die Jahreswende 1971/72 zunächst eine Reihe von Änderungen und Ergänzungen an dem ursprünglichen Referentenentwurf vom August 1971 vor, die sich vor allem auf die Vorschriften über die Erhebung der Ausgleichsteuer und die Gliederung des Eigenkapitals bezogen [1], das vorgesehene Anrechnungsverfahren auf der Basis eines einheitlichen Steuersatzes jedoch im Grundsätzlichen nicht tangierten. Diese Überarbeitungen, die einerseits durch die Ergebnisse des Planspiels "Körperschaftsteueranrechnungsverfahren" angeregt wurden, andererseits auf eigene Überlegungen des Fachreferats zurückgingen, mündeten in einen 2. Referentenentwurf vom 20.1.1972.

Seit dem Frühjahr 1972 wurden dann aber innerhalb des Ministeriums einige nicht unbedeutende Schwächen des vorgesehenen Anrechnungsverfahrens mit einheitlichem Steuersatz diskutiert, die zwar die Grundsatzentscheidung für eine Beseitigung der Doppelbelastung nicht berührten, jedoch im Verlaufe des Jahres auf Referatsebene zu einer konzeptionellen Umgestaltung des Anrechnungssystems führten.

---

1) Es handelte sich hierbei um
- die Einfügung der §§ 18 A - D und 19 A - D vom 26.10.1971,
- die Änderung des § 19 B vom 16.11.1971,
- die Neufassung der §§ 18, 18 A - E und 19 A - D vom 8.12., 13.12. und 14.12.1971,
- die Neufassung bzw. Erweiterung der §§ 20, 21, 23 und 28 vom 13./14.12.1971 und
- überarbeitete Vorschriften über die Ausgleichsteuer vom 10.1.1972.

Vgl. Ausschuß für wirtschaftliche Verwaltung in Wirtschaft und öffentlicher Hand (o.J.) Anlage 5.

Entscheidend vorangetrieben wurde diese Neufassung des Referentenentwurfes durch den Steuerreferenten des ehemaligen Bundeswirtschaftsministeriums und damaligen Leiter des Referats "Steuerpolitik" im Bereich "Wirtschaft" des Doppelministeriums, H.A. Fischer, der erst im März 1972 auf Betreiben K. Schillers zur noch von A. Möller eingesetzten Steuerreformgruppe gestoßen war. [1] In einem Aufsatz vom Juli des Jahres 1972 faßt er die Kritik am geplanten Anrechnungsverfahren mit einem einheitlichen Körperschaftsteuersatz für einbehaltene und ausgeschüttete Gewinne in folgenden Punkten zusammen [2]:

- Einkommenspolitische Optik:

  Bei einem Ausschüttungssteuersatz von 56 %, der dem Spitzensatz der Einkommensteuer entspricht, ist stets - auch bei Beziehern höchster Einkommen - mit Körperschaftsteuererstattung zu rechnen, da der Einkommensteuerdurchschnittssatz in jedem Fall einen Wert von unter 56 % besitzt. "Dies ergibt in gesellschaftlicher und einkommenspolitischer Sicht eine ungerechtfertigt ungünstige Optik, die die Körperschaftsteuerreform mit der Beseitigung der wirtschaftlichen Doppelbelastung in Mißkredit bringen könnte." [3]

---

1) Vgl. Wirtschaftswoche (17.3.1972) S. 102.

2) Vgl. Fischer (1972). Siehe zu den Überlegungen Fischers auch Institut "Finanzen und Steuern" (1972) S. 54 ff.

3) Fischer (1972) S. 2. Diese Überlegung soll von Wirtschafts- und Finanzminister Schiller ausgegangen sein, der bei einem Besuch in Paris die Angriffe gegen die Körperschaftsteuererstattungen an Chaban Delmas miterlebt hatte. In Analogie hierzu wurde in der Bundesrepublik Deutschland vom sog. Flick-Effekt des Anrechnungsverfahrens mit einheitlichem Satz gesprochen.

- Verhältnis Bardividende/Steuergutschrift:

  Die aufgrund der hohen Steuergutschrift im Vergleich zum geltenden Recht wesentlich reduzierte Bardividende wird sich nach Ansicht H.A. Fischers selbst bei Körperschaftsteuererstattung an ausländische Streubesitzer negativ auf die internationale Plazierung von Emissionen deutscher Kapitalgesellschaften auswirken; denn auf internationaler Ebene werde man sich entweder auch weiterhin gewohnheitsmäßig am Dividendensatz orientieren oder aber das Erstattungsverfahren gar nicht in Anspruch nehmen können (Anteilseigner aus Nicht-DBA-Ländern).

- Ausländische Konzerne:

  Die Anhebung der Steuerbelastung von an ausländische Muttergesellschaften ausgeschütteten Gewinnen auf 56 % (geltendes Recht: ca. 43 %) hält H.A. Fischer "bei aller rechtlich-systematischen Rechtfertigung" aus "wirtschaftspolitischen Beurteilungsaspekten" für nicht opportun; die Belastung sollte "auf ein international gängiges Niveau um ca. 50 v.H. herabgeschleust werden" [1], wobei allerdings aus systematischen Gründen - eine Doppelbelastung liegt nicht vor - der Weg über eine Körperschaftsteuererstattung abzulehnen sei.

- Inländische, subjektiv steuerbefreite Dividendenempfänger:

  Eine Belastung der an diese Gruppe (Kirchen, wissenschaftliche Stiftungen, Berufsverbände, Kommunen

---

1) Fischer (1972) S. 3. Fischer weist auf einen diesbezüglichen "Konsensus innerhalb der deutschen Industrie" und auf die "wahrscheinliche Bereitschaft der Bundesregierung und des Gesetzgebers" hin.

etc.) ausgeschütteten Gewinne mit 56 %"erscheint ... aus verschiedenen Gründen nicht durchsetzbar", eine Körperschaftsteuererstattung aus systematischen Gründen (keine Doppelbelastung) ebensowenig vertretbar. [1]

- Ausländischer Streubesitz an inländischen Gesellschaften:

  Das Anrechnungssystem auf der Basis eines einheitlichen Körperschaftsteuersatzes bringt eine "nationale Kapitalmarkt-Abkapselungswirkung" [2] mit sich, der man jedoch aus prinzipiellen Erwägungen nicht mittels einer Körperschaftsteuererstattung begegnen sollte, wie sie der erste Referentenentwurf vorsieht.

- Deutscher Streubesitz an ausländischen Gesellschaften:

  Das vorgesehene Anrechnungsverfahren kann hier zu Wettbewerbsvorteilen für die inländische Kapitalanlage führen.

- EWG-Steuerharmonisierung:

  Das vorgesehene Anrechnungsverfahren hat "in absehbarer Zeit keine Chance ..., Harmonisierungsziel innerhalb der Gemeinschaft zu werden". [3]

Zur Beseitigung dieser Nachteile des Anrechnungssystems mit einheitlichem Steuersatz schlägt H.A. Fischer ein modifiziertes Verfahren vor, das folgende Grundelemente in sich vereinigt [4]:

---

1) Fischer (1972) S. 3.

2) Fischer (1972) S. 3.

3) Fischer (1972) S. 4.

4) Vgl. Fischer (1972) S. 4.

- Der Körperschaftsteuersatz für einbehaltene Gewinne wird unverändert auf 56 % festgesetzt.
- Die Ausschüttungen unterliegen dagegen nur einer 36 %igen Belastung, die voll auf die Steuerschuld der Anteilseigner angerechnet wird.
- Die Kapitalertragsteuer wird beibehalten. Sie kann nach den meisten Doppelbesteuerungsabkommen bei Ausschüttungen an ausländische Muttergesellschaften mit einem Steuersatz von 25 % erhoben werden, da die Differenz zwischen dem Körperschaftsteuersatz auf einbehaltene und auf ausgeschüttete Gewinne dem Erfordernis von mindestens 20 Prozentpunkten gerade genügt. Dies war einer der Gründe, warum im modifizierten Anrechnungsverfahren ein Ausschüttungssatz von 36 % gewählt wurde. [1)]

Die Herabsetzung der Ausschüttungsbelastung beseitigt die ungünstige "einkommenspolitische Optik", da bei Anteilseignern mit hohem Einkommensteuerdurchschnittssatz die Anrechnung nur einen Teil ihrer Steuerschuld abdeckt und dementsprechend noch Einkommensteuer auf die Dividende nachzuentrichten ist; zudem wächst die Bardividende, da der Anteil der Steuergutschrift an der Gesamtausschüttung (Bruttodividende) zurückgeht. Für Ausschüttungen an Kirchen, gemeinnützige Körperschaften und bestimmte Stiftungen ergibt sich eine Belastung von 36 % Körperschaftsteuer (geltendes Recht: 24,6 %), da diese Einrichtungen weiterhin von der Kapitalertragsteuer befreit sein sollen. Ausschüttungen an alle anderen inländischen, subjektiv steuerbefreiten Anteilseigner unterliegen einer

---

1) Vgl. Bundesregierung (1974) S. 331.

52 %igen Belastung mit Körperschaftsteuer und Kapitalertragsteuer [1](geltendes Recht: 44 %). Für die an ausländische Muttergesellschaften ausgeschütteten Gewinne soll sich nach H.A. Fischers Vorschlägen eine Belastung von lediglich 48,8 % ergeben, indem über die 36 %ige Körperschaftsteuerbelastung hinaus eine Kapitalertragsteuer von 20 % auf die Bardividende erhoben wird. [2] Dividendeneinkünfte ausländischer Streubesitzer, die in einem DBA-Staat ansässig sind, werden nach diesem System - ohne daß es einer Körperschaftsteuererstattung bedarf - mit insgesamt 45,6 % Körperschaftsteuer und Kapitalertragsteuer (15 %) belastet, wobei allerdings die Kapitalertragsteuer im Ausland angerechnet wird und daher keine Definitivbelastung darstellt. [3] Die bei dieser Anteilseignergruppe sich dadurch ergebende "nominelle (Steuerbelastungs-) Besitzstandsverschlechterung" - und zwar sowohl gegenüber dem geltenden Recht als auch gegenüber dem ersten Referentenentwurf vom August 1971 - ist nach H.A. Fischers Meinung "gerade im internationalen Vergleich tolerabel, nachdem der auslandswirksame körperschaftsteuerliche Belastungssatz für Ausschüttungen in den meisten Industriestaaten wesentlich höher liegt." [4]

Im Resümee ist das modifizierte Anrechnungssystem mit gespaltenem Körperschaftsteuersatz "die wohl

---

1) 36 % + 25 % von (100 % - 36 %) = 52 %.

2) 36 % + 20 % von (100 % - 36 %) = 48,8 %.

3) Für Streubesitzer aus Nicht-DBA-Staaten ergibt sich eine Belastung von 52 %, da eine Kapitalertragsteuer von 25 % abzuführen ist.

4) Fischer (1972) S. 5.

einzige Möglichkeit, in systematisch sauberer und international rechtlich unangreifbarer Weise die unter den Aspekten unserer weltoffenen Wirtschaftsverfassung störende Eigenschaft des Anrechnungssystems, nämlich seine Inlandsorientiertheit, aufzulösen: Die nationale Körperschaftsteuer wird nicht unter Abweichung von allen internationalen Grundsätzen im internationalen Bereich zu einem Handelsobjekt. Andererseits führt die Reduzierung des Ausschüttungssatzes der Körperschaftsteuer und damit gleichzeitig des binnenländischen Vergütungssatzes beim Anteilseigner von 56 auf 36 in Verbindung mit der Aufrechterhaltung der elastischen Quellenbesteuerung in Form der Kapitalertragsteuer gegenüber dem Ausland dazu, daß im Ergebnis generell keine wettbewerbsproblematischen Einflüsse aus dem neuen Besteuerungssystem auf die grenzüberschreitenden Kapitalströme ausgehen müssen." [1)]
Für die Steuerharmonisierung der Europäischen Gemeinschaften wird von dem modifizierten Anrechnungssystem allerdings ebenso wenig erwartet wie von dem ursprünglich vorgesehenen Verfahren: "Der vollständige Abbau der Doppelbelastung als Gemeinschaftsziel hat vorläufig offenkundig keine Chance". [2)]

Auf der Grundlage dieser Konzeption eines Anrechnungssystems mit gespaltenem Satz begann das Ministerium noch unter der Leitung K. Schillers auf Referatsebene mit der Erarbeitung eines neuen Entwurfes. Dieser kam im August des Jahres 1972 zum Abschluß, wurde jedoch aus wahlpolitischen Gründen

---

1) Fischer (1972) S. 8.

2) Fischer (1972) S. 6.

von Minister H. Schmidt vor der Bundestagswahl im November 1972 nicht mehr zur Diskussion gestellt. [1]

3. Der Regierungsentwurf zur Körperschaftsteuerreform vom Oktober 1973

Zu Beginn der 7. Legislaturperiode entschied sich die Regierung Brandt/Scheel,an den Eckwertbeschlüssen zur Steuerreform festzuhalten. "Die Wahlforderungen der SPD nach einer Abänderung im Sinne ihrer Parteitagsbeschlüsse waren bereits in den Koalitionsverhandlungen auf unüberwindbaren Widerstand von seiten der FDP gestoßen". [2]

Ein erstes Orientierungsgespräch über den weiteren Verlauf der Steuerreform, das Bundesfinanzminister H. Schmidt [3] am 2. und 3. Februar 1973 nach Boppard einberief und an dem unter anderen die Spitzenbeamten des Finanzministeriums und die Steuerexperten der Koalitionsfraktionen teilnahmen, führte zu keinen - zumindest in der Öffentlichkeit bekannt gewordenen - konkreten Ergebnissen. Finanzminister H. Schmidt kündigte lediglich

---

1) Vgl. Wirtschaftswoche (8.9.1972) S. 8. Hervorzuheben ist in diesem Zusammenhang die Wahlaussage der Sozialdemokratischen Partei, die die Beschlüsse des Steuerparteitages vom November 1971 enthielt, was für den Bereich der Körperschaftsteuer eine Ablehnung des Anrechnungsverfahrens bedeutete.

2) Preusker (1979) S. 79.

3) Das Doppelministerium für Wirtschaft und Finanzen war nach der Bundestagswahl wieder aufgelöst worden. Das Bundeswirtschaftsministerium stand nun unter der Leitung von H. Friderichs (FDP).

an, die Bundesregierung werde das Dritte Steuerreformgesetz (Reform der Einkommensteuer, der Körperschaftsteuer und der Sparförderung) gegen Ende des Jahres 1973 verabschieden. [1]

Innerhalb des Bundesfinanzministeriums wurde im März 1973 ein weiterer verbesserter Entwurf eines Anrechnungsverfahrens mit gespaltenem Steuersatz fertiggestellt [2], der die Grundlage für den körperschaftsteuerlichen Teil der von H. Schmidt angekündigten Regierungsentwürfe bildete. Diese wurden dann im Oktober 1973 vom Bundeskabinett als Drittes Steuerreformgesetz verabschiedet, welches neben der Reform der Körperschaftsteuer (Artikel 2) die Einkommensteuerreform (Artikel 1) und die Reform der Sparförderung (Artikel 3) umschloß.

a) Die allgemeine Begründung der Bundesregierung: Die Verbindung von Pragmatismus und Jurisprudenz

In ihrer allgemeinen Begründung für eine Reform des zum damaligen Zeitpunkt geltenden Körperschaftsteuersystems distanziert sich die Bundesregierung ausdrücklich von der herrschenden [3] finanzwissenschaftlichen "Auffassung, eine mehrmalige Belastung der

---

1) Zur Tagung in Boppard siehe Die Welt (1.2.1973), Wirtschaftswoche (2.2.1973) S. 8 f. und Frankfurter Allgemeine Zeitung (5.2.1973).

2) Vgl. Kölner Stadt-Anzeiger (19.4.1973).

3) Die Bundesregierung spricht in diesem Zusammenhang von einer "in der Finanzwissenschaft umstrittenen Auffassung". Bundesregierung (1974) S. 326. Dem kann jedoch nach Kenntnis der finanzwissenschaftlichen Literatur nicht zugestimmt werden.

von juristischen Personen ausgeschütteten Gewinne sei nicht zu rechtfertigen. Sie lehnt im Gegenteil diese Ansicht ab. Im Rahmen der verfassungsmäßigen Grenzen kann die politische Entscheidung darüber, bei welcher Steuer und in welchem Umfang die Doppelbelastung juristischer Personen und ihrer Anteilseigner aufrechterhalten, gemildert oder beseitigt wird, ausschließlich von Zweckmäßigkeitserwägungen abhängen." [1)]

Es ist zu vermuten, daß hierdurch eine Grundsatzentscheidung mit präjudizierender Wirkung vermieden werden sollte. Darüber hinaus dürfte die Ablehnung wirtschaftswissenschaftlicher Argumentationsmuster mit einer vorrangigen Beteiligung juristisch ausgebildeter Ministerialbeamter an der Entstehung des Entwurfes zu erklären sein; dies wird besonders deutlich, wenn die "Beibehaltung der Körperschaftsteuer für die Einkommensbesteuerung der juristischen Personen" mit der Notwendigkeit einer Anknüpfung des Steuerrechts an die zivilrechtliche Gestaltung begründet wird. [2)] Die hiermit ausgesprochene prinzipielle Ablehnung eines vollintegrierten Systems zur Besteuerung von Körperschaftsgewinnen wird von der Bundesregierung mit wettbewerbspolitischen Argumenten fortgeführt: Da "typi-

---

1) Bundesregierung (1974) S. 326.

2) Bundesregierung (1974) S. 326. Sowohl der hier verwendete Einkommensbegriff - nach wirtschaftswissenschaftlichem Verständnis ist die Einkommenserzielung auf natürliche Personen beschränkt - als auch die rechtssystematische Argumentation sind unverkennbar auf eine juristische Denkweise zurückzuführen.

scherweise die juristische Person als eigenständiger, im Wettbewerb tätiger Organismus" auftritt und ihr "im Wettbewerb erwirtschafteter und wieder in ihm eingesetzter Gewinn" demzufolge mit der gleichen Steuerbelastung belegt werden sollte "wie der Gewinn vergleichbar leistungsfähiger natürlicher Personen", "wäre es mit dem Grundsatz der Wettbewerbsneutralität nicht zu vereinbaren, diesen im Unternehmen verbleibenden Gewinn nach der Leistungsfähigkeit der einzelnen Anteilseigner zu besteuern". [1]

Weitere steuersystematische Überlegungen stellt die Bundesregierung nicht an; sie begründet die Reform des Körperschaftsteuerrechts auf rein pragmatische Art und Weise ("Zweckmäßigkeitserwägungen") mit folgenden nachteiligen Wirkungen des geltenden Doppelbelastungssystems [2]:

- Interessengegensatz zwischen Groß- und Kleinaktionären,
- steuerliche Begünstigung der Fremdfinanzierung gegenüber der Eigenfinanzierung mit negativen Auswirkungen auf die Kapitalstruktur der Unternehmen,
- Behinderung der Vermögensstreuung,
- fehlende Neutralität der Unternehmensbesteuerung.

Zur Beseitigung dieser Nachteile sind bis auf das Anrechnungssystem nach Meinung der Bundesregierung alle übrigen denkbaren Lösungsmöglichkeiten aus den verschiedensten Gründen nicht geeignet [3]:

---

1) Bundesregierung (1974) S. 326.
2) Vgl. Bundesregierung (1974) S. 327 f.
3) Vgl. Bundesregierung (1974) S. 328 f.

- Das Modell der Betriebsteuer "würde ein Loslösen vom zivilrechtlichen Ordnungsprinzip voraussetzen und es erforderlich machen, den Betrieb als ein vom Unternehmer unabhängiges Besteuerungsobjekt zu betrachten. Dies käme einer Abkehr vom synthetischen Einkommensbegriff gleich und würde im Blick auf die internationale Steuerrechtsentwicklung einen Rückfall in die Schedulenbesteuerung bedeuten. Hinzu kämen erhebliche technische Schwierigkeiten." [1)]
- Bei der Teilhabersteuer begnügt sich die Bundesregierung mit einem Verweis auf das ablehnende Votum der Eberhard-Kommission.
- Eine Reduzierung des gespaltenen Körperschaftsteuersatzes auf 0 % wird ebenso wie das Dividendenabzugsverfahren in erster Linie aus wettbewerbspolitischen Gründen abgelehnt. Beide Systeme bevorzugen solche Anteilseigner, bei denen die Ausschüttungen nicht voll besteuert werden (z.B. ausländische Muttergesellschaften oder Körperschaften des öffentlichen Rechts).
- Die Freistellung der Dividenden von der Einkommensteuer ist "unter sozial-, gesellschafts- und eigentumspolitischen Gesichtspunkten ... nicht vertretbar" [2)], da sie als bevorzugte Behandlung bestimmter Einkünfte erschiene und weil aufgrund des Progressionstarifs der Nutzen aus der Befreiung mit steigendem Einkommen zunähme.

---

1) Bundesregierung (1974) S. 328.

2) Bundesregierung (1974) S. 329.

b) Die fiskalischen Auswirkungen des Regierungsentwurfes

Nach den Berechnungen der Bundesregierung führt die Körperschaftsteuerreform auf der Basis 1975 zu Steuermindereinnahmen von 545 Millionen DM (darunter Bund: 68 Millionen DM). Die Rechnung berücksichtigt die Anhebung des Steuersatzes auf 56 %, die Ausschüttungsbelastung von 36 %, die Anrechnung auf die Einkommensteuer und die Halbierung der Steuerermäßigung für das Kreditgewerbe. [1]

Die zum Ausgleich der Mindereinnahmen der gesamten Steuerreform in den Eckwerten des Jahres 1971 noch vorgesehene Erhöhung der Umsatzsteuer um einen Prozentpunkt wird von der Bundesregierung zunächst nicht ins Auge gefaßt. Sie "behält sich den Zeitpunkt für eine Umsatzsteuererhöhung vor." [2] Auch für die Steueraufkommensverschiebungen zwischen den föderalen Ebenen bietet der Entwurf des Dritten Steuerreformgesetzes keine Lösung an. Lapidar bemerkt die Bundesregierung, daß diese "zu gegebener Zeit geregelt werden" müssen. [3]

---

1) Vgl. Bundesregierung (1974) S. 208. In einer Broschüre des Presse- und Informationsamtes der Bundesregierung vom September des Jahres 1973 heißt es: "Über die Höhe des unmittelbar durch die Körperschaftsteuerreform verursachten voraussichtlichen Steuerausfalles lassen sich keine konkreten Angaben machen (grobe Schätzungen bewegen sich je nach Einbeziehung verschiedener Faktoren zwischen 0,3 und etwa 1 Milliarde DM)." Aktuelle Beiträge zur Wirtschafts- und Finanzpolitik (26.9.1973) S. 4.

2) Bundesregierung (1974) S. 205.

3) Bundesregierung (1974) S. 206.

c) Die wesentlichen materiellen Änderungen gegenüber dem ersten Referentenentwurf

c.1) Komplex I: Befreiungen

- In den Befreiungskatalog ist die Landeskreditbank Baden-Württemberg aufgenommen worden, "da sie nicht mit steuerpflichtigen Kreditinstituten im Wettbewerb steht." [1] Die Bundesregierung kündigt in diesem Zusammenhang an, sie werde überprüfen, ob darüber hinaus noch weitere Kreditinstitute der Länder dieser Voraussetzung genügen. [2]
- Die Befreiung der Pensions- und Unterstützungskassen wurde in mehreren Punkten geändert, die alle auf einen Entwurf eines Gesetzes zur Verbesserung der betrieblichen Altersversorgung zurückgehen. Eingeschränkt wurde die Steuerbefreiung bei überdotierten Kassen; darüber hinaus soll die Befreiung lediglich dann gewährt werden, "wenn ... die ausschließliche und unmittelbare Verwendung des Vermögens und der Einkünfte der Kasse nach der Satzung und der tatsächlichen Geschäftsführung für die Zwecke der Kasse dauernd gesichert ist". [3]
- Die Steuerbefreiung der land- und forstwirtschaftlichen Nutzungs- und Verwertungsgenossenschaften, die im alten Körperschaftsteuerrecht in der Durchführungsverordnung geregelt war, die der erste Referentenentwurf des Ministeriums allerdings nicht übernommen hatte, wird von der Bundesregierung nunmehr aus agrarpolitischen Gründen weiter

---

1) Bundesregierung (1974) S. 338.

2) Vgl. Bundesregierung (1974) S. 338.

3) § 5 Abs. 1 Nr. 3c des Regierungsentwurfes.

ausgedehnt. [1] Zum einen werden auch land- und forstwirtschaftliche Vereine in die Befreiung einbezogen, zum anderen werden die bisher begünstigten Tätigkeiten der gemeinschaftlichen Benutzung von Betriebseinrichtungen und der Verwertung land- und forstwirtschaftlicher Erzeugnisse erweitert.

c.2) Komplex II: Bemessungsgrundlage

Der Regierungsentwurf enthält die im Referentenentwurf des Jahres 1971 erstmalig ausgewiesenen Sondervorschriften über die Gewinnermittlung bei Versicherungsunternehmen in überarbeiteter Form. Auf eine ausführliche Darstellung soll hier verzichtet werden, da diese Bestimmungen im Rahmen der Finanzausschußberatungen des Bundestages als Ganzes aus dem Gesetz herausgenommen wurden. Vorschriften über bauspartechnische Rückstellungen sind im Regierungsentwurf nicht enthalten.

Die Kosten der Ausgabe von Gesellschaftsanteilen läßt der Regierungsentwurf nur insoweit zum Abzug zu, als sie das Ausgabeaufgeld übersteigen; er kehrt damit zum geltenden Recht zurück, während der erste Referentenentwurf des Ministeriums die volle Abziehbarkeit gewährleistet wissen wollte. Die Bundesregierung weist in ihrer Begründung unter Berufung auf ein Urteil des Reichsfinanzhofs aus dem Jahre 1925 darauf hin, daß sie die

1) Vgl. Bundesregierung (1974) S. 339. Hiermit hatten sich die Änderungswünsche des Landwirtschaftsministeriums gegenüber dem ersten Referentenentwurf durchgesetzt. Vgl. Wirtschaftswoche (18.2.1972) S. 18.

Abziehbarkeit von Emissionskosten prinzipiell für nicht gerechtfertigt halte, da die Emission sich in der Vermögenssphäre und nicht im Einkommensbereich vollziehe. Wenn sie dennoch am geltenden Recht festhalte und die Abziehbarkeit der Emissionskosten nicht vollständig beseitige, "so geschieht dies nur, weil sie den Zeitpunkt für eine Änderung des geltenden Rechts im Hinblick auf die Einführung des Anrechnungsverfahrens und die damit beabsichtigte stärkere Begünstigung der Ausgabe von Aktien für ungeeignet hält". [1)]

c.3) Komplex III: Tarif

Von den Alternativvorschlägen des Referentenentwurfs zur Besteuerung des Kreditgewerbes entscheidet sich die Bundesregierung nicht für die Vollbesteuerung, sondern für den Steuersatz von 46 %. Dieser ist jedoch nicht mehr ausdrücklich als Übergangssteuersatz gekennzeichnet, wie dies im Referentenentwurf noch der Fall gewesen war. "Die Bundesregierung ist ... zu der Überzeugung gelangt, daß eine Anhebung der Körperschaftsteuer auf den Regelsatz von 56 v.H. - mindestens für einen Teil der betroffenen Institute (insbesondere für Sparkassen und Kreditgenossenschaften) - wegen der damit verbundenen Mehrbelastung zur Zeit nicht in

---

1) Bundesregierung (1974) S. 343. Der Steuerrechtler K. Tipke teilt die Grundsatzüberlegungen der Bundesregierung zu diesem Punkt. Vgl. Tipke(1981) S. 314. Anderer Ansicht war die Eberhard-Kommission. Vgl. Bundesministerium für Wirtschaft und Finanzen (1971) S. 358 f.

Betracht gezogen werden kann." [1]

Über die Freibetragsregelung für kleinere Körperschaften hinaus enthält der Regierungsentwurf aus agrarpolitischen Gründen einen Freibetrag von jährlich 30.000 DM für Erwerbs- und Wirtschaftsgenossenschaften sowie Vereine, die Land- und Forstwirtschaft betreiben. Der Freibetrag soll in den ersten zehn Veranlagungszeiträumen nach der Gründung gewährt werden.

c.4) Komplex IV: System

Die Doppelbelastung des alten Körperschaftsteuersystems wird im Regierungsentwurf durch ein Anrechnungsverfahren beseitigt, das in seinen Grundzügen auf die Vorschläge H.A. Fischers aus dem Jahre 1972 zurückgeht und in seiner technischen Ausgestaltung an den ersten Referentenentwurf des Ministeriums anknüpft.

Der Steuersatz für einbehaltene Gewinne von 56 % entspricht dem Spitzensatz der Einkommensteuer, was von der Bundesregierung mit wettbewerbspolitischen Überlegungen begründet wird. [2] Die Bundesregierung äußert sich auch zur Frage der Einführung eines Progressionstarifs bei der Körperschaftsteuer und mißt interessanterweise den verwaltungstechnischen Einwänden die größte Bedeutung zu [3]; grundsätzliche

1) Bundesregierung (1974) S. 360.

2) Vgl. Bundesregierung (1974) S. 330.

3) Vgl. Bundesregierung (1974) S. 330.

steuersystematische Bedenken ergeben sich für sie jedoch nicht.

Die Ausschüttungsbelastung beträgt stets 36 % des Gewinns, der sich vor Abzug der Körperschaftsteuer ergibt. In ihrer Begründung zur niedrigeren Belastung ausgeschütteter Gewinne greift die Bundesregierung auf die Überlegungen H.A. Fischers zurück. So sind es vor allem Belastungsverschlechterungen für Körperschaften des öffentlichen Rechts sowie für ausländische Muttergesellschaften, welche eine Einheitsbelastung von 56 % als nicht akzeptabel erscheinen lassen. 1)

Zur Herstellung der 36 %igen Ausschüttungsbelastung ist das zur Ausschüttung verwendbare Eigenkapital nach der bereits erfolgten Belastung mit Körperschaftsteuer (Tarifbelastung) zu gliedern; im Falle der Ausschüttung erfolgt dann entweder eine Minderung oder eine Erhöhung der Belastung auf 36 %. Bei den Anteilseignern wird dadurch eine Anrechnung in stets gleicher Höhe ermöglicht. Welche Teile des Eigenkapitals als für die Ausschüttung verwendet gelten, bestimmt § 31 des Regierungsentwurfes. 2)

Die Vorschriften über das Anrechnungsverfahren gelten nur für Ausschüttungen von unbeschränkt körperschaftsteuerpflichtigen Kapitalgesellschaften, Erwerbs- und Wirtschaftsgenossenschaften sowie Real-

---

1) Vgl. Bundesregierung (1974) S. 331.

2) Der Referentenentwurf aus dem Jahre 1971 sah abweichend hierzu ein Wahlrecht für die ausschüttende Körperschaft vor.

gemeinden und wirtschaftlichen Vereinen [1]; nur bei diesen Körperschaften und Personenvereinigungen ist die Ausschüttungsbelastung herzustellen und die sich anschließende Anrechnung bei den Anteilseignern bzw. Mitgliedern durchzuführen. Bei Betrieben gewerblicher Art von juristischen Personen des öffentlichen Rechts, die in einigen Fällen Gewinnausschüttungen an andere Betriebe gewerblicher Art vornehmen, wird die Doppelbelastung auf dem Wege der Steuerbefreiung vermieden. Auf eine Einbeziehung in das Anrechnungsverfahren wurde aus Vereinfachungsgründen verzichtet. [2]

Auf der Ebene der Anteilseigner sind die beschränkt steuerpflichtigen juristischen Personen des öffentlichen Rechts und die von der Körperschaftsteuer befreiten Anteilseigner nicht zur Anrechnung der Ausschüttungsbelastung berechtigt, da die ihnen zufließenden Dividenden ansonsten nur mit der 25 %igen Kapitalertragsteuer belastet wären. "Ein solches Ergebnis kann" jedoch nach Auffassung der Bundesregierung "nicht hingenommen werden, weil für diese Anteilseigner typisch ist, daß sie sich unter Zwischenschaltung einer Kapitalgesellschaft am Wettbewerb beteiligen." [3] Bei Ausschaltung der Anrechnung und voller Kapitalertragsteuer ergäbe sich somit

---

1) Dies ergibt sich aus den §§ 30 und 46 des Regierungsentwurfes zum KStG und aus § 55 Abs. 1 Nr. 1 und 2 des Regierungsentwurfes zum EStG. Siehe auch die Begründungen zu diesen Vorschriften: Bundesregierung (1974) S. 271 f., S. 365 und S. 377.

2) Vgl. Bundesregierung (1974) S. 377.

3) Bundesregierung (1974) S. 332.

für diesen Kreis eine Gesamtbelastung der Dividenden von 52 % [1] (Gesamtbelastung nach altem Recht: 44 %). Die Bundesregierung vertritt jedoch - ohne dies ausreichend zu begründen - die Meinung, "daß die bisherige Gesamtbelastung von regelmäßig ca. 44 v.H. ... auch in Zukunft maßgebend sein soll" [2] und vollzieht die Besitzstandswahrung steuertechnisch über eine hälftige Erstattung der Kapitalertragsteuer an diese Gruppe von Anteilseignern. [3]

Eine volle Erstattung der Kapitalertragsteuer erhalten wie auch im geltenden Recht gemeinnützige Anteilseigner und Kirchen. Für an diesen Kreis ausgeschüttete Gewinne ergibt sich dennoch eine Erhöhung der Belastung auf 36 %, da der gespaltene Satz des alten Systems einschließlich der sog. Schattenwirkung lediglich 24,6 % betrug und der erste Referentenentwurf aus dem Jahre 1971 von einer 30 %igen Belastung ausgegangen war. Nicht zu dieser Gruppe zählen aus Wettbewerbsgründen die Wohnungs- und Siedlungsunternehmen, deren Beteiligungserträge ebenso wie die der übrigen steuerbefreiten Anteilseigner einer Gesamtbelastung von 44 % unterliegen sollen (geltendes Recht: 24,6 %, erster Referentenentwurf: 56 %).

Für ausländische Anteilseigner, bei denen eine Anrechnung ebenfalls nicht in Betracht kommt, enthält

---

1) H.A. Fischer war von einer Belastung in dieser Höhe ausgegangen. Vgl. Fischer (1972) S. 5.

2) Bundesregierung (1974) S. 332. Betroffen sind hiervon neben den öffentlichen Händen insbesondere auch die steuerbefreiten Berufsverbände (Gewerkschaften etc.) mit einem Teil ihrer Beteiligungserträge.

3) Im Referentenentwurf des Jahres 1971 war eine Belastung von 56 % vorgesehen gewesen.

der Regierungsentwurf zwar keine Sonderbestimmungen - "unterschiedliche Rechtsfolgen ... ergeben sich wie nach geltendem Recht aus den bestehenden Doppelbesteuerungsabkommen" [1] -, jedoch waren die Grundsatzentscheidung für das Anrechnungsverfahren und seine spätere Modifizierung stets von außensteuerlichen Überlegungen entscheidend bestimmt.

Eine zusammenfassende Übersicht über die Steuerbelastung der einzelnen Anteilseignergruppen ergibt folgendes Bild.

1) Bundesregierung (1974) S. 333.

Anteilseigner einer unbeschränkt steuerpflichtigen Kapitalgesellschaft	Inländische Steuerbelastung
unbeschränkt einkommensteuerpflichtige Anteilseigner	individuelle Einkommensteuerbelastung
unbeschränkt körperschaftsteuerpflichtige Anteilseigner	56 %
inländische steuerbefreite Anteilseigner	44 % [1]
gemeinnützige Körperschaften und Kirchen	36 % [2] (ausschließlich der gemeinnützigen Wohnungs- und Siedlungsunternehmen)
ausländische Muttergesellschaften	52 % [3]
ausländische Anteilseigner, die in einem DBA-Staat ansässig sind (außer Muttergesellschaften)	45,6 % [4]
ausländische Anteilseigner, die in keinem DBA-Staat ansässig sind	52 % [3]
beschränkt steuerpflichtige inländische Körperschaften (öffentliche Hand)	44 % [1]

1) Ausschüttungsbelastung von 36 % und KapErtrSt (25 %), die zur Hälfte erstattet wird.

2) Ausschüttungsbelastung, jedoch keine KapErtrSt.

3) Ausschüttungsbelastung von 36 % und KapErtrSt von 25 %.

4) Ausschüttungsbelastung von 36 % und KapErtrSt von 15 %, die allerdings vom DBA-Staat angerechnet wird.

Die Umsetzung der Eckwertbeschlüsse zur Körperschaftsteuerreform in einen vom Bundeskabinett getragenen Gesetzentwurf hat somit einen Zeitraum von über zwei Jahren in Anspruch genommen. Die Erklärung für diese doch recht lange Spanne ist zum einen in der zu reformierenden Materie selbst zu suchen: Die Reform der Körperschaftsteuer erforderte nicht nur die Erneuerung und Verbesserung einzelner Vorschriften, sondern sie verlangte eine Überarbeitung des gesamten Gesetzes. Für die damit befaßten Beamten der Ministerialbürokratie bedeutete dies eine zeitaufwendige, ständig neue Abstimmungsprozesse produzierende Tätigkeit, die keinesfalls mit einem einzigen Referentenentwurf abzuschließen war.

Zum zweiten war die Einbindung der Körperschaftsteuerreform in die Umgestaltung des gesamten Steuerrechts und das damit einhergehende Bestreben der gebündelten Verabschiedung von Steuergesetzen ein weiteres Verzögerungsmoment, das im Rahmen der Körperschaftsteuer jedoch auch seine sachlichen Gründe hatte, da das vorgesehene Anrechnungsverfahren nur bei einer gleichzeitigen Überarbeitung einkommensteuerlicher Bestimmungen verabschiedet werden konnte.

Entscheidend war schließlich auch das schwankende Interesse der Regierungsspitze an einer Realisierung der Eckwertbeschlüsse; partei- und koalitionsinterne Abstimmungsprobleme, wahlpolitische Überlegungen und die Beschäftigung mit anderen Politikbereichen haben den Verlauf der gesamten Steuerreform nicht unerheblich verlängert. -

Der Regierungsentwurf zur Körperschaftsteuerreform vom Oktober des Jahres 1973 wurde vom Bundesministerium der Finanzen im Anschluß an die vorgezogene Verabschiedung der Einkommensteuerreform erneut überarbeitet. Die hierdurch bedingten Veränderungen beruhten

- auf erforderlich gewordenen Anpassungen an das Einkommensteuerreformgesetz vom 5.8.1974, an das Gesetz zur Verbesserung der betrieblichen Altersversorgung vom 19.12.1974 und an andere Gesetze,
- auf einer Berichtigung von Druckfehlern und sonstigen Unrichtigkeiten sowie auf redaktionellen Änderungen und
- auf Erkenntnissen, welche sich im Rahmen des Planspiels und ergänzender Erörterungen mit den Steuerabteilungen der Länder vor allem bezüglich technischer Fragen des Anrechnungssystems ergeben hatten.

Wesentliche materielle Veränderungen wurden allerdings nicht vorgenommen, so daß auf eine Einzeldarstellung verzichtet werden kann.

5. Kapitel: DIE EBERHARD-KOMMISSION ALS GEMISCHTES GREMIUM VON WISSENSCHAFTLERN UND VERBANDSVERTRETERN

A. Auftrag und Besetzung

Die Steuerreformkommission (Eberhard-Kommission) war Ende 1968 vom damaligen Bundesfinanzminister auf Initiative des Bundestags [1] berufen worden und hatte den Auftrag, Vorschläge zur Reform der direkten und indirekten Steuern sowie der Prämiengesetze zu erarbeiten. Diese Vorschläge sollten den "Zielsetzungen einer modernen Finanzpolitik" entsprechen und den "Grundsatz der Gleichmäßigkeit und sozialen Gerechtigkeit der Besteuerung" berücksichtigen; ferner sollten "Möglichkeiten zum weiteren Abbau von Steuervergünstigungen" geprüft, eine "Vereinfachung des Steuerrechts" angestrebt und die "Harmonisierungsbestrebungen innerhalb der EWG" beachtet werden. [2] Darüber hinaus sollte das Gesamtreformwerk aufkommensneutral ausgestaltet sein. Der Leerformelcharakter des Reformauftrages [3] ermöglichte es der Kommission, eigene steuerpolitische Vorstellungen nahezu ohne jede konkrete Zielvorgabe - die Forderung nach Aufkommensneutralität des Gesamtkonzeptes ist noch der faßbarste Anspruch an die Kommissionsmitglieder - in ihrem Gutachten zu entwickeln.

---

1) Ihre Einsetzung war bereits im Jahre 1967 von der SPD-Fraktion im Deutschen Bundestag beantragt worden. Vgl. Fraktion der SPD (1967).

2) Strauß (1968) S. 1440.

3) Vgl. das Interview mit K. Littmann in der Wirtschaftswoche (16.4.1971) S. 50 ff.

Wesentlich ist, daß es sich bei der Kommission um kein rein wissenschaftlich orientiertes Gremium handelte. Sie bestand nach ihrer eigenen Aussage aus "Vertretern der Wissenschaft, der Wirtschaft, der Gewerkschaften, der steuerberatenden Berufe, des Bundes der Steuerzahler und anderer am Steuerrecht besonders interessierter Kreise der Bevölkerung".[1)2)] Über die Repräsentationsgewichte ist hiermit allerdings noch nichts gesagt. Bundesfinanzminister A. Möller sprach von einer Beteiligung "der Wissenschaft, der Wirtschaft, der steuerberatenden Berufe und anderer am Steuerrecht beson-

---

1) Bundesministerium für Wirtschaft und Finanzen (1971) S. 20.

2) Mitglieder der Kommission waren R. Eberhard - Vorsitzender - (Mitglied des Vorstandes der Bayerischen Vereinsbank, Staatsminister a.D., MdL), H. Troeger (Vizepräsident der Deutschen Bundesbank i.R., Staatsminister a.D.), H. Fredersdorf (Bundesvorsitzender des Bundes Deutscher Steuerbeamten), H. Haller (Ordinarius für Finanzwissenschaft und Wirtschaftstheorie) bis zum 14. April 1970, F. Hörstmann (ehemaliger Präsident der Bundessteuerberaterkammer), W. Köppen (Steuerberater), K. Kuhn (Vorstandsmitglied der Thyssen Handelsunion AG), P. Mertens (ehemaliger Hauptgeschäftsführer der Arbeitsgemeinschaft selbständiger Unternehmer), K.-H. Mittelsteiner (1. Vizepräsident der Bundeskammer der Steuerbevollmächtigten), V. Muthesius (Verleger, Präsident des Bundes der Steuerzahler), H. Pagenkopf (Honorarprofessor für Kommunalwissenschaften an der Universität Münster, ehemaliges geschäftsführendes Vorstandsmitglied des Instituts "Finanzen und Steuern"), M. Schäfer (Minister für Wirtschaft, Verkehr und Landwirtschaft des Saarlandes, ehemaliges Mitglied des Sachverständigenrates zur Begutachtung der gesamtwirtschaftlichen Entwicklung), R.R. Wiethüchter (1. Bundesvorsitzender des Bundes der Deutschen Zollbeamten), G. Wöhe (Ordinarius für Betriebswirtschaftslehre, insbesondere betriebswirtschaftliche Steuerlehre) und G. Zeitel (Ordinarius für Volkswirtschaftslehre). Vgl. Bundesministerium für Wirtschaft und Finanzen (1971) S. 7.

ders interessierter Kreise der Bevölkerung" [1], was darauf schließen läßt, daß er die Gewerkschaften als nicht genügend repräsentiert betrachtete. [2] Festzuhalten ist jedoch, daß die Kommission ein Interaktionsgremium verschiedener gesellschaftlicher Gruppen bildete, das unter einer konkreten Zielvorgabe möglicherweise gar nicht erst zustande gekommen wäre bzw. für das eine konkrete, die Diskussion begrenzende Zielvorgabe gar nicht wünschenswert gewesen wäre.

Der Unterkommission "Körperschaftsteuer" gehörten die Kommissionsmitglieder M. Schäfer, K. Kuhn, K.-H. Mittelsteiner, H. Pagenkopf und G. Wöhe an. Ihnen ist daher besondere Bedeutung bei der Ausgestaltung des körperschaftsteuerlichen Teils des Gutachtens beizumessen, zumal die Zwischenberichte der Unterkommissionen die Grundlage für die Meinungsbildung in der Vollkommission abgaben.

B. Kritik des "klassischen" Körperschaftsteuersystems und Alternativmodelle

Die Eberhard-Kommission gliedert den körperschaftsteuerlichen Teil ihres Gutachtens in zwei Teile. Während der erste Teil die grundsätzlicheren Fragen des Systems der Körperschaftsbesteuerung analysiert und hierzu einen konkreten Reformvorschlag

---

1) Bundesminister der Finanzen (1970) S. 2.

2) Siehe hierzu auch P. Grottian, der A. Möller als einen "ganz entschiedenen Gegner der ... Steuerreformkommission" bezeichnet und dies mit ihrer "wenig arbeitnehmerfreundlichen Zusammensetzung (zunächst sollte nicht ein Gewerkschaftler vertreten sein!)" begründet. Grottian (1978) S. 87.

unterbreitet, unterzieht die Kommission im zweiten Teil die im damals geltenden Körperschaftsteuerrecht kodifizierten Steuerbefreiungen und -ermäßigungen einer näheren Untersuchung, die sich insbesondere auf deren Weitergeltung in einem reformierten System erstreckt.

Im Rahmen der Ausführungen zum "richtigen" Körperschaftsteuersystem schlägt das Kommissionsgutachten einen recht pragmatischen Weg ein; die Konstruktion ihres reformierten Systems gründet die Kommission auf den folgenden, dem alten Körperschaftsteuersystem als Mängel angelasteten Punkten: [1]

- ungleiche Besteuerung betrieblicher Gewinne je nach Rechtsform des Unternehmens (Einzelunternehmen/Personengesellschaften versus Kapitalgesellschaften);
- steuerliche Einflußnahme auf die Wahl der Unternehmensform aufgrund der ungleichen Belastung des Gewinns;
- steuerliche Einflußnahme auf die Art der Unternehmensfinanzierung zulasten der Eigenfinanzierung aufgrund der Abzugsfähigkeit der Fremdkapitalzinsen auf der einen Seite und der Doppelbelastung der Eigenkapitalverzinsung auf der anderen Seite;
- Interessengegensatz zwischen Anteilseignern mit hohem und Anteilseignern mit niedrigem Einkommensteuersatz bei der Entscheidung über das Verfahren der Selbstfinanzierung (unmittelbare Thesaurierung versus Schütt-aus-hol-zurück-Verfahren);

---

1) Vgl. Bundesministerium für Wirtschaft und Finanzen (1971) S. 296 ff. Zur Kritik siehe Schredelseker (1972/73).

- Behinderung einer Beteiligung breiter Bevölkerungskreise am Produktivvermögen aufgrund der Doppelbelastung ausgeschütteter Gewinne und der Konfliktsituation zwischen den Anteilseignern;
- Notwendigkeit steuerrechtlicher Sonderregelungen zur durchgängigen Verwirklichung des Prinzips der Doppelbelastung (Tatbestand der verdeckten Gewinnausschüttung, Vorschriften über Liquidation, Umwandlung und Verlegung der Geschäftsleitung in das Ausland) und zur Abschwächung der ungleichen Besteuerung von Einzelunternehmen/ Personengesellschaften auf der einen Seite und Körperschaften auf der anderen Seite (ermäßigter Steuersatz für Ausschüttungen, Sonderbestimmungen für sog. personenbezogene Kapitalgesellschaften und für Genossenschaften, Schachtelprivileg) mit den Folgen einer Verkomplizierung des Körperschaftsteuerrechts, einer erschwerten Rechtsanwendung, einer Fülle von Abgrenzungsproblemen und einer Beeinflussung der Wettbewerbsbedingungen;
- Steuerbelastungsunterschiede zwischen inländischen und ausländischen Anteilseignern (sog. Ausländereffekt).

Nach Ansicht der Kommission lassen sich diese "Mängel im wesentlichen auf zwei Faktoren zurückführen. Dies sind
a) die selbständige Besteuerung der in die Form einer juristischen Person gekleideten Unternehmen und
b) die darauf beruhende Doppelbelastung der Körperschaftsgewinne." [1)]

---

1) Bundesministerium für Wirtschaft und Finanzen (1971) S. 303.

Die Kommission plädiert jedoch erstaunlicherweise nicht auf direktem Wege für eine Beseitigung der am Zivilrecht orientierten Unternehmensbesteuerung, die unzweifelhaft die primäre Ursache für die genannten Merkmale des damals geltenden Körperschaftsteuerrechts bildete. Nach ihrer Auffassung "stehen den Gründen für die Beibehaltung einer Unternehmensbesteuerung, die an die Rechtsform anknüpft, beachtliche Argumente gegenüber, die eine solche Besteuerung ausschließen. Welcher der beiden Auffassungen der Vorzug zu geben ist, kann zunächst offen bleiben". [1] Für die Gutachter scheinen die Mängel des geltenden Rechts zunächst einmal auf der Doppelbelastung zu beruhen, die in einer isolierten Betrachtung auf ihre Rechtfertigung hin untersucht wird, ohne zu berücksichtigen, daß sie doch nur der sichtbare Ausdruck bzw. die Folge der selbständigen Unternehmensbesteuerung ist.

Erst die Ablehnung der Doppelbelastung - aufgrund ihrer negativen Auswirkungen und ihrer mangelnden Rechtfertigung - führt die Gutachter zurück zur eigentlichen Frage nach der Form der Unternehmensbesteuerung: "Da die Doppelbelastung ... die zwangsläufige Folge der derzeitigen Unternehmensbesteuerung ist, die von der zivilrechtlichen Trennung zwischen einer juristischen Person und ihren Anteilseignern ausgeht, würde ein Wegfall der Doppelbelastung zugleich die Aufgabe der bisherigen Form der Unternehmensbesteuerung bedeuten." [2] In der Argumentation stringenter wäre es gewesen, die kritisierten Merkmale des geltenden Rechts direkt den Argumenten

---

1) Bundesministerium für Wirtschaft und Finanzen (1971) S. 307.

2) Bundesministerium für Wirtschaft und Finanzen (1971) S. 314.

für eine an der Ordnungsstruktur des Zivilrechts orientierte selbständige Unternehmensbesteuerung gegenüberzustellen - ohne den Umweg über die Doppelbelastung zu wählen, die, isoliert betrachtet und ohne Einbeziehung der dahinterstehenden Besteuerungsform, welche auch nach Ansicht der Gutachter so abwegig gar nicht ist, [1] leicht zu diskreditieren war. Möglicherweise wollten die Juristen unter den Kommissionsmitgliedern die Besteuerung von Rechtspersonen, die der juristischen Denkweise durchaus entspricht, nicht aus sich selbst heraus für unangemessen erklären und wählten daher in der Argumentation den Umweg über die Doppelbelastung.

Gegen die Beseitigung der Doppelbelastung wenden sich in einem Minderheitsvotum die Kommissionsmitglieder W. Köppen und H. Troeger. "Sie halten zumindest eine Doppelbelastung der Gewinne von Aktiengesellschaften grundsätzlich für gerechtfertigt. Die Gesellschaften mit beschränkter Haftung sollten als Hauptgruppe der personenbezogenen Kapitalgesellschaften aus dem KStG herausgenommen und wie Personengesellschaften behandelt werden. ... Für alle anderen Körperschaften, Personenvereinigungen usw. sollte es bei der gegenwärtigen Regelung des Körperschaftsteuergesetzes und bei dem gespaltenen Steuersatz verbleiben." [2]

Im Anschluß an ihre Ablehnung des geltenden Körperschaftsteuersystems prüft die Kommission die verschiedensten Reformvorschläge. [3]

---

1) Vgl. Bundesministerium für Wirtschaft und Finanzen (1971) S. 307.

2) Bundesministerium für Wirtschaft und Finanzen (1971) S. 314.

3) Vgl. Bundesministerium für Wirtschaft und Finanzen (1971) S. 316 ff.

Ernsthaft in Erwägung gezogen werden von der Kommission lediglich die Teilhabersteuer, das Abzugssystem und das Anrechnungssystem [1] Diese drei Verfahren werden denn auch gesondert im Hinblick auf ihre technische Durchführbarkeit, ihre Auswirkungen auf den Wirtschaftskreislauf und ihren Vereinfachungseffekt untersucht. Für die Gutachter "stellt die Teilhabersteuer die gedanklich konsequenteste Lösung dar" [2]; denn sie gehen davon aus, "daß die Besteuerung des gesamten Unternehmensgewinns, auch soweit er nicht ausgeschüttet wird, nach den persönlichen Verhältnissen der Anteilseigner folgerichtig wäre". [3] Die Schwierigkeiten, welche sich jedoch im Zusammenhang mit der Zurechnung der Einbehaltungen auf die Anteilseigner und speziell bei der Besteuerung ausländischer Anteilseigner ergeben, lassen den Vorschlag nach Ansicht der Kommission aufgrund seiner mangelnden technischen Durchführbarkeit scheitern. Auch das Abzugssystem biete keine ausreichende Lösung bei der Besteuerung ausländischer Anteilseigner.

Die Kommission entscheidet sich daher für das Anrechnungsverfahren, das sich nach ihrer Ansicht positiv von den Realisierungsschwächen der beiden anderen Systeme abhebt. Es beseitigt die Doppelbelastung, entbehrt der Zurechnungsschwierigkeiten der Teilhabersteuer und "ermöglicht ... eine systematisch befriedigende und zugleich praktikable Lösung des

---

1) Vgl. Bundesministerium für Wirtschaft und Finanzen (1971) S. 331.

2) Bundesministerium für Wirtschaft und Finanzen (1971) S. 331.

3) Bundesministerium für Wirtschaft und Finanzen (1971) S. 338.

Ausländerproblems". [1] Letzterer Punkt erscheint der Kommission als "ein entscheidender Vorzug dieses Systems". [2] Als weitere Vorzüge werden genannt:

- die einmalige, rechtsformunabhängige Belastung aller Unternehmensgewinne,
- die Beseitigung ertragsteuerlicher Einflüsse auf die Wahl der Unternehmensform,
- die Beseitigung der körperschaftsteuerbedingten Diskriminierung der Eigenfinanzierung,
- die Abschwächung des Interessengegensatzes zwischen einkommensstarken und einkommensschwachen Anteilseignern,
- die Entbehrlichkeit verschiedenster Sonderregelungen des alten Systems und
- die Entbehrlichkeit der Kapitalertragsteuer auf Beteiligungserträge. [3]

In der Kurzfassung ihres Gutachtens weist die Kommission zusätzlich auf verbesserte Möglichkeiten der Selbstfinanzierung für personenbezogene Unternehmen und auf die Begünstigung der Vermögensbildung in Anteilswerten hin. [4] Ernsthafte Schwierigkeiten bei der technischen und rechtlichen Umsetzung ihres Reformvorschlages sieht die Kommission dagegen nicht. Sie ist darüber hinaus der Meinung, "daß ihr Vorschlag ... auch als Richtpunkt für die weiteren Harmonisierungsüberlegungen im Bereich der EG

---

1) Bundesministerium für Wirtschaft und Finanzen (1971) S. 337.

2) Bundesministerium für Wirtschaft und Finanzen (1971) S. 337.

3) Vgl. Bundesministerium für Wirtschaft und Finanzen (1971) S. 337 f.

4) Vgl. Bundesministerium für Wirtschaft und Finanzen (1971) S. 903.

betrachtet werden kann". [1]

C. Grundzüge eines reformierten Körperschaftsteuergesetzes

Im folgenden seien die wesentlichsten Elemente des von der Eberhard-Kommission vorgeschlagenen Anrechnungssystems in Kurzform wiedergegeben:

1. Grundkonstruktion:
"Das steuerpflichtige Einkommen der Gesellschaft wird bei diesem System einer von der Höhe der Ausschüttung unabhängigen proportionalen Körperschaftsteuer unterworfen. Bei den Anteilseignern werden - wie im geltenden Recht - nur die ausgeschütteten Gewinne zur Einkommensteuer herangezogen. Die Anteilseigner erhalten eine Steuergutschrift über die Körperschaftsteuer, die auf den ausgeschütteten Gewinn entfällt. Die Steuergutschrift wird in die Bemessungsgrundlage für die Einkommensbesteuerung einbezogen und auf die Einkommensteuerschuld angerechnet. Übersteigt die anrechenbare Körperschaftsteuer die persönliche Einkommensteuer, bekommt der Anteilseigner den Überschuß erstattet." [2]

---

1) Bundesministerium für Wirtschaft und Finanzen (1971) S. 344. Die Kommission befindet sich damit im Gegensatz zu einer Untersuchung, welche die EG-Kommission in Auftrag gegeben hatte und die für den Unternehmenskreis der Publikumsgesellschaften das "klassische" System mit einem einheitlichen Körperschaftsteuersatz von ca. 40 % empfiehlt. Vgl. van den Tempel (1971).

2) Bundesministerium für Wirtschaft und Finanzen (1971) S. 320.

2. Persönlicher Anwendungsbereich:
   Nach Ansicht der Kommission "sollte der Kreis der Steuerpflichtigen im Anrechnungssystem im Grundsatz unverändert bleiben". [1]
3. Steuersatz:
   Die Kommission plädiert für einen allgemeinen Steuersatz von 55 %. Die Begünstigung personenbezogener Kapitalgesellschaften habe zu entfallen.
4. Kapitalertragsteuer:
   Die Kapitalertragsteuer entfällt.
5. Die steuerliche Behandlung ausländischer Anteilseigner:

   - Für qualifizierte Beteiligungen ausländischer juristischer Personen und für inländische Betriebsstätten ausländischer juristischer Personen soll die duetsche Körperschaftsteuer, die auf Gewinnausschüttungen entfällt, zur Definitivsteuer werden.
   - Bei Minderheitsbeteiligungen ausländischer Kapitalgesellschaften und bei Beteiligungen ausländischer natürlicher Personen soll auf die Ausschüttungen eine definitive Körperschaftsteuer von 24,6 % und eine anrechenbare Kapitalertragsteuer von 40 % erhoben werden.

Die Kommission ist hierbei von folgenden Grundsätzen ausgegangen:

- Der Ausländereffekt (Steuerbelastungsunterschiede zwischen inländischen und ausländischen Anteilseignern) sollte beseitigt werden.

---

1) Bundesministerium für Wirtschaft und Finanzen (1971) S. 344.

- Die Ausgestaltung des Körperschaftsteuerrechts sollte zu einer Eindämmung der Steuerflucht in "Oasenländer" beitragen.
- Eine Verringerung des Nettoertrages ausländischer Anteilseigner dürfte keinen "nachteiligen Druck auf den deutschen Kapitalmarkt" ausüben. [1]
- "Der Verwaltungsaufwand der betroffenen Gesellschaften, der ausländischen Anteilseigner, der Banken und der Finanzverwaltung (muß) in vertretbaren Grenzen bleiben." [2]
- Regelungen, die auf Revisionen von Doppelbesteuerungsabkommen hinauslaufen, sollten nach Möglichkeit vermieden werden.

6. Steuerbefreiungen und -ermäßigungen

a) Persönliche und sachliche Befreiungen

- § 4 Abs. 1 Ziff. 1 KStG 1968:	
Deutsche Bundespost	beibehalten
Deutsche Bundesbahn	beibehalten
Unternehmen "Reichsautobahn"	streichen
Monopolverwaltungen des Bundes	beibehalten
staatliche Lotterieunternehmen	beibehalten
- § 4 Abs. 1 Ziff. 2 KStG 1968:	
Reichsbank	streichen
Deutsche Bundesbank	beibehalten
Kreditanstalt für Wiederaufbau	beibehalten
Deutsche Rentenbank	streichen
Deutsche Rentenbank-Kreditanstalt	streichen
Lastenausgleichsbank	beibehalten
Dt. Siedlungs- und Landesrentenbank	beibehalten

---

1) Bundesministerium für Wirtschaft und Finanzen (1971) S. 350.

2) Bundesministerium für Wirtschaft und Finanzen (1971) S. 350.

Landwirtschaftliche Rentenbank	beibehalten
Dt. Genossenschaftskasse	streichen
- § 4 Abs. 1 Ziff. 3 KStG 1968: Staatsbanken, soweit sie Aufgaben staatswirtschaftlicher Art erfüllen	streichen (ausgenommen die Bayerische Landesanstalt für Aufbaufinanzierung)
- § 4 Abs. 1 Ziff. 6 KStG 1968: gemeinnützige Körperschaften	beibehalten
- § 8 KStDV 1968: gemeinnützige Wohnungs- und Siedlungsunternehmen	streichen (W. Köppen: beibehalten)
- § 4 Abs. 1 Ziff. 7 KStG 1968: rechtsfähige Pensions-, Witwen-, Waisen-, Sterbe-, Kranken- und Unterstützungskassen	beibehalten
- § 4 Abs. 1 Ziff. 8 KStG 1968: Berufsverbände ohne öffentlich-rechtlichen Charakter	beibehalten
- § 4 Abs. 1 Ziff. 9 KStG 1968: Körperschaften oder Personenvereinigungen, deren Hauptzweck die Vermögensverwaltung für einen nichtrechtsfähigen steuerbefreiten Berufsverband ist	beibehalten
- § 4 Abs. 1 Ziff. 10 KStG 1968: berufsständische Pflichtversicherungs- und Versorgungseinrichtungen	beibehalten
- § 23a Abs. 1 Ziff. 2b KStG 1968, § 12 KStDV 1968: kleine Versicherungsunternehmen	beibehalten
- § 23 Ziff. 1 KStG 1968, § 31 KStDV 1968: landwirtschaftliche Nutzungs- und Verwertungsgenossenschaften	streichen
- § 8 KStG 1968, § 20 KStDV 1968: Personenvereinigungen, politische Parteien und politische Vereine (sachliche Befreiung)	neu abgrenzen

- § 9 KStG 1968: Schachtelprivileg — streichen

b) Steuerermäßigungen

- § 19 Abs. 2 KStG 1968: Kreditinstitute des langfristigen Kredits — streichen
- § 19 Abs. 2a KStG 1968: öffentliche oder unter Staatsaufsicht stehende Sparkassen — streichen
- § 19 Abs. 2b und 2c KStG 1968: Kreditgenossenschaften und Zentralkassen — streichen

7. Zurechnung von Unternehmensgewinnen bei den Anteilseignern:
   Dem Anteilseigner werden nur die Beteiligungserträge steuerlich zugerechnet, "die ihm wirtschaftlich zugeflossen sind". [1] Das sind im Rahmen des Anrechnungssystems in der Regel die Bardividende und die hierauf entfallende Steuergutschrift.
8. Zurechnung von Unternehmensverlusten:
   Unternehmensverluste lassen sich den Anteilseignern im Anrechnungssystem nicht zurechnen. Die Möglichkeit des Verlustvortrages sollte den Unternehmen eingeräumt werden.
9. Organschaft:
   "Die Kommission empfiehlt, das Institut der Organschaft auch im Anrechnungssystem beizubehalten." [2]
10. Schachtelprivileg:
    Das Schachtelprivileg entfällt.
11. Verdeckte Gewinnausschüttungen:
    Auf die Besteuerung verdeckter Gewinnausschüttungen an inländische Anteilseigner kann auf der Ebene der Körperschaften verzichtet werden.

---

1) Bundesministerium für Wirtschaft und Finanzen (1971) S. 356.

2) Bundesministerium für Wirtschaft und Finanzen (1971) S. 357.

12. Abzugsfähigkeit der Kosten für die Ausgabe von Gesellschaftsanteilen:
Die Kommission plädiert für die volle Abzugsfähigkeit.

13. Abzug von Aufsichtsratsvergütungen:
Die Kommission plädiert für die Aufhebung des Abzugsverbotes.

14. Steuerfreie und steuerermäßigte Einkünfte von Kapitalgesellschaften:
Es soll von der Fiktion ausgegangen werden, daß "zunächst die voll steuerpflichtigen, dann die ermäßigt besteuerten und zuletzt die steuerfreien Einnahmen ausgeschüttet werden". [1] Bei Ausschüttung der steuerermäßigten bzw. steuerfreien Einkünfte soll die Steuerermäßigung bzw. -freiheit auf die Dividenden hieraus übertragen werden.

15. Behandlung von Ausschüttungen im Falle eines Verlustvortrages der Gesellschaft:
Übersteigen die Ausschüttungen das Einkommen der Körperschaft nach Abzug des Verlustvortrages, so ist der bei der Körperschaft aufgrund des Verlustvortrages steuerfrei gebliebene Teil der Dividenden auch bei den Gesellschaftern als steuerfreie Einnahme zu behandeln.

16. Behandlung einer Kapitalerhöhung aus Gesellschaftsmitteln (Gratisanteile):
Die Ausgabe von Gratisanteilen (Umwandlung von Rücklagen in Nennkapital) soll steuerlich wie eine Gewinnausschüttung behandelt werden. [2]

17. Liquidationsgewinne:
Liquidationsgewinne sind steuerlich wie ausgeschüttete Gewinne zu behandeln.

---

1) Bundesministerium für Wirtschaft und Finanzen (1971) S. 362.

2) Köppen und Troeger allerdings weisen in diesem Zusammenhang auf die "Gefahr nennenswerter Steuerausfälle" hin. Bundesministerium für Wirtschaft und Finanzen (1971) S. 314 f.

18. Anrechnung ausländischer Körperschaftsteuer:
    a) bei Auslandseinkünften (außer Dividenden) einer deutschen Körperschaft: Anrechnungs- bzw. Freistellungsmethode sind auch im Rahmen des Anrechnungssystems beizubehalten.
    b) bei Dividenden eines deutschen Anteilseigners aus der Beteiligung an einer ausländischen Körperschaft: Im Ausland entrichtete Körperschaftsteuer ist auf die Einkommensteuerschuld des deutschen Anteilseigners nicht anrechenbar.
19. Finanzausgleich zwischen den Bundesländern: Verschiebungen des Steueraufkommens zwischen den Ländern aufgrund der Einführung des Anrechnungssystems lassen sich im Rahmen des Finanzausgleichs korrigieren.
20. Erstattung von Körperschaftsteuer, die auf Beteiligungserträge persönlich befreiter Körperschaften entfällt:
    Die persönliche Befreiung sollte nicht auf Beteiligungserträge ausgedehnt werden, die der Körperschaftsteuer unterlegen haben. D.h., die auf Kapitalerträgen lastende Körperschaftsteuer ist den persönlich befreiten Körperschaften nicht zu erstatten. Von diesem Erstattungsverbot ausgenommen werden sollten "Körperschaften, Personenvereinigungen und Vermögensmassen ..., die nach ihrer Satzung und nach der tatsächlichen Geschäftsführung kirchlichen, gemeinnützigen oder mildtätigen Zwecken dienen". [1] Die kirchlichen Zwecken dienenden öffentlich-rechtlichen Körperschaften sollen nach Ansicht der Kommission nicht

---

1) Bundesministerium für Wirtschaft und Finanzen (1971) S. 410.

in den Kreis der erstattungsberechtigten Körperschaften einbezogen werden, da sie "die theoretische Möglichkeit (haben), ihre Beteiligungserträge auch zur Vermögensbildung zu verwenden" [1], in einem solchen Falle die Erstattung jedoch nicht mehr gerechtfertigt erscheint.

D. Fiskalische Auswirkungen

Die fiskalischen Auswirkungen ihres Reformvorschlages beziffert die Kommission wie folgt: [2]

1) Bundesministerium für Wirtschaft und Finanzen (1971) S. 410.

2) Vgl. Bundesministerium für Wirtschaft und Finanzen (1971) S. 870 und 873.

Änderungsvorschlag	Steuermehr- (+) oder Steuermindereinnahmen (-) in Mio. DM 1974 (Entstehungsjahr)
- Beseitigung der Doppelbelastung der Körperschaftsgewinne (Erhöhung der KSt auf 55 v.H. und Anrechnung der Steuer auf ausgeschüttete Gewinne)	+ 400
- Behandlung der Kapitalerhöhungen aus Gesellschaftsmitteln wie Ausschüttungen von in den Vorjahren gebildeten Rücklagen	- 400
- Erstattung von Körperschaftsteuer, die auf Beteiligungserträge befreiter Körperschaften entfällt	- 175
- Kosten für die Ausgabe von Gesellschaftsanteilen künftig als Betriebsausgaben abzugsfähig	- 185
- Aufsichtsratsvergütungen künftig als Betriebsausgaben abzugsfähig	- 110
- Aufhebung der Steuerbefreiungen für gemeinnützige Wohnungsunternehmen, Organe der staatlichen Wohnungspolitik, gemeinnützige Siedlungsunternehmen und zur Ausgabe von Heimstätten zugelassene Unternehmen	+ 45
- Fortfall der Steuerbefreiung für landwirtschaftliche Nutzungs- und Verwertungsgenossenschaften	+ 10
Körperschaftsteuer insgesamt	- 415

Die Steuermehreinnahmen aufgrund der Befreiungsstreichungen innerhalb des § 4 KStG 1968 konnten wegen Ermittlungsschwierigkeiten nicht berücksichtigt werden. [1)]

1) Vgl. Bundesministerium für Wirtschaft und Finanzen (1971) S. 381 und 383.

Diesen Berechnungen, die vom Bundesministerium der Finanzen durchgeführt wurden, lagen folgende Annahmen der Eberhard-Kommission zugrunde:

- unveränderte Gewinnsituation gegenüber dem Jahre 1965,
- unverändertes Ausschüttungsverhalten gegenüber dem geltenden Recht,
- unverändertes Volumen an Kapitalerhöhungen aus Gesellschaftsmitteln gegenüber dem geltenden Recht,
- durchschnittlicher marginaler Einkommensteuersatz der Anteilseigner von 36 %. [1)]

1) Vgl. Bundesministerium für Wirtschaft und Finanzen (1971) S. 339 ff.

6. Kapitel: DIE KONSENSBILDUNG ZWISCHEN DEN FRAKTIONEN DES BUNDESTAGES

A. Die Beratungen des Finanzausschusses: Die endgültige Entscheidung für die Neukodifizierung des Körperschaftsteuergesetzes

An den Finanzausschuß federführend überwiesen wurde der Regierungsentwurf des Körperschaftsteurgesetzes vom Plenum des Deutschen Bundestages im Januar des Jahres 1974, [1] dort jedoch zugunsten der dringlicheren Einkommensteuerreform und auch mit Rücksicht auf das zunächst vorgesehene Junktim mit der Vermögensbeteiligung zurückgestellt. Der Anstoß zur Aufnahme der Finanzausschußberatungen zur Körperschaftsteuerreform ist, soweit es sich aus den Ausschußprotokollen entnehmen läßt, auf eine Initiative der CDU/CSU-Fraktion zurückzuführen. Erstmalig im Februar des Jahres 1975 mahnt der Abgeordnete R. Kreile die noch ausstehende Beratung der Reform an. [2] Als daraufhin die Terminplanung nur schleppend in Gang kommt, ersucht der Abgeordnete H. Häfele in der sonst unüblichen Form eines offenen Briefes die Ausschußvorsitzende L. Funcke im Oktober des Jahres 1975, die Reform der Körperschaftsteuer vorrangig zu behandeln. Die Fraktionen begannen daraufhin ihre Beratungen im Dezember mit der öffentlichen Anhörung eines sehr weiten Kreises von Verbänden und traten im Januar des nächsten Jahres in die erste

1) Vgl. Deutscher Bundestag (25.1.1974) S. 4936.

2) Vgl. Deutscher Bundestag, 7. Ausschuß (19.2.1975) S. 5.

Lesung des Entwurfes ein. Seinen abschließenden Bericht übermittelte der Finanzausschuß dem Bundestag dann im Juni des Jahres 1976, und noch im gleichen Monat verabschiedete das Plenum das Körperschaftsteuergesetz 1977. [1)]

1. Die Anhörungen der Verbände

a) Die öffentliche Anhörung vom Dezember 1975: Alte Standpunkte vor einem neuen Forum

Am 3. Dezember 1975 fand die erste von insgesamt drei Anhörungen im Rahmen der Ausschußberatungen des Deutschen Bundestages zur Körperschaftsteuerreform statt. Es handelte sich um ein reines Verbandshearing, welches der Finanzausschuß gemeinsam mit dem Ausschuß für Wirtschaft einberufen hatte. 28 Verbänden [2)] wurde

---

1) Vgl. Deutscher Bundestag (10.6.1976) S. 17812.

2) Deutscher Industrie- und Handelstag, Bundesverband der Deutschen Industrie, Bundesverband des Deutschen Groß- und Außenhandels, Hauptgemeinschaft des Deutschen Einzelhandels, Zentralverband des Deutschen Handwerks, Deutscher Genossenschafts- und Raiffeisenverband e.V., Bund deutscher Konsumgenossenschaften e.V., Bundesrechtsanwaltskammer, Bundessteuerberaterkammer, Wirtschaftsprüferkammer, Präsidium des Bundes der Steuerzahler, Bundesverband öffentlicher Banken, Bundesverband deutscher Banken e.V., Deutscher Sparkassen- und Giroverband, Verband der Gemeinwirtschaftlichen Geschäftsbanken, Bundesverband der Deutschen Volksbanken und Raiffeisenbanken, Gesamtverband der Versicherungswirtschaft, Deutsche Angestelltengewerkschaft, Deutscher Gewerkschaftsbund, Bund Deutscher Steuerbeamten, Arbeitsgemeinschaft selbständiger Unternehmer e.V., Gesamtverband gemeinnütziger Wohnungsunternehmen, Bundesvereinigung der kommunalen Spitzenverbände, Arbeitsgemeinschaft Deutscher Stiftungen, Deutsche Gesellschaft für Betriebswirtschaft, Centrale für Gesellschaften mit beschränkter Haftung Dr. Otto Schmidt, Arbeitskreis zur Förderung der Aktie und Bundesverband Deutscher Investmentgesellschaften.
Vgl. Deutscher Bundestag, 7. Ausschuß (23.10.1975) S. 5, (26.11.1975) S. 4 und (28.11.1975) S. 5.

Gelegenheit zu aktiver Teilnahme an der Anhörung gegeben. Von diesen 28 Verbänden waren laut Teilnehmerliste [1] nicht anwesend:

- die Deutsche Gesellschaft für Betriebswirtschaft
- die Centrale für GmbH Dr. Otto Schmidt
- die Arbeitsgemeinschaft Deutscher Stiftungen

Die übrigen Verbände nahmen an der Anhörung im Schnitt mit zwei Vertretern teil. Neben den Verbandsvertretern und den Ausschußmitgliedern, unter denen sich ein gewisser Kreis von Abgeordneten befand, die seit Beginn der siebziger Jahre aktiv an den Diskussionen um die Steuerreform beteiligt gewesen waren, [2] hatten sich weiterhin zahlreiche Vertreter der Länder, der Bundesministerien, des Bundesamtes für Finanzen, der Bundesbank und des Bundeskanzleramtes eingefunden, die sich jedoch im Verlaufe des Hearings nicht zu Wort meldeten. [3] Zur Vorbereitung der Anhörung waren die Verbände um Stellungnahmen zum Regierungsentwurf gebeten worden; sechzehn solcher Stellungnahmen, zwei davon von mehreren Verbänden unterzeichnet, gingen ein. Keine Stellungnahmen hatten die Bundesrechtsanwaltskammer, die Wirtschaftsprüferkammer, das Präsidium des Bundes

---

1) Vgl. Deutscher Bundestag, 7. Ausschuß (3.12.1975) S. 4b ff.

2) G. Huonker (Mitglied der Eppler-Kommission), C. Becker, H.v. Bockelberg, R. Kreile (Mitglieder der Höcherl-Kommission), G. Zeitel (Mitglied der Eberhard-Kommission) und L. Funcke (Mitglied der Hansmeyer-Kommission).

3) Den Mitgliedern des Bundesrates, der Bundesregierung und ihren Beauftragten steht dieses Recht ausdrücklich zu (Art. 43 Abs. 2 GG). In früheren Anhörungen, z.B. zur Umsatzsteuerreform, ist dieses Recht zum Teil sehr extensiv und daher nicht ohne Kritik genutzt worden. Vgl. Appoldt (1971) S. 56.

der Steuerzahler und der Arbeitskreis zur Förderung der Aktie abgegeben.

Das Hearing selbst wurde in vier Problemkreise aufgegliedert, welche

- das Anrechnungsverfahren (42 Protokollseiten),
- Steuersätze und -befreiungen (27 Protokollseiten),
- außensteuerliche Aspekte (25 Protokollseiten) und
- technische Probleme (26 Protokollseiten)

umfassen sollten. Diese Trennung wurde jedoch nicht strikt durchgehalten. Während der Erörterung der drei letzteren Problemfelder kamen die Beteiligten häufig auf Diskussionspunkte zurück, die bereits im ersten Komplex angesprochen worden waren. Die grundsätzlichen Aspekte des Anrechnungsverfahrens und seine binnenwirtschaftlichen Vor- und Nachteile standen somit eindeutig im Mittelpunkt der Anhörung, was auch die Auswertung der von den Abgeordneten gestellten Fragen bestätigt.

Aktiv, d.h. mit mündlichen Beiträgen beteiligten sich von den 18 anwesenden SPD-Abgeordneten lediglich 5 Mitglieder des Finanzausschusses mit insgesamt 15 Wortmeldungen. [1] Die Interaktionsbeziehungen zwischen diesen fünf SPD-Abgeordneten und den eingeladenen Verbandsvertretern sollen im folgenden auf drei Fragen hin untersucht werden:

1. An welche Verbände richteten sich die Kommunikationsimpulse der Abgeordneten? Welche Verbände waren die Hauptansprechpartner?

---

1) Es waren dies die Abgeordneten R. Böhme (7 Beiträge), H. Rapp (4 Beiträge), G. Huonker (2 Beiträge), A. Huber (ein Beitrag) und H. Baack (ein Beitrag).

2. Waren die Interaktionsbeziehungen zu den Verbandsvertretern von eher zustimmend-wohlwollendem, ablehnend-kritischem oder informationssuchendem Charakter geprägt?
3. Welche inhaltlichen Probleme wurden angesprochen?

Analysiert man die Beiträge der SPD-Abgeordneten im Hinblick auf die erste Frage, so waren es vor allem die Vertreter von vier Verbänden, auf deren Stellungnahmen die Abgeordneten etwas ausführlicher Bezug nahmen. Es handelte sich dabei um den Deutschen Industrie- und Handelstag, den Bundesverband der Deutschen Industrie, den Deutschen Gewerkschaftsbund und die Bundesvereinigung der kommunalen Spitzenverbände. Den Ausführungen der den beiden ersteren Verbänden - dem DIHT und dem BDI - angehörenden Rednern standen die SPD-Abgeordneten eher skeptisch gegenüber; kritische Fragen und Zweifel an dem von diesen Verbandsvertretern Vorgetragenen überwogen. [1] Anders gestaltete sich die Kommunikationsbeziehung zum Deutschen Gewerkschaftsbund und zur Bundesvereinigung der kommunalen Spitzenverbände. Wenn den Vertretern dieser Verbände auch nicht direkt nach außen hin zugestimmt wurde, so gab man ihnen doch Argumente zur Untermauerung ihrer Positionen an die Hand und forderte sie geradezu dazu auf, ihre Ansichten zu vertreten. Kritisches fehlte vollkommen, man spielte diesen beiden Verbänden offensichtlich die Bälle zu. So wird der Vertreter der kommunalen Spitzenverbände, "der sich bisher noch nicht geäußert hat" von R. Böhme nach der Stellungnahme der Gemeinden gefragt, die durch die Körperschaftsteuerreform "am meisten verlieren werden", [2] oder der

1) Siehe z.B. Deutscher Bundestag, 7. Ausschuß (3.12.1975) S. 31 f., 68, 71, 89 f., 121.

2) Deutscher Bundestag, 7. Ausschuß (3.12.1975) S. 29.

Deutsche Gewerkschaftsbund wird um bereits angebotene, seine Ausführungen stützende statistische Daten gebeten.[1] Demgegenüber sind Fragen, die einem echten Informationsbedürfnis zu entspringen scheinen, kaum zu erkennen.

Inhaltlich bezogen sich die Beiträge der SPD-Abgeordneten im wesentlichen auf folgende Komplexe:

- Von R. Böhme wurden Angaben über die Verteilung des Aktienbesitzes in der Bundesrepublik Deutschland erbeten. Diese Daten sollten zur Beantwortung der Frage beitragen, inwieweit die Bezieher niedriger Einkommen von der Körperschaftsteuerreform profitieren und ob eine Verbesserung der Eigenkapitalfinanzierung durch die Heranführung neuer Sparerschichten an die Anlageform der Aktie im Rahmen der Körperschaftsteuerreform erreichbar ist.[2]
- Gefragt wurde ferner nach den fiskalischen Auswirkungen der Körperschaftsteuerreform auf die Gemeinden.[3]
- Angezweifelt wurde von den SPD-Abgeordneten die These, daß die infolge der Körperschaftsteuerreform zunehmenden Ausschüttungsbeträge in Form der Beteiligungsfinanzierung in die Unternehmen zurückfließen (Schütt-aus-hol-zurück-Verfahren). Es wurde im Gegenteil die Befürchtung geäußert, daß die durch die Körperschaftsteuerreform frei werdenden Mittel in attraktivere Anlageformen abfließen und deshalb von einer Verbesserung der

---

1) Deutscher Bundestag, 7. Ausschuß (3.12.1975) S. 29.

2) Vgl. Deutscher Bundestag, 7. Ausschuß (3.12.1975) S. 29.

3) Vgl. Deutscher Bundestag, 7. Ausschuß (3.12.1975) S. 29.

Eigenkapitalfinanzierung keine Rede sein könne. Dieser Gesichtspunkt wurde insbesondere von dem Abgeordneten H. Rapp wiederholt in seinen Fragestellungen angesprochen. [1] In diesen Zusammenhang fällt auch eine Frage der Abgeordneten A. Huber nach dem voraussichtlichen Ausschüttungsverhalten der Unternehmen im Anschluß an die Einführung des Anrechnungsverfahrens. [2]

- Die von der höheren Belastung ausländischer Anteilseigner möglicherweise ausgehenden negativen Wirkungen auf den deutschen Kapitalmarkt und die Investitionen ausländischer Gesellschaften in der Bundesrepublik Deutschland beurteilt R. Böhme als nicht so zwangsläufig wie die Vertreter der deutschen Industrie, die er im übrigen um Konkretisierung ihrer hierzu gemachten Kompensationsvorschläge bittet. [3] Um diesen Punkt nochmals eingehender erörtern zu können, schlägt R. Böhme ein gesondertes Hearing unter Beteiligung ausländischer Anteilseigner vor. [4]

Von den 20 anwesenden CDU/CSU-Abgeordneten beteiligten sich lediglich vier Abgeordnete aktiv an der Diskussion. [5] Für ihre sechs Beiträge lassen sich die oben gestellten Fragen wie folgt beantworten.

---

1) Vgl. Deutscher Bundestag, 7. Ausschuß (3.12.1975) S. 31 f., S. 66 und S. 71.

2) Vgl. Deutscher Bundestag, 7. Ausschuß (3.12.1975) S. 63 f.

3) Vgl. Deutscher Bundestag, 7. Ausschuß (3.12.1975) S. 89 ff.

4) Vgl. Deutscher Bundestag, 7. Ausschuß (3.12.1975) S. 94.

5) Es handelte sich um die Abgeordneten R. Kreile (2 Beiträge), G. Zeitel (2 Beiträge) und E. Pieroth (ein Beitrag), die dem Finanzausschuß angehörten, und um den Abgeordneten K.-H. Narjes (ein Beitrag), der dem Ausschuß für Wirtschaft angehörte.

Vier der sechs Wortmeldungen richten sich direkt an die Vertreter der Gewerkschaften. [1] Einwände und kritische Fragen zu den Argumenten dieser Verbände sind hierbei eindeutig dominierend; lediglich eine kurze Bemerkung des Abgeordneten K.-H. Narjes ist als informationssuchend einzustufen. Die beiden übrigen an den Bundesverband der Deutschen Industrie und an den Bundesverband deutscher Banken gerichteten Beiträge sind ihrem Tenor nach von zustimmendem bzw. bestärkendem Charakter. [2]

Inhaltlich wurden die folgenden Einzelfragen angesprochen, bei denen es sich überwiegend um sehr allgemeine Probleme des Anrechnungsverfahrens handelt:

- R. Kreile bezweifelt, daß die infolge der Körperschaftsteuerreform möglicherweise steigenden Aktienkurse sich in irgendeiner Weise negativ auf den Erwerb der Papiere durch Bezieher niedriger Einkommen auswirken werden. [3]
- Von E. Pieroth und G. Zeitel wird die Körperschaftsteuerreform als Voraussetzung zu einer breiteren Vermögensbildung angesehen. Beide Abgeordnete betonen in diesem Zusammenhang die Vorzüge der Beteiligungsfinanzierung gegenüber der Fremdfinanzierung. [4]

---

1) Vgl. Deutscher Bundestag, 7. Ausschuß (3.12.1975) S. 28 und S. 30 ff.

2) Vgl. Deutscher Bundestag, 7. Ausschuß (3.12.1975) S. 70 und S. 111.

3) Vgl. Deutscher Bundestag, 7. Ausschuß (3.12.1975) S. 28.

4) Vgl. Deutscher Bundestag, 7. Ausschuß (3.12.1975) S. 30 ff.

Von den drei anwesenden FDP-Ageordneten beteiligte sich das Mitglied des Wirtschaftsausschusses, O. Graf Lambsdorff, an den Erörterungen im Rahmen des Hearings. Die Abgeordnete L. Funcke übte den Vorsitz aus und trat in die inhaltliche Diskussion um die Körperschaftsteuerreform selbst nicht ein.

Die neun mündlichen Diskussionsbeiträge des Abgeordneten O. Graf Lambsdorff konzentrieren sich nicht ganz so stark auf nur wenige Verbandsvertreter, wie dies bei den Abgeordneten der beiden anderen Fraktionen zu beobachten ist. Auch die Kategorien Zustimmung, Ablehnung und Informationssuche sind, ohne daß sich ein bestimmter Schwerpunkt ausmachen ließe, vertreten. O. Graf Lambsdorff äußert sich in seinen Fragen zu vermögenspolitischen Aspekten, zur Selektionsfunktion des Kapitalmarktes im Anschluß an die Körperschaftsteuerreform, zur Notwendigkeit eines Umwandlungsteuergesetzes und zur Disagiobesteuerung; außerdem unterzieht er die Forderungen der Volks- und Raiffeisenbanken einer kritischen Betrachtung.

Über die bis hierher beantworteten Fragen hinaus ist festzuhalten, daß die Abgeordneten der CDU/CSU-Fraktion die Gelegenheit zur Kommunikation mit den Verbänden nur äußerst spärlich in Anspruch nahmen. Zahlreicher dagegen sind die Interaktionsversuche auf Seiten der SPD-Abgeordneten, während sich die Beiträge des Abgeordneten O. Graf Lambsdorff dazwischen bewegen.

Sehen wir von diesen Unterschieden einmal ab, so ist doch insgesamt ein relativ geringes Interesse der Ausschußmitglieder an der Informationsfunktion der Anhörung festzustellen. Von den 41 anwesenden Abgeordneten beteiligten sich lediglich zehn aktiv an der Anhörung. Das sind 17 % aller ordentlichen Mitglieder des Finanzausschusses und des Ausschusses für Wirtschaft. Bedenkt man, daß die Verabschiedung des Körperschaftsteuergesetzes in dieser Phase allein von der Konsensfindung im Finanzausschuß abhing, so ist die Beteiligung doch erstaunlich gering. Dies wäre allerdings zu relativieren, wenn die Fraktionen ihre Sprecher vorab intern bestimmen. Entscheidend ist jedoch folgendes: Die an die Verbände gerichteten Fragen der Abgeordneten sind überaus allgemein gehalten, und es scheint, daß die Abgeordneten sie meist für sich selbst schon beantwortet haben bzw. daß ihnen die Auffassung des angesprochenen Verbandes zu ihrer Frage bereits bekannt ist; der dann folgenden Antwort des Verbandsvertreters ist demnach wenig Funktion beizumessen. Detailprobleme werden kaum angesprochen; den Ausführungen der Abgeordneten mangelt es an Zielstrebigkeit und Genauigkeit, und es entsteht der Eindruck, daß bei den meisten Ausschußmitgliedern ein echtes Informationsbedürfnis nicht vorliegt. Ihre Beiträge beschränken sich hauptsächlich auf globale, programmatische Erörterungen zum Anrechnungsverfahren und zur steuerlichen Behandlung ausländischer Anteilseigner.

b) Exkurs: Die Bedeutung öffentlicher Anhörungen im Rahmen steuerreformpolitischer Willensbildungsprozesse

Wie die vorstehenden Befunde zeigen, wurde die öffentliche Anhörung vom 3.12.1975 von den Abgeordneten in nur geringem Maße zur Verbesserung des eigenen Informationsstandes genutzt. Dies könnte zu der Schlußfolgerung verleiten, die Anhörung sei ihrer Funktion nicht gerecht geworden und im Grunde nutzlos gewesen. Ein derartiges Urteil wäre jedoch voreilig und bedarf weiterer Analyse: Die geltende Auslegung des § 73 Abs. 2 der Geschäftsordnung des Bundestages, in dem die öffentlichen Anhörungen ihre Normierung erfahren haben, weist den Hearings nämlich eine zweifache Informationsfunktion zu. Adressaten von Informationen im Rahmen öffentlicher Anhörungen sind danach nicht ausschließlich die Ausschußmitglieder (respektive mittels des Ausschußberichtes das Plenum des Bundestages); in gleicher Weise haben die Hearings zur Unterrichtung der Öffentlichkeit beizutragen. [1] In der Praxis ist sogar eine zunehmende Bedeutung dieser Publizitätsfunktion zu beobachten; ob hierbei allerdings die Absicht, "der Öffentlichkeit einen wesentlichen Ausschnitt der Gesetzgebungsarbeit sichtbar zu machen und ihrer Kontrolle zugänglich zu machen" [2], im Vordergrund steht oder eher "die mit den Anhörungen verbundene Werbewirkung" [3] mit der Gefahr "ritualistischer Aufführungen" [4], ist umstritten. Eine Tendenz, die sachbezogene Diskussion dem parteipolitischen Prestige unterzuordnen und die hierdurch eingeschränkte Möglichkeit, vorgefaßte Positionen zu korrigieren, ist bei dem

1) Vgl. Appoldt (1971) S. 47 f., Hensel (1973) S. 127 f. und Schröder (1976) S. 107.

2) Schröder (1976) S. 107.

3) Arnim (1977) S. 144.

4) Beyme (1980) S. 245.

Hearing zur Körperschaftsteuerreform sicherlich zu beobachten. Inwieweit dies der für Ausschußsitzungen ungewohnten und daher als störend empfundenen Öffentlichkeit der Veranstaltung anzulasten ist [1] oder bewußt im propagandistischen Sinne bezweckt ist, läßt sich nicht zweifelsfrei bestimmen. [2]

Bedenken sind jedoch anzumelden, ob das Hearing tatsächlich in der Lage oder auch nur mit der Absicht verbunden war, die komplizierte Materie des Körperschaftsteuersystems und seiner Reform der Öffentlichkeit nahezubringen. Zwar soll nicht abgestritten werden, daß die groben Interessenzusammenhänge, die im übrigen seit Jahren bekannt waren,

---

1) H. Oberreuter ist der Ansicht, daß "effektvoll angekündigte, vereinzelte und ausnahmsweise öffentliche Ausschußsitzungen ... den einzelnen Abgeordneten nahezu zwangsläufig dazu (verleiten), sich seinerseits atypisch zu verhalten". Oberreuter (1975) S. 84.

2) Den hier vorgetragenen Gedanken entsprechen die Diskussionen im Finanzausschuß des Bundestages anläßlich des Umsatzsteuer-Hearings im Jahre 1966: "Einerseits versprachen sich die Befürworter einer nicht-öffentlichen Sitzung davon einen höheren Grad an Sachlichkeit, während man sich andererseits von einem öffentlichen Hearing eine ungleich stärkere Ausstrahlung der Veranstaltung auf die gesamte interessierte Öffentlichkeit erhoffte." Heilmann (1975) S. 241.

durch das Hearing deutlich geworden sind. Dennoch kann angesichts der Tatsache, daß sich im wesentlichen programmatische Erklärungen der beteiligten Politiker mit für den Laien kaum verständlichen Einzelfragen auf seiten der spezialisierten Verbandsvertreter abwechselten, eine gewisse Scheinpublizität nicht geleugnet werden.

Eine Überprüfung des Hearings zur Körperschaftsteuerreform im Hinblick auf die den öffentlichen Anhörungen - in Erweiterung der traditionellen Auslegung und unter Zugrundelegung der bisherigen praktischen (!) Erfahrungen - von F.W. Appoldt zugeschriebenen politischen Bedeutungsdimensionen: [1]

- Institutionalisierung der Verbandsmitwirkung an der Gesetzgebung,
- Institutionalisierung der Beteiligung von Forschung und Wissenschaft am politischen Willensbildungsprozeß,
- Erhöhung der Rationalität politischer Entscheidungen,
- Steigerung der Transparenz der legislativen Willensbildung und
- Möglichkeiten der Kontrolle gegenüber den Verbänden, der Exekutive und den Abgeordneten,

ergibt ein widersprüchliches Bild.

Zwar ist zuzustimmen, daß die öffentlichen Anhörungen eine Maßnahme zur Institutionalisierung der Verbandsbeteiligung an der Gesetzgebung darstellen -

---

1) Vgl. Appoldt (1971) S. 58 ff.

gegenüber dem Bundestag sogar die einzige. Betrachtet man diese Tatsache jedoch vor dem Hintergrund, daß die öffentlichen Anhörungen der Parlamentsausschüsse erst in der relativ späten formellen Entscheidungsphase des politischen Willensbildungsprozesses stattfinden, daß die Interessenverbände aber regelmäßig den Gesetzentwurf, soweit er von der Bundesregierung eingebracht wird, bereits im Referentenstadium mitgeprägt haben und daß ihnen darüber hinaus zahlreiche Möglichkeiten der nicht institutionalisierten informellen Einflußnahme selbst noch in der formellen Entscheidungsphase während der Ausschußberatungen offenstehen [1], dann muß der Weg der institutionalisierten Mitwirkung im Rahmen öffentlicher Anhörungen erheblich an Gewicht verlieren. [2] Das Urteil hat allerdings nur eingeschränkte Bedeutung bei solchen Verbänden, die in früheren Phasen des Willensbildungsprozesses auf dem Wege einer informellen Einflußnahme keine Berücksichtigung gefunden haben.

Die Institutionalisierung der Beteiligung von Forschung und Wissenschaft - um auf die Appoldtschen Dimensionen zurückzukommen - war mit dem Hearing zur Körperschaftsteuerreform in keiner Weise gegeben, da es sich um ein reines Verbandshearing handelte. Eine Beteiligung dieser Akteure hat bei der Körperschaftsteuerreform während der formellen Entscheidungsphase, soweit ersichtlich, nicht mehr stattgefunden.

---

1) Vgl. Schröder (1976) S. 112 ff. und Hensel (1973) S. 44 ff.

2) Dem entspricht auch die Einschätzung der öffentlichen Anhörungen durch die Verbände selbst. Siehe Beyme (1980) S. 245, der auf eine Befragung in den Vereinigten Staaten verweist.

Ob die Durchführung des Hearings zur Körperschaftsteuerreform zu rationaleren [1] politischen Entscheidungen beigetragen hat, muß angesichts der empirischen Auswertung des Protokolls bezweifelt werden, und ebenso erscheint es danach als eine allzu euphemistische Vorstellung, in den öffentlichen Anhörungen "gleichsam ein Fenster" zu sehen, "das den staatlichen Willensbildungsprozeß durchsichtiger macht". [2] Schwer fällt die Antwort auf die Frage, was denn an diesem Prozeß (!) transparenter geworden ist. Speziell steuerpolitische Gesetzesvorlagen umfassen eine unbegrenzte und für die breite Öffentlichkeit unüberschaubare Anzahl von Einzelentscheidungen, die weitgehend unter Ausschluß der Öffentlichkeit beraten und unter den verschiedensten Gesichtspunkten ausgehandelt werden, so daß von den öffentlichen Anhörungen eigentlich nur als von einer "quantité négligeable" gesprochen werden kann.

Schließlich ist auch die Kontrollfunktion, die neben F.W. Appoldt auch H.J. Schröder [3] den öffentlichen Anhörungen zuschreibt, mit größter Skepsis zu beurteilen. Daß durch das Hearing "der Einfluß der Verbände und anderer Elemente der äußeren Lobby auf die staatliche Willensbildung ... offengelegt werden (kann)" und "es ... sich enthüllen (läßt), von welchen Gedankengängen sich die verantwortlichen Fachreferenten zu ihren Entwürfen leiten ließen, gegebenenfalls welchen Einflüssen sie sich beugten" [4],

---

1) Im übrigen wäre zu fragen, was Appoldt hier im einzelnen unter Rationalität versteht.

2) Appoldt (1971) S. 69.

3) Vgl. Schröder (1976) S. 115.

4) Appoldt (1971) S. 70 f.

entspringt doch wohl mehr einem Wunschdenken als der Verfassungswirklichkeit.

Es bleibt alles in allem eine gewisse Skepsis über die tatsächliche politische Bedeutung der Anhörung vom 3. Dezember 1975. "Hängt ... die potentielle Bedeutung des Hearings für die Gesetzgebung davon ab, wie stark es auf seine partiellen politischen Zielprojektionen 'Sachinformation der Abgeordneten', 'Verbandsmitwirkung' und 'Beteiligung der Wissenschaft am politischen Willensbildungsprozeß' hin akzentuiert wird", [1] so war das Hearing zur Körperschaftsteuerreform in der Tat relativ unbedeutend. Eine erste Erklärungshypothese könnte lauten, daß hier die Institution der öffentlichen Anhörung und ihre zeitaufwendige Vor- und Nachbereitung von den Gegnern der Körperschaftsteuerreform als taktisches Mittel mißbraucht wurde, um, wenn sich die Reform schon nicht verhindern ließe, so doch ihre Verabschiedung bis in die nächste Legislaturperiode hinauszuschieben. Ebenso plausibel ist aber eine zweite Erklärungsmöglichkeit, nach der es ganz einfach die vermeintliche Pflicht war, bei größeren Gesetzesvorhaben ein Hearing durchführen zu müssen, die bei den Ausschußmitgliedern zu dieser Entscheidung geführt hat.

Die bis hierher gewonnenen Ergebnisse stehen allerdings in Widerspruch zu den recht positiven Erfahrungen, die im Jahre 1966 mit dem Hearing zur Umsatzsteuerreform gewonnen wurden. [2] Diese Widersprüche lassen sich möglicherweise damit erklären,

---

1) Appoldt (1971) S. 88.

2) Vgl. Schäfer (1975) S. 117 ff.

- daß die Abgeordneten aufgrund eines verbesserten Informationsflusses zwischen Exekutive und Parlament insbesondere im Hinblick auf die Entstehung der Referentenentwürfe weniger als damals auf die Institution des Hearings als Informationsmedium angewiesen waren; [1]
- daß der von der Umsatzsteuerreform unmittelbar betroffene Personenkreis wesentlich umfangreicher war, als dies bei der Körperschaftsteuerreform der Fall gewesen ist und daß sich daher eine breitere Öffentlichkeit für die Anhörung interessierte;
- daß Unterschiede in der Vorbereitung der Anhörungen und in der Verhandlungsführung des/der Vorsitzenden bestanden haben; [2]
- daß die vorab zur Körperschaftsteuerreform bezogenen Positionen der Abgeordneten relativ festgeschrieben waren, der Verteidigung dieser Positionen eine für das politische Prestige größere Bedeutung beigemessen wurde als im Falle der Umsatzsteuerreform und die Abgeordneten demzufolge mit unterschiedlichen Einstellungen und Erwartungen in die beiden Anhörungen hineingingen;
- daß das Hearing zur Umsatzsteuerreform stärker von der Form des "Kreuzverhörs" bestimmt war, die Anhörung zur Körperschaftsteuerreform hingegen eher zur "breiten Sachdarstellung in Vortrags-

---

1) Siehe hierzu Schröder (1976) S. 82.

2) So scheint die Abgeordnete L. Funcke während des Hearings zur Körperschaftsteuerreform eine wesentlich zurückhaltendere Rolle eingenommen zu haben als der Vorsitzende des Finanzausschusses O. Schmidt während des Hearings zur Umsatzsteuerreform. Siehe Schäfer (1975) S. 119. Zur Rolle des Ausschußvorsitzenden in Hearings siehe auch Appoldt (1971) S. 55.

form" tendierte; [1]

- daß zu dem Umsatzsteuer-Hearing neben den Verbänden zwei Sachverständige geladen waren, die erheblich zur Versachlichung der Veranstaltung beitrugen, [2] während das Körperschaftsteuer-Hearing als reines Verbandshearing konzipiert war.

Von grundsätzlicher Bedeutung ist der erste Punkt, beschreibt er doch eine mögliche strukturelle Schwäche der öffentlichen Anhörungen. Stellt sich nämlich zunehmend heraus, daß die Institution des Hearings für die Ausschußmitglieder an Funktion verliert, im Extremfall gar funktionslos wird, so ist auch sein Wert für die Öffentlichkeit in Frage gestellt. Als bloße "Politshow" ist es irreführend und in seiner personellen und zeitlichen Ressourcenbindung zu aufwendig.

c) Die nicht-öffentliche Anhörung vom März 1976: Die Einbeziehung unternehmerischer Interessen des Auslands

Die Möglichkeit eines gesonderten Hearings zur Ausländerbesteuerung wurde erstmals von dem Abgeordneten R. Böhme (SPD) auf der öffentlichen Anhörung im Dezember 1975 angesprochen. [3] Einen diesbezüglichen

---

1) Siehe zu diesen beiden Erscheinungsformen des äußeren Ablaufs von Hearings und zur positiven Einschätzung des Kreuzverhörs Appoldt (1971) S. 52 ff. und Schäfer (1975) S. 118.

2) Vgl. Heilmann (1975) S. 242, 253.

3) Vgl. Deutscher Bundestag, 7. Ausschuß (3.12.1975) S. 94.

Antrag stellte die SPD-Fraktion dann im Februar 1976. [1] Die Fraktionen kamen überein, daß die Anhörung nicht öffentlich durchgeführt werden sollte und daß den Verbänden zur Vorbereitung ein konkreter Fragenkatalog übersandt werden sollte. Uneinigkeit bestand allerdings über die genaue Formulierung der an die Verbände zu richtenden Fragen. So kritisierte insbesondere die CDU/CSU-Fraktion die von den SPD-Abgeordneten vorgeschlagenen Fragen nach Änderungswünschen der Verbände am Gesetzentwurf, da hierdurch nur "aussichtslose Hoffnungen" geweckt würden. [2] In der Diskussion entschied sich der Finanzausschuß für folgenden Fragenkatalog, der den Geladenen für Änderungswünsche formal gesehen keinen Raum beließ [3]:

I. 1. Welche Auswirkungen hat das geltende deutsche Körperschaftsteuerrecht unter Berücksichtigung der bestehenden zwischenstaatlichen Vereinbarungen

a) für die Wettbewerbsstellung ausländischer Konzerne, die durch Tochtergesellschaften oder Betriebsstätten in der Bundesrepublik Deutschland tätig sind?

b) für sonstige ausländische Anteilseigner?

2. Wie sind die Auswirkungen in den jeweiligen Doppelbesteuerungsabkommen korrigiert worden?

---

1) Vgl. Deutscher Bundestag, 7. Ausschuß (11.2.1976) S. 6.

2) Deutscher Bundestag, 7. Ausschuß (13.2.1976) S. 5.

3) Deutscher Bundestag, 7. Ausschuß (18.2.1976) S. 6.

II. Welche Auswirkungen ergeben sich nach der vorgesehenen Körperschaftsteuerreform im Zusammenhang mit den Doppelbesteuerungsabkommen für die ausländischen Anteilseigner?

Versandt wurden diese Fragen an die nationalen Spitzenorganisationen der Wirtschaft sowie an Wirtschaftsorganisationen solcher Länder, die zu den Hauptinvestoren in der Bundesrepublik Deutschland zählen. Im einzelnen sprach der Finanzausschuß die folgenden Verbände und Institutionen an:

- Bundesverband der Deutschen Industrie,
- Deutscher Industrie- und Handelstag,
- Steuer- und Finanzausschuß der Ständigen Konferenz der Industrie- und Handelskammern der EG,
- Union des industries de la Communauté européenne (Zusammenschluß der Industrieverbände der EG),
- American Chamber of Commerce in Germany,
- Vereinigung Schweizerischer Unternehmen in Deutschland,
- Deutsch-Niederländische Handelskammer,
- Offizielle Deutsch-Französische Industrie- und Handelskammer,
- Deutsch-Belgisch-Luxemburgische Handelskammer,
- Rat für Deutsch-Britischen Handel.

Ihre Stellungnahmen und Änderungswünsche sind im dritten Kapitel zusammenfassend wiedergegeben. Die Einschätzung des Regierungsentwurfes geht insbesondere aus der Beantwortung der Frage II hervor, bei der durchweg von einer Belastungserhöhung und Wettbewerbsverschlechterung gegenüber inländischen Anteilseignern ausgegangen wurde. Keine Stellungnahme wurde von der Deutsch-Belgisch-Luxemburgischen

Handelskammer abgegeben, deren Vertreter auch während des Hearings selbst keinen Wortbeitrag leistete.

Vergleicht man die Kommunikationsstruktur des Ausländerhearings mit derjenigen der öffentlichen Anhörung vom 3.12.1975, so lassen sich Unterschiede, aber auch Gemeinsamkeiten erkennen. Zunächst ist wiederum eine starke Konzentration bei der Beteiligung seitens der Ausschußmitglieder zu konstatieren. Aktiv, d.h. mit mündlichen Beiträgen nahmen lediglich sechs Abgeordnete teil: von der SPD-Fraktion die Abgeordneten R. Böhme (8 Beiträge), A. Huber (7 Beiträge) und H. Rapp (ein Beitrag), von der FDP-Fraktion die Vorsitzende L. Funcke mit drei Beiträgen und von der CDU/CSU-Fraktion der Abgeordnete R. Kreile mit zwei Äußerungen sowie der Abgeordnete G. Zeitel mit einem Beitrag. Die Häufigkeit der Wortmeldungen zeigt, daß die Anhörung zum überwiegenden Teil von SPD-Abgeordneten bestritten wurde, die beiden anderen Fraktionen dagegen offenbar kein allzu großes Interesse verspürten, in einen Dialog mit den Verbänden einzutreten. Eine sehr distanzierte Rolle nimmt die Vorsitzende des Finanzausschusses L. Funcke auch im Verlaufe dieses Hearings ein; ihre Beiträge beschränken sich auf eine einleitende Begrüßung, eine kurze Zwischenbemerkung während der eigentlichen Anhörung und eine abschließende Danksagung an die Beteiligten. [1] Unwesentlich für den Diskussionsverlauf sind auch die Beiträge der CDU/CSU-Abgeordneten R. Kreile und G. Zeitel. Es handelt sich bei

---

1) Vgl. Deutscher Bundestag, 7. Ausschuß (10.3.1976) S. 5, S. 16 und S. 49.

ihren Äußerungen um sporadische Informationsfragen, die ein engagiertes Hinterfragen nicht erkennen lassen. [1] Sowohl die FDP- als auch die CDU/CSU-Fraktion sind an dem Kommunikationsprozeß des Hearings im Grunde genommen nicht beteiligt.

Es läßt sich daher durchaus behaupten, daß die Anhörung zur Ausländerbesteuerung im wesentlichen allein von den SPD-Parlamentariern, insbesondere von dem Abgeordneten R. Böhme [2] durchgeführt wurde. Neben informatorischen Fragen über das Ausschüttungsverhalten ausländischer Muttergesellschaften und über die Höhe der ausländischen Beteiligungen in der Bundesrepublik Deutschland fordert er die Vertreter der ausländischen Unternehmen stets von neuem dazu auf, ihre Bedenken deutlich zu artikulieren und ihre Änderungswünsche en detail zu nennen; mehrfach weist er in diesem Zusammenhang darauf hin, daß eine Öffnung des Anrechnungsverfahrens über die Grenze hinweg nicht in Betracht zu ziehen sei. Auch der Parlamentarische Staatssekretär R. Offergeld (SPD) bittet die Vertreter der Spitzenverbände "ihre vornehme Zurückhaltung aufzugeben" und ihre Vorstellungen zu konkretisieren. [3] Ob dies den letzten Versuch der Sozialdemokraten darstellt, die Körperschaftsteuerreform über die außensteuerlichen Probleme scheitern zu lassen oder doch zumindest in die nächste Legislaturperiode zu verschieben, kann hier

1) Vgl. Deutscher Bundestag, 7. Ausschuß (10.3.1976) S. 28 f. und S. 36.

2) Vgl. Deutscher Bundestag, 7. Ausschuß (10.3.1976) S. 13, S. 16 f., S. 18 f., S. 25, S. 33, S. 36, S. 38 und S. 45.

3) Deutscher Bundestag, 7. Ausschuß (10.3.1976) S. 30.

nur als Gedanke eingebracht werden. [1)]

Insgesamt hat das nicht-öffentliche Hearing zur Ausländerbesteuerung eine gewisse Informations- und auch Koordinationsfunktion durchaus besessen. Die Vorstellungen der beteiligten Institutionen und Verbände, die im wesentlichen auf eine Revision der bestehenden Doppelbesteuerungsabkommen mit dem Ziel einer Herabsetzung des Kapitalertragsteuersatzes hinausliefen, sind im Verlaufe des Hearings recht deutlich geworden. Hierzu haben die Befragungen und Diskussionsbeiträge der Abgeordneten Wesentliches beigetragen; durch sie hat sich letztlich aus den nicht immer identischen Stellungnahmen der Verbände ein Weg für eine gemeinsame Lösung herausgebildet, die dann auch - allerdings in abgeschwächter Form - in einen Entschließungsantrag übernommen wurde. Daß die beteiligten Auslandsverbände von Anfang an auf eine im Körperschaftsteuerreformgesetz zu kodifizierende generelle Öffnung des Anrechnungsverfahrens über die Grenze hinweg verzichtet haben, geht möglicherweise auf Initiative des Bundesverbandes der Deutschen Industrie als Mitglied der UNICE und des Deutschen Industrie- und Handelstages als Mitglied der Ständigen Konferenz der Industrie- und Handelskammern der EG zurück; beide Verbände mußten durch die Erhebung einer so weitgehenden Forderung die Verabschiedung der Gesamtreform in der laufenden Legislaturperiode zumindest als gefährdet betrachten.

---

1) Diese Ansicht vertrat der Abgeordnete Kreile in einem Gespräch mit dem Handelsblatt (16.2.1976).

d) Die nicht-öffentliche Anhörung vom April 1976: Die gesonderte Einbeziehung kommunaler Interessen

Auch die Anhörung der kommunalen Spitzenverbände (Deutscher Städtetag, Deutscher Städte- und Gemeindebund, Deutscher Landkreistag) zu den Auswirkungen der Reform auf die Besteuerung der kommunalen Eigenbetriebe geht auf eine Anregung des Abgeordneten R. Böhme zurück. [1]

Wiederum läßt die Auswertung des Hearings eine zweistufige Konzentration analog der Kommunikationsstruktur des Ausländerhearings erkennen. Von den 33 ordentlichen Mitgliedern des Finanzausschusses beteiligen sich sieben Abgeordnete aktiv an der Anhörung, vier davon mit mehr als einem Beitrag. Zwischen den Fraktionen ergibt sich sodann die zweite Konzentrationstendenz: Während die SPD-Abgeordneten R. Böhme, A. Huber und H. Rapp mit 13 Wortmeldungen und die Abgeordnete L. Funcke (FDP) mit sechs Beiträgen vertreten sind, entfallen auf die Ausschußmitglieder der CDU/CSU R. Kreile, H. Häfele und O. v. Alten-Nordheim lediglich drei Wortmeldungen. Auf der Verbandsseite überwiegen eindeutig die Ausführungen der beiden Vertreter des Deutschen Städtetages.

Im Vordergrund der Anhörung stand die sich aus dem Regierungsentwurf ergebende Ausdehnung des Belastungsgefälles zwischen kommunalen Eigenbetrieben

---

1) Vgl. Deutscher Bundestag, 7. Ausschuß (2.4.1976) S. 5.

und Kapitalgesellschaften (Eigengesellschaften) der Gemeinden. [1] Die Kommunen befürchteten hierdurch einen ökonomischen Zwang zur Umgründung ihrer bisherigen Eigenbetriebe in die Rechtsform der Kapitalgesellschaft und einen damit einhergehenden Verlust an kommunalpolitischer Einflußnahme auf die Leitung ihrer Versorgungsunternehmen. Wiederum sind es die sozialdemokratischen Bundestagsabgeordneten, die die Verbände dazu auffordern, ihre Argumente in die Diskussion einzubringen. So erklärt die Abgeordnete A. Huber: "Ich möchte aber gern politische Argumente an die Hand haben, warum die Bewältigung bestimmter Aufgaben besser in der Form eines Regiebetriebes erfolgt und nicht in der Form einer Eigengesellschaft. Da gibt es sicher gute Argumente. Die müßten einmal vorgetragen werden."[2] Allerdings gibt der Abgeordnete R. Böhme zu verstehen, daß mit einer Einbeziehung der kommunalen Eigenbetriebe in das Anrechnungsverfahren nicht zu rechnen sei - dies war die Maximalforderung der Kommunalverbände gewesen - und daher allenfalls die Lösung über einen ermäßigten Steuersatz in Betracht käme. [3]

---

1) Steuerbelastung nach altem Recht:
- Eigenbetriebe: 50,5 % (inkl. Ergänzungsabgabe)
- Eigengesellschaften: 44 % (inkl. Kapitalertragsteuer und Ergänzungsabgabe)

Steuerbelastung nach dem Regierungsentwurf:
- Eigenbetriebe: 56 %
- Eigengesellschaften: 44 % (inkl. hälftige Kapitalertragsteuer)

2) Deutscher Bundestag, 7. Ausschuß (9.4.1976) S. 20.

3) Vgl. Deutscher Bundestag, 7. Ausschuß (9.4.1976) S. 13.

Über den tatsächlichen Stellenwert des Hearings zur Besteuerung der kommunalen Eigenbetriebe läßt sich kaum eine Aussage machen, da enge parteipolitische Verflechtungen zwischen Bundes- und Gemeindeebene die Informationsfunktion dieser Anhörung erheblich in Frage stellen könnten. Vielleicht erklärt dies auch das mangelnde Interesse der Mehrheit der Ausschußmitglieder und den relativ konfliktfreien Verlauf der Anhörung.

2. Der Einfluß der Fraktionen auf die Ausgestaltung des Reformgesetzes: Die präjudizierende Bedeutung des Regierungsentwurfes

Im Anschluß an die öffentliche Anhörung vom Dezember 1975 begann der Finanzausschuß zu Beginn des folgenden Jahres die Einzelberatung der Paragraphen in erster Lesung. Diese bestand zum einen in der Erläuterung des Regierungsentwurfes und der zwischenzeitlich vom Bundesministerium der Finanzen angeregten Änderungsvorschläge durch die zuständigen Ministerialbeamten, zum anderen in Diskussionen der Ausschußmitglieder zu Einzelpunkten der Reform. Begleitet wurde die erste Lesung durch zwei weitere, allerdings nicht öffentliche Anhörungen zur Besteuerung ausländischer Anteilseigner am 10. März 1976 und zur Belastung der Betriebe des kommunalen Bereichs am 9. April 1976. Die zweite Ausschußlesung des Gesetzes fiel auf den 19. Mai 1976; in ihr wurde sukzessive über die einzelnen Paragraphen und die hierzu vorliegenden Änderungsanträge der Fraktionen abgestimmt.

Seinen abschließenden Bericht legte der Finanzausschuß dem Deutschen Bundestag am 4. Juni 1976 vor. Die Auswertung der Ausschußprotokolle führt allerdings zu dem Ergebnis, daß der Bericht den Verlauf der Betratungen nicht immer zutreffend widerspiegelt. So wird dort behauptet, der Ausschuß habe "insbesondere die Betriebsteuer, die Teilhabersteuer, den gespaltenen Steuersatz mit dem Ausschüttungssatz 0 v.H., das Dividendenabzugsverfahren und die Freistellung der Dividenden diskutiert". [1] Dem ist nicht so gewesen; eine Aussprache über diese Alternativen der Körperschaftsbesteuerung hat überhaupt nicht mehr stattgefunden. Faktisch bestand für die parlamentarischen Gremien auch nur die Möglichkeit, die Körperschaftsteuerreform in Gänze scheitern zu lassen oder das von der Ministerialverwaltung ausgearbeitete und in Gesetzesform gefaßte Anrechnungsverfahren passieren zu lassen. Eine neue Grundsatzentscheidung für ein anderes Besteuerungssystem hätte die Reform mit Sicherheit über Jahre hinweg, wenn nicht gar überhaupt zum Stillstand gebracht. Der von der Bundesregierung verabschiedete und vom Bundesministerium der Finanzen erarbeitete Gesetzentwurf hatte somit eine entscheidende präjudizierende Bedeutung, auch wenn der Ausschußbericht eine weiter gespannte Entscheidungsfreiheit zu suggerieren versucht. Auch daß der Finanzausschuß "im Hinblick auf die europäischen Harmonisierungsbestrebungen ... besonders eingehend das Teilanrechnungsverfahren erörtert (habe), das die Kommission der Europäischen Gemeinschaften vorgeschlagen hat" [2], trifft nicht zu;

---

1) Finanzausschuß des Deutschen Bundestages (1976b) S. 6.

2) Finanzausschuß des Deutschen Bundestages (1976b) S. 7.

ernsthafte Bemühungen, mögliche Entwicklungen des europäischen Steuerrechts in die Beratungen miteinzubeziehen, sind nicht erkennbar.

Der Bericht, insbesondere die Einzelbegründungen der Paragraphen, erweckt ferner den Eindruck, vom Ausschuß selbst sei die Initiative zu einer Fülle von Einzeländerungen am Regierungsentwurf vom Oktober des Jahres 1973 ausgegangen. Bei diesen Änderungen handelt es sich jedoch zum größten Teil um Anpassungen und Verbesserungsvorschläge des Bundesministeriums der Finanzen, die von den zuständigen Referaten vor Beginn bzw. während der Ausschußberatungen ausgearbeitet wurden und denen der Ausschuß in der Abstimmung der zweiten Lesung lediglich sein Plazet erteilt hatte.

Vom Finanzausschuß selbst angeregte materielle Änderungen am Gesetzentwurf reduzieren sich bei dieser Betrachtung auf die folgenden Punkte:

- Ein Änderungsantrag der SPD/FDP-Fraktionen vom 17.5.1976 sieht einen ermäßigten Körperschaftsteuersatz von 50 % für solche Körperschaften, Personenvereinigungen und Vermögensmassen vor, die keine Gewinnausschüttungen vornehmen können bzw. bei denen Gewinnabführungen zu keiner Körperschaftsteuerminderung im Rahmen des Anrechnungsverfahrens führen. Es handelt sich hierbei im wesentlichen um Versicherungsvereine auf Gegenseitigkeit, nichtrechtsfähige Vereine, Anstalten und Stiftungen sowie gewerbliche Betriebe von juristischen Personen des öffentlichen Rechts.
  Zu diesem Änderungsantrag lag dem Finanzausschuß eine Formulierungshilfe des Bundesministeriums

der Finanzen vor, die allerdings zwei materielle Abweichungen umfaßte. Nach ihr soll die Ermäßigung zum einen für private Stiftungen ausgeschlossen sein, zum anderen sollen inländische Betriebsstätten beschränkt Steuerpflichtiger miteinbezogen werden. Von Mitgliedern der CDU/CSU-Fraktion werden in der Diskussion Bedenken gegen die Herausnahme der privaten Stiftungen erhoben, da sie sonst die einzigen der nicht in das Anrechnungsverfahren Einbezogenen seien, deren Gewinne mit 56 % besteuert würden und zudem bei ihren Destinatären eine Doppelbelastung mit Einkommen- und Körperschaftsteuer fortbestände. Die SPD/FDP-Fraktionen schließen sich demgegenüber der Argumentation der Ministerialverwaltung an, die im Falle eines ermäßigten Steuersatzes die Gefahr des Mißbrauchs von Stiftungen als Holdinggesellschaften mit negativen Auswirkungen auf den Wettbewerb erwähnt. Die zusätzliche Aufnahme der inländischen Betriebsstätten beschränkt Steuerpflichtiger in die Ermäßigung wird dagegen von allen Fraktionen akzeptiert. In der Abstimmung wird die Formulierungshilfe des Bundesministeriums der Finanzen gegen die Stimmen der CDU/CSU-Fraktion übernommen. Allerdings verabschiedet der Ausschuß zusätzlich einen Entschließungsantrag, in dem die Bundesregierung ersucht wird, "die Besteuerung von Stiftungen im Verhältnis zu ihren Destinatären im Hinblick auf das Wirksamwerden der Körperschaftsteuerreform mit dem Ziel der Vermeidung einer ungerechtfertigten Doppelbelastung zu überprüfen" und hierzu einen Bericht und eventuell gesetzgeberische Vorschläge zu unterbreiten. [1)]

---

1) Finanzausschuß des Deutschen Bundestages (1976a) S. 4.

- Auf Initiative der SPD/FDP-Fraktionen wird der im Regierungsentwurf vorgesehene ermäßigte Steuersatz von 46 % für die öffentlichen oder unter Staatsaufsicht stehenden Sparkassen nochmals auf 44 % reduziert. Hiermit sollen, so der Ausschußbericht, einerseits die noch bestehenden Geschäftsbeschränkungen der Sparkassen berücksichtigt werden; andererseits sei damit insbesondere auch die Absicht verbunden, die ohnehin von der Reform fiskalisch stark betroffene Gemeindeebene zu entlasten. [1] Schon in der ersten Ausschußlesung hatte sich vor allem die SPD-Fraktion für eine Sonderstellung des Sparkassensektors ausgesprochen, während die Vertreter der Bundesregierung einer Differenzierung der Steuersätze innerhalb der begünstigten Kreditinstitute ablehnend gegenüberstanden. Im Verlaufe der zweiten Lesung wurde ein entsprechender Änderungsantrag der SPD/FDP-Fraktionen auch mit den Stimmen der CDU/CSU-Fraktion vom Ausschuß angenommen. Bei dieser Entscheidung scheint es sich um ein Zugeständnis der Abgeordneten an ihre im Kommunalbereich regierenden Parteibasen zu handeln, die auf eine derartige Umgestaltung des Regierungsentwurfes gedrängt hatten.
- Gegen die Stimmen der CDU/CSU-Fraktion wird im Finanzausschuß ein Änderungsantrag der SPD/FDP-Fraktionen zum Regierungsentwurf verabschiedet, nach dem der Abzug von Aufsichtsratsvergütungen nicht in voller Höhe, sondern nur zur Hälfte zugelassen wird. Der Ausschußbericht führt hierzu folgendes aus: "Nach Auffassung der Ausschußmehrheit ist es ... auch unter dem neuen System wünschenswert, die Höhe der steuerlichen Abzugsfähigkeit

---

1) Vgl. Finanzausschuß des Deutschen Bundestages (1976b) S. 8.

der Aufsichtsratsvergütungen einzugrenzen; dieser Vorschlag ist geeignet, das Interesse an überhöhten Aufsichtsratsvergütungen zu mindern und trägt mit der Kürzung zum Ausgleich der an anderer Stelle aufkommensmindernden Änderungsvorschläge bei." [1] Schon in der ersten Lesung des Ausschusses wurde deutlich, daß die sozialdemokratischen Abgeordneten eine Begrenzung des Abzugs anstrebten. Gegensätzlicher Meinung waren die CDU/CSU-Fraktion, die Ausschußvorsitzende L. Funcke (FDP), obwohl der entsprechende Änderungsantrag in der zweiten Lesung von der FDP-Fraktion mitgetragen wurde, sowie die Ministerialbeamten der Referatsebene. Dagegen erklärte der Parlamentarische Staatssekretär R. Offergeld (SPD), daß "die Frage der Abzugsfähigkeit der Aufsichtsratsvergütungen ... für die Bundesregierung im Rahmen der Körperschaftsteuerreform keine entscheidende Rolle (spiele)", [2] womit er ihre Bereitschaft zur Abänderung des Entwurfes signalisierte.

- Auf einen gemeinsamen Antrag aller Fraktionen hin und in Übereinstimmung mit dem Bundesministerium der Finanzen sowie dem Bundesaufsichtsamt für das Kreditwesen, das vom Ausschuß um eine Stellungnahme gebeten worden war, werden die im Regierungsentwurf enthaltenen Sondervorschriften über versicherungstechnische Rückstellungen bis auf eine Grundsatzvorschrift aus dem Gesetz herausgenommen. Die Materie soll wie bisher aus Gründen der Flexibilität auf dem Verwaltungswege geregelt werden.

---

1) Finanzausschuß des Deutschen Bundestages (1976b) S. 8.

2) Deutscher Bundestag, 7. Ausschuß (11.2.1976) S. 23.

- Der Ausschuß beschließt ferner einstimmig, die Anwendung des ermäßigten Steuersatzes von 28 % für Einkünfte aus dem Betrieb von Handelsschiffen im internationalen Verkehr auch auf solche Schiffe auszudehnen, die der Aufsuchung von Bodenschätzen oder der Vermessung von Energielagerstätten unter dem Meeresboden dienen.
- Die im einkommensteuerrechtlichen Teil des Regierungsentwurfes enthaltene Regelung über die Disagiobesteuerung, die zunächst mit in die Beratungen über die Körperschaftsteuerreform aufgenommen worden war, übernimmt der Ausschuß nicht. "Da die Vorschrift ... nicht in unmittelbarem Zusammenhang mit der Körperschaftsteuerreform steht, hat der Ausschuß die Beratungen über diese Vorschrift im Interesse einer baldigen Verabschiedung der Körperschaftsteuerreform zurückgestellt und dem noch offenen Teil der Einkommensteuerreform vorbehalten." [1)]
- Zur Ausländerbesteuerung lagen dem Ausschuß zwei an die Bundesregierung zu richtende Entschließungsentwürfe vor. Während der Vorschlag der CDU/CSU-Fraktion darauf abstellte, die für ausländische Anteilseigner "auftretenden Probleme im Geiste freundschaftlicher internationaler Verhandlungen über die Neugestaltung der Doppelbesteuerungsabkommen" zu regeln [2)], waren die SPD-FDP-Fraktionen in dem von ihnen präsentierten Entschließungsantrag bestrebt, darauf hinzuweisen, daß den Bedürfnissen der ausländischen Anteilseigner grundsätzlich "in befriedigender Weise Rechnung

---

1) Finanzausschuß des Deutschen Bundestages (1976b) S. 8.

2) Fraktion der CDU/CSU (1976).

getragen wird"; allerdings solle "die Kapitalertragsteuerbelastung aus Wettbewerbsgründen innerhalb des gegenwärtigen Rahmens mit dem Ziel der Vereinheitlichung überprüft werden". [1] Die Koalitionsfraktionen beabsichtigten offenbar, die Position der Bundesregierung in künftigen bilateralen Verhandlungen zu stärken; der Vorschlag der CDU/CSU-Fraktion dagegen zielte darauf ab, der Exekutive einen möglichst großen Verhandlungsspielraum zu belassen. [2] Übernommen wurde der Entwurf der SPD-FDP-Fraktionen mit der Modifikation, daß der in ihm enthaltene Wunsch nach einer Vereinheitlichung des Kapitalertragsteuersatzes aus der Entschließung herausgenommen wird. [3]

Über diese Punkte hinaus diskutierte der Ausschuß eine Reihe weiterer Fragen des Entwurfes, ohne daß hierzu jedoch in der Einzelabstimmung der zweiten Lesung konkrete Änderungsanträge vorgelegt wurden. So warf der Abgeordnete R. Böhme die Frage auf, ob die Institution der Organschaft nach der Einführung des Anrechnungssystems noch erforderlich sei. Er verwies hierzu auf den Wissenschaftlichen Beirat beim Bundesministerium der Finanzen, der sich in seinem Gutachten zur Reform der direkten Steuern für eine Beseitigung der körperschaftsteuerlichen Organschaft ausgesprochen hatte. [4] Demgegenüber

---

1) Fraktion der SPD/Fraktion der FDP (1976).

2) Vgl. Deutscher Bundestag, 7. Ausschuß (19.5.1976) S. 28.

3) Vgl. Deutscher Bundestag, 7. Ausschuß (19.5.1976) S. 28.

4) Vgl. Bundesministerium der Finanzen (1967) S. 53 f.

betonte der Abgeordnete R. Kreile (CDU/CSU) gemeinsam mit den Ministerialbeamten der Referatsebene, daß die Organschaft eine wichtige Funktion im Rahmen des Verlustausgleiches behalte, auch wenn die Doppelbelastung mit der Reform beseitigt werde. [1]

Von den Abgeordneten R. Böhme (SPD), G. Huonker (SPD), H. Rapp (SPD) und C. Becker (CDU/CSU) wurden Bedenken gegen die Anwendung des Einheitssatzes von 56 % auf personenbezogene Kapitalgesellschaften geäußert. In diesem Zusammenhang wird das Bundesministerium der Finanzen darum gebeten, eine vergleichende Gegenüberstellung der Steuerbelastung nach altem und neuem Recht für Kapitalgesellschaften mehrerer Größenordnungen zu erstellen. [2] Diese Diskussion wird jedoch später nicht wieder aufgegriffen.

Grundsätzlich in Frage gestellt wurde das Anrechnungsverfahren während der ersten Lesung von einer Reihe sozialdemokratischer Ausschußmitglieder, wobei der Abgeordnete R. Böhme - dies gilt im übrigen auch für die gesamte Beratungsdauer - in der Diskussion die dominierende Rolle spielte. Als Kritik wird vorgebracht, der Interessengegensatz zwischen Groß- und Kleinaktionären, der durch die Reform gemildert werden soll, sei wesentlich von außensteuerlichen Faktoren bestimmt und werde daher von der Reform kaum tangiert. Des weiteren wird die These der Gewerkschaften aufgegriffen, die auf das Anrechnungsverfahren zurückgehenden verbesserten

---

1) Vgl. Deutscher Bundestag, 7. Ausschuß (11.2.1976) S. 25 f.

2) Vgl. Deutscher Bundestag, 7. Ausschuß (18.2.1976) S. 8 f.

Renditeerwartungen hätten ein Ansteigen der Aktienkurse zur Folge; begünstigt werde daher vor allem der Altbesitz an Aktien, der Neuerwerb hingegen, auf dem die vielbeschworene vermögenspolitische Intention der Reform gegründet sei, erschwert. Im übrigen sei der Anstieg der Nettodividende aus Aktienbesitz bei Anteilseignern aller Einkommensschichten prozentual betrachtet gleich hoch; von einer größeren Verteilungsgerechtigkeit könne daher nicht gesprochen werden.

Die grundsätzlichen Befürworter der Reform: die FDP-Fraktion, die CDU/CSU-Fraktion und die anwesenden Ministerialbeamten der Referatsebene bezweifeln demgegenüber ein Ansteigen der Aktienkurse und heben hervor, daß die Reform absolut betrachtet für Anteilseigner mit geringerem Einkommen eine stärkere Entlastung als für Höherverdienende mit sich brächte. Auch die Mehrbelastung der Verwaltung bewege sich, wie das Planspiel ergeben habe, in durchaus vertretbaren Grenzen.

Im Anschluß an diese Grundsatzaussprache erklärt der sozialdemokratische Abgeordnete R. Böhme, "die vorgetragenen Argumente hätten seine Zweifel nicht beseitigt". [1] Trotz dieser recht deutlichen Skepsis gegenüber dem Anrechnungsverfahren entscheiden sich sämtliche Ausschußmitglieder der SPD-Fraktion - bis auf den Abgeordneten E. Meinike, der weiterhin "erklärt, er könne aus grundsätzlichen Erwägungen dem Anrechnungsverfahren nicht zustimmen" [2] -

---

1) Deutscher Bundestag, 7. Ausschuß (20.2.1976) S. 7.

2) Deutscher Bundestag, 7. Ausschuß (19.5.1976) S. 19.

für ein zustimmendes Votum zu den entsprechenden Paragraphen des Entwurfes.

Allein steht der sozialdemokratische Abgeordnete E. Meinike auch mit seinem Antrag, die Abziehbarkeit von Spenden an politische Parteien bis zur Höhe von 600 DM aus dem Gesetzentwurf zu streichen. Diese Regelung bedeute nach seiner Ansicht eine nicht zu rechtfertigende Steuerentlastung für Körperschaften, da bei ihnen eine individuell-persönliche Parteinahme nicht vorliegen könne. Ihm wird entgegnet, eine solche sei auch nicht notwendig; entscheidend sei die Förderungswürdigkeit der mit den Spenden verbundenen Zwecke, in diesem Falle insbesondere die staatspolitische Bildungsarbeit der Parteigliederungen.

Auch in der Schlußabstimmung des Finanzausschusses, in der über den Gesetzentwurf als Ganzes nochmals abgestimmt wurde, ist E. Meinike der einzige, der seine Zustimmung verweigert. "Er erinnert an Bedenken gegen die Tendenz einer Auflösung der selbständigen Besteuerung von Körperschaften, die bereits in einem Minderheitsgutachten der Steuerreformkommission formuliert worden seien. Insbesondere aber mißbillige er die negative verteilungspolitische Wirkung des Reformgesetzes in Übereinstimmung mit den Gewerkschaften." [1]

---

1) Deutscher Bundestag, 7. Ausschuß (19.5.1976) S. 29.

B. Die Beratungen des Regierungsentwurfes in weiteren Ausschüssen des Bundestages

1. Der Ausschuß für Wirtschaft

Der Ausschuß für Wirtschaft beschäftigte sich in zwei Sitzungen im März und im Mai 1976 mit der Reform der Körperschaftsbesteuerung. [1] Seine Beratungen sind jedoch als relativ bedeutungslos einzustufen, da er nur zu wenigen Einzelpunkten gesondert Stellung nimmt, sich im übrigen aber den Beratungsergebnissen des Finanzausschusses anschließt.

In seiner Sitzung am 10.3.1976 bittet der Wirtschaftsausschuß den Finanzausschuß, zu prüfen, ob die Disagiobesteuerung im Rahmen der Körperschaftsteuerreform neu geregelt werden müsse; der Ausschuß weist in diesem Zusammenhang auf die Einwände der Wohnungswirtschaft hin. [2] Bedenken werden auch, angeregt durch den Abgeordneten K. Ahrens (SPD), gegen die unterschiedliche Belastung von Eigenbetrieben und Eigengesellschaften der öffentlichen Hand erhoben, da hierdurch eine Tendenz zur Umgründung ausgehen könne. Der Vorsitzende K.-H. Narjes (CDU/CSU) stellt eine Eingabe des Verbandes Deutscher Reeder zur Diskussion, und der Ausschuß beschließt daraufhin, es solle vom federführenden Finanzausschuß geprüft werden, ob die Besteuerung der Schiffahrtseinkünfte einen - nicht erwünschten -

---

1) Vgl. Deutscher Bundestag, 9. Ausschuß (10.3.1976) S. 26 ff. und (19.5.1976) S. 10 ff.

2) Die Bundesregierung hatte zu diesem Zeitpunkt bereits angedeutet, daß sie keine Bedenken gegen ein Fortgelten des alten Rechts bezüglich der Disagiobesteuerung habe.

Zwang zur Ausflaggung bewirken werde.

Im Mai 1976 empfiehlt der Ausschuß für Wirtschaft dem Finanzausschuß auf Initiative des Abgeordneten K. von Dohnanyi (SPD), "die Bundesregierung aufzufordern, zu überprüfen, auf welchem Wege, ohne präjudizielle Wirkung für andere Bereiche, sichergestellt werden kann, daß durch die Reform der Körperschaftsteuer keine finanziellen Nachteile für die gemeinnützigen wissenschaftlichen Stiftungen entstehen; insbesondere, ob die Bundesregierung zum Ausgleich der möglichen Nachteile jährliche Zuschüsse in Höhe der Differenzbeträge zur Verfügung stellen kann." [1]

2. Der Haushaltsausschuß

Der Haushaltsausschuß befaßte sich nach Abschluß der Beratungen des Finanzausschusses gemäß § 96 der Geschäftsordnung des Bundestages mit den fiskalischen Auswirkungen der Körperschaftsteuerreform. In seiner 133. Sitzung am 9. Juni 1976 erklärte der Ausschuß die Vereinbarkeit der vom Finanzausschuß vorgeschlagenen Fassung des Gesetzentwurfes mit der Haushaltslage. [2]

Im einzelnen ergeben sich nach dem Bericht des Haushaltsausschusses an den Bundestag folgende finanzielle Auswirkungen für die ersten drei Rechnungsjahre [3].

---

1) Deutscher Bundestag, 9. Ausschuß (19.5.1976) S. 13.

2) Vgl. Deutscher Bundestag, 8. Ausschuß (9.6.1976) S. 34 f.

3) Vgl. Haushaltsausschuß des Deutschen Bundestages (1976). Die Berechnungen beruhen auf der Annahme einer gegenüber dem geltenden Recht unveränderten Rücklagenbildung im Unternehmensbereich.

	1977	1978	1979
		in Millionen DM	
KSt und ESt (ohne begünstigtes Kreditgewerbe)	+ 2.200	- 200	- 300
davon: Bund	+ 1.100	+ 80	+ 45
Länder	+ 1.100	+ 80	+ 45
Gemeinden	-	- 360	- 390
Reduzierung der KSt-Vergünstigungen im Kreditgewerbe	+ 550	+ 660	+ 730
davon: Bund	+ 275	+ 330	+ 365
Länder	+ 275	+ 330	+ 365
Wegfall der Ergänzungsabgabe	- 300	- 350	- 350
davon: Bund	- 300	- 350	- 350
Auswirkungen insgesamt	+ 2.450	+ 110	+ 80
davon: Bund	+ 1.075	+ 60	+ 60
Länder	+ 1.375	+ 410	+ 410
Gemeinden	-	- 360	- 390

3. Der Ausschuß für Raumordnung, Bauwesen und Städtebau

Die Auswirkungen der Körperschaftsteuerreform auf die Wohnungswirtschaft und die Wohnungsbaufinanzierung hatte der Ausschuß für Raumordnung, Bauwesen und Städtebau gutachtlich zu behandeln.

In seiner Stellungnahme empfiehlt der Ausschuß einstimmig, auf die vorgesehene Disagiobesteuerung zu verzichten, da negative Auswirkungen auf die Wohnungsbaufinanzierung und die Mietentwicklung zu befürchten seien. Er schließt sich damit weitgehend der Auffassung der kreditwirtschaftlichen Verbände, insbesondere des Verbandes privater Hypothekenbanken an. [1]

---

1) Vgl. Ausschuß für Raumordnung, Bauwesen und Städtebau des Deutschen Bundestages (1976).

7. Kapitel: DIE KONSENSBILDUNG ZWISCHEN DEN LÄNDERREGIERUNGEN IM BUNDESRAT

A. Der erste Durchlauf des Regierungsentwurfes: Die grundsätzliche Zustimmung zur Körperschaftsteuerreform

Dem Bundesrat wurde der Entwurf des Dritten Steuerreformgesetzes von der Bundesregierung im November 1973 übersandt. Die Länderkammer verabschiedete ihre Stellungnahme in der 400. Sitzung am 20. Dezember 1973. Hierin bezeichnet sie den Systemwechsel bei der Körperschaftsteuer als "einen bedeutsamen Beitrag für eine im Hinblick auf die Unternehmensorganisation, die Finanzierungsform und den internationalen Wettbewerb neutrale Gewinnbesteuerung. Zugleich dient diese Maßnahme in wünschenswerter Weise dem Interessenausgleich zwischen Gesellschaft und Anteilseignern bei der Ausschüttungspolitik sowie der Förderung der Vermögensbildung". [1] Weiterhin sprach sich der Bundesrat zum damaligen Zeitpunkt für einen einheitlichen Inkrafttretungstermin von Einkommen- und Körperschaftsteuerreform aus und ersuchte die Bundesregierung, das "Gesetz zur Beteiligung breiter Bevölkerungsschichten am Produktivvermögen so rechtzeitig vorzulegen, daß dessen Behandlung in die Beratung über die Einkommen- und Körperschaftsteuer mit einbezogen werden kann". [2] Auf eine abschließende Stellungnahme zur Reform der Körperschaftsteuer wird jedoch vom Bundesrat ausdrücklich verzichtet, da die ökonomischen Wirkungen des Systemwechsels nur im Konnex mit den angekündigten vermögenspolitischen Maßnahmen der Bundes-

---

1) Bundesrat (1973b) S. 415.

2) Bundesrat (1973b) S. 415.

regierung, insbesondere der Gewinnabgabe, zu beurteilen seien, die technische Ausgestaltung des Anrechnungsverfahrens noch keiner ausreichenden Beratung unterlegen habe und zudem der Abschluß des Planspiels zur Körperschaftsteuerreform abzuwarten sei. [1)]

Beraten worden war das Votum der Länderkammer zur Körperschaftsteuer vom Finanzausschuß (federführend) und vom Wirtschaftsausschuß des Bundesrates. Der Wirtschaftsausschuß, an dessen Beratungen ausschließlich Ministerialbeamte der Länderbürokratien teilgenommen hatten, [2)] hob in seiner Empfehlung an das Plenum des Rates die positiven Eigenschaften des Anrechnungsverfahrens besonders hervor und setzte sich für eine baldige Vorlage des Vermögensbildungsgesetzes ein. Darüber hinaus war dem Wirtschaftsausschuß an einer Aufnahme der staatlich genehmigten Wertpapierbörsen in die Befreiungsvorschriften des Regierungsentwurfes und an einer Überprüfung der Vorschriften für ausländische Anteilseigner mit Streubesitz gelegen. [3)]

Zu einer hiervon abweichenden Empfehlung entschied sich der Finanzausschuß, an dessen Beratungen die politischen Spitzen der Länderfinanzressorts (Staatssekretäre, Minister) teilnahmen [4)] und dessen Abstimmungsergebnisse daher im Gegensatz zu denen

---

1) Vgl. Bundesrat (1973b) S. 415 f.

2) Vgl. Bundesrat, Wirtschaftsausschuß (6.12.1973).

3) Vgl. Bundesrat (1973a) S. 45 f.

4) Vgl. Bundesrat, Finanzausschuß (6.12.1973).

des Wirtschaftsausschusses deutlich von den parteipolitischen Positionen zur Körperschaftsteuerreform geprägt waren. So lehnte die SPD-Mehrheit der Ausschußmitglieder [1] einen Antrag des CDU-regierten Landes Rheinland-Pfalz ab, das in der Stellungnahme des Bundesrates zur Körperschaftsteuerreform zum Ausdruck bringen wollte, daß das innerhalb der sozialdemokratischen Partei umstrittene Anrechnungsverfahren als eines der Kernstücke der gesamten Steuerreform zu betrachten sei und daß das von der SPD betriebene Junktim mit der Vermögensbildung vom Bundesrat für nicht zwingend gehalten werde. [2] Stattdessen empfahl der Finanzausschuß dem Plenum, von einer Stellungnahme zur Körperschaftsteuerreform abzusehen, da die wirtschaftlichen Auswirkungen noch nicht abzuschätzen seien, das Planspiel noch andauere und weitere Beratungen zu führen seien. [3]

Das Plenum des Rates, in dem die CDU/CSU-regierten Länder aufgrund der Stimmenzuweisung nach der Einwohnerzahl die Mehrheit besaßen, nahm die Empfehlung des Finanzausschusses nicht uneingeschränkt an, sondern verabschiedete die oben zitierte Stellungnahme, die einem erneuten Antrag des Landes Rheinland-Pfalz entsprach [4] und in Anlehnung an die Empfehlungen des Wirtschaftsausschusses eine positive

1) In den Ausschüssen besitzt abweichend vom Plenum des Bundesrates jedes Land eine Stimme. In der 380. Sitzung des Finanzausschusses standen den fünf CDU- bzw. CSU-Landesvertretern sechs mit SPD-Mitgliedschaft gegenüber.

2) Vgl. Rheinland-Pfalz (1973a).

3) Vgl. Bundesrat (1973a) S. 44.

4) Rheinland-Pfalz (1973b).

Grundsatzbeurteilung der Körperschaftsteuerreform mit dem Vorschlag des Finanzausschusses verband. [1]

B. Der zweite Durchlauf: Der Verzicht auf die Anrufung des Vermittlungsausschusses

Am 11. Juni 1976 wurde der Gesetzesbeschluß des Deutschen Bundestages zum Körperschaftsteuerreformgesetz dem Bundesrat zugeleitet, der in einem überaus reibungslosen Verfahren seine Zustimmung am 25. Juni 1976 hierzu erteilte. [2] Zwar hatte der Finanzausschuß der Länderkammer in Erwartung einer übermäßig hohen Belastung der Finanzverwaltung, die zum damaligen Zeitpunkt eine Reihe weiterer Neuerungen (Abgabenordnung, Verlustrücktrag, Investitionszulagengesetz, Neuorganisation der Finanzämter, Neuordnung des Besteuerungsverfahrens, Einkommensteuerreform) zu bewältigen hatte, eine Verschiebung des Inkrafttretens - nicht der Verabschiedung - der Körperschaftsteuerreform diskutiert, ein diesbezüglicher Antrag des Hamburger Finanzsenators H.-J. Seeler fand jedoch bei den übrigen Ländern im Ausschuß keine Zustimmung. [3]

Das Plenum des Bundesrates folgte der Empfehlung des Finanzausschusses, das Gesetz passieren zu lassen und verzichtete auf eine Anrufung des Vermittlungsausschusses, obwohl ein Teil der CDU-regierten

---

1) Vgl. hierzu auch die Begründung des Antrags durch Minister Gaddum. Bundesrat (20.12.1973) S. 409 f.

2) Vgl. Bundesrat (25.6.1976) S. 286.

3) Vgl. Bundesrat, Finanzausschuß (10.6.1976) S. 23.

Länder Bedenken in einigen Einzelpunkten zum Ausdruck brachte. [1] Es handelte sich dabei um die Besteuerung der Stiftungen, deren Belastung als zu hoch und daher als nicht befriedigend geregelt betrachtet wurde, und um die Behandlung der Aufsichtsratsvergütungen, deren volle Abzugsfähigkeit im Gegensatz zu den Bestimmungen des Gesetzesbeschlusses verlangt wurde. Die dennoch erteilte Zustimmung zu dem Gesetz begründete der rheinland-pfälzische Finanzminister J.W. Gaddum wie folgt: "Eine Anrufung des Vermittlungsausschusses aus einem dieser Gründe muß aber für uns ausscheiden, weil die Gefahr besteht, daß durch diese zeitliche Verzögerung das Gesamtwerk scheitern würde. Wir wollen das gesamte Gesetz aber nicht der Gefahr des Scheiterns aussetzen, zumal wir wissen, daß politische Gegner dieses Reformwerkes darauf warten und darauf spekulieren, es auf diese Art und Weise noch zum Scheitern zu bringen." [2]

---

1) Vgl. Bundesrat (25.6.1976) S. 285 und S. 305.

2) Bundesrat (25.6.1976) S. 285.

8. Kapitel: ANSÄTZE ZU EINER POSITIVEN THEORIE DER STEUERREFORM: DIE INTERPRETATION DER FALLSTUDIE

Anknüpfend an die Vorstellung, daß jedem Politikbereich eine ihm eigentümliche Struktur von Bestimmungsfaktoren, ein ihm eigentümliches Regelungsmuster der Willensbildung zugrunde liegt, soll nunmehr der Versuch unternommen werden, aus den empirischen Befunden der Fallstudie Aussagen über die Willensbildung bei der Neukodifizierung von Steuergesetzen zu gewinnen und Ansätze zur Entwicklung eines politischen Handlungsmodells bereitzustellen, welches den typischen Ablauf steuerreformpolitischer Willensbildungsprozesse zumindest näherungsweise umschreibt. Denn: "Ohne die Erkenntniss der typischen Relationen würden wir ... nicht nur ... des tieferen Verständnisses der realen Welt, sondern ... auch jeder über die unmittelbare Beobachtung hinausreichenden Erkenntniss,d.i. jeder Voraussicht und Beherrschung der Dinge entbehren." [1]
Letzteres, "Voraussicht und Beherrschung der Dinge", ist das Ziel einer Theorie der Steuerreform, zu deren empirischer Variante hier Ansätze geleistet werden sollen. [2]

---

1) Menger (1883) S. 5.

2) Zur insbesondere von US-amerikanischen Wissenschaftlern gepflegten normativen wohlfahrtsökonomisch orientierten Theorie der Steuerreform siehe beispielsweise Feldstein (1976) S. 77 ff. und Guesnerie (1977) S. 179 ff.

A. Zur institutionellen Struktur steuerreformpolitischer Willensbildung: Die Einbindung des Verbändesystems

Die Beteiligung des Verbändesystems an dem Reformprozeß um die Körperschaftsteuer hat Merkmale sichtbar werden lassen, welche in jüngster Zeit insbesondere von dem Konzept des "Neokorporatismus" [1] in den Vordergrund gerückt werden. Dieses Konzept, dessen Vertreter den Anspruch erheben, die Interaktionsbeziehungen zwischen politischen Bürokratien und Interessengruppen auf adäquatere Weise zu erklären als herkömmliche pluralismustheoretische Ansätze, beginnt sich in der Bundesrepublik Deutschland seit Ende der 70er Jahre zu entfalten. [2] Zur Zeit ist noch nicht abzusehen, ob es sich hierbei lediglich um einen vergänglichen Wissenschaftszirkel handelt oder ob mit ihm ein Paradigmawechsel im Sinne Kuhns [3] verbunden ist, der die verschiedenen Varianten pluralistischer Verbandsforschung abzulösen in der Lage wäre. U.v. Alemann, einer der Protagonisten dieses Konzeptes, bemerkt hierzu selbst: "Es ist sicher auch in diesem Fall so, daß die Konjunktur eines sozialwissenschaftlichen Konzepts von einem Schuß Mode belebt wird." [4]

Ohne an dieser Stelle eine breite Darstellung und Würdigung der Korporatismusdebatte vorzunehmen,

---

1) Zum Begriff und seiner Problematik siehe Alemann/Heinze (1981) S. 47 ff. und Kastendiek (1981) S. 95 ff.

2) Siehe Alemann/Heinze (1979), Heinze (1981) und Alemann (1981a).

3) Kuhn (1962).

4) Alemann (1981b) S. 8.

lassen sich zwei wesentliche Elemente des "neokorporatistischen" Konzeptes auch für die Körperschaftsteuerreform nachweisen. Es ist dies zum einen die von seiten des Staates geförderte Einbeziehung der Verbände in die Vorbereitung der Reform [1] und zum anderen die Selektivität dieser Einbindung, auf die weiter unten zurückzukommen sein wird.

Die Eingliederung der Interessengruppen in den Entscheidungsprozeß um die Körperschaftsteuerreform vollzog sich zunächst über die Institutionalisierung eines Konsultationsgremiums mit steuerreformpolitischer Aufgabenstellung, nämlich der Eberhard-Kommission, die keineswegs als rein wissenschaftliches Beratungsgremium aufzufassen ist, sondern sehr stark von den Verbandszugehörigkeiten ihrer Mitglieder geprägt war. Die Bedeutung, die das Bundesfinanzministerium ihrem abschließenden Bericht beigemessen hat, ist in der Fallstudie deutlich zum Ausdruck gekommen; die Kommission war durch ihre Arbeit in der Lage, dem Ministerium und seiner politischen Spitze ein innerhalb der beteiligten Interessengruppen weitgehend konsensfähiges Konzept zu präsentieren. [2]

---

1) Für die Vertreter der Korporatismus-Hypothese bedeutet dies die "Ablösung der einseitigen pressure-Perspektive, die nur den Einfluß der Verbände auf den Staat problematisiert und die wachsende Einbeziehung der wichtigen Verbände in den Staatsapparat vernachlässigt". Heinze (1981) S. 12 f. Dieses Strukturelement der Interessenrepräsentation in Demokratien wird ebenso von nicht dem Korporatismus-Konzept verpflichteten Forschern hervorgehoben. Vgl. z.B. Beyme (1980) S. 248 ff. und grundlegend Schröder (1976).

2) Im Rahmen der Umsatzsteuerreform kann der Hübschmann-Kommission eine ähnliche Funktion beigemessen werden. Vgl. Heilmann (1975) S. 147 ff., 427 f.

Neben der Eberhard-Kommission war eine Einbeziehung des Verbändesystems auch noch während des Referentenstadiums mit Sicherheit gegeben, wenngleich sie sich empirisch nur anhand des Hearings vom November 1971 und mittelbar über die vorliegenden Eingaben der Verbände an das Bundesfinanzministerium nachweisen läßt. Dieser vielschichtige Komplex von Interaktionsbeziehungen, der zweifellos vorhanden ist, [1] bleibt damit - wie in so vielen Untersuchungen - die Grauzone des Entscheidungsprozesses um die Reform der Körperschaftsteuer und seiner wissenschaftlichen Analyse. Wenn ein empirisches Aufdecken dieses Beziehungsgeflechtes auch nicht vollständig möglich ist, so soll doch weiter unten der Versuch unternommen werden, in traditioneller einflußtheoretischer Betrachtungsweise anhand der vorliegenden Verbandspetiten und der inhaltlichen Entwicklung der Gesetzentwürfe zumindest die interessenpolitische Effizienz zu erfassen.

Von den Vertretern der "Neokorporatismus"-Hypothese wird weiterhin auf die selektive Einbindung der Interessengruppen hingewiesen. "Von der Institutionalisierung werden nicht alle Interessenorganisationen erfaßt, sondern vorwiegend die Spitzenverbände von Kapital und Arbeit und einige andere Großverbände, etwa Landwirtschafts-, Handwerks-,

---

1) "In der Regel wird den Spitzenverbänden ein Entwurf des geplanten Gesetzes zugeleitet. Die angeschriebenen Verbände haben dann die Möglichkeit der schriftlichen Stellungnahme zu dem Entwurf; sie können zusätzliche Informationen liefern, Abänderungsvorschläge, Alternativentwürfe o.ä. einreichen oder an dem vorgelegten Entwurf Kritik üben. Zuweilen kommt es auch zu Besprechungen zwischen den zuständigen Referenten und Verbandsvertretern". Schröder (1976) S. 77.

Ärzte- und Wohlfahrtsverbände." [1] In diesem Sinne "haben sich wechselseitige und institutionalisierte Beziehungen und eine zunehmende Arbeitsteilung zwischen staatlichen Organen und einer begrenzten Zahl von repräsentativen Verbänden entwickelt, die als korporatistische Strukturen aufzufassen sind." [2] Die Besetzung der Eberhard-Kommission mit Vertretern bzw. Sympathisanten weniger Spitzenverbände ist beispielhaft für diese Ausführungen. Die ungleichgewichtige Institutionalisierung ist allerdings für den weiteren Verlauf des Reformprozesses in einem Punkte zu modifizieren. Insbesondere bei öffentlichen Anhörungen, sowohl im Referentenstadium als auch während der formellen Entscheidungsphase im Parlament, öffnet sich der Kreis der hinzugezogenen Verbände. Die durchgängige Dominanz der Spitzenverbände ist hierdurch allerdings nicht in Frage gestellt, was die Kommunikationsstruktur der öffentlichen Anhörung vor dem Finanzausschuß des Bundestages, die Wahrnehmung der "Sprecher"-Rolle seitens der Spitzenverbände und die privilegierende Heranziehung der Großverbände zu nichtöffentlichen Anhörungen bestätigen.

Die bis hier vorgenommene Analyse ist zunächst nur als bloßes Gerüst potentieller Einflußnahme zu werten. Von den festgestellten Strukturen kann daher nicht unbesehen auf "neokorporatistische Regulierungen" geschlossen werden. Korporatismusvertreter verstehen hierunter "Strategien einzelner Spitzenverbände und Teile des Staatsapparates", die dazu dienen, "gemeinsam interessierende politische

---

1) Heinze (1981) S. 83

2) Heinze (1981) S. 85 f.

Themen kooperativ zu bearbeiten." [1]

B. Steuerartspezifische Varianten der Politiksteuerung

Die Fallstudie verdeutlichte die dominante Beteiligung der Regierungs- und Verwaltungsebene auf der einen und des Verbändesystems auf der anderen Seite an der Politikformulierung für das Körperschaftsteuergesetz 1977. Wie sich zeigte, kam es dabei weniger auf die ständige Präsenz der Akteure in allen Phasen des Willensbildungsprozesses oder auf ihre formelle Mitgliedschaft in ratifizierenden Gremien an; entscheidend für das Einbringen eigener Präferenzen in den Prozeß der Politikformulierung war vielmehr das Setzen präjudizierender Daten an bestimmten richtungsweisenden Stationen des Reformverlaufs. Für den Verbandsbereich ist auf das Gutachten der Eberhard-Kommission hinzuweisen, für die Akteure der Ministerialverwaltung auf die von ihnen erarbeiteten Gesetzentwürfe.

Auch in der Untersuchung von M. Heilmann zur Reform des Umsatzsteuersystems wird das Übergewicht von Regierung/Verwaltung und Verbandsbereich recht deutlich. [2] Daß für den gesamten Politikbereich "Steuerreform" von einer solchen Konstellation nicht ohne weiteres ausgegangen werden kann, beweist dagegen die Studie von U.K. Preusker zur (gescheiterten)

---

1) Heinze (1981) S. 91.

2) Vgl. Heilmann (1975) insbesondere S. 403 ff.

Einkommensteuerreform. Nach seinen Ergebnissen ist "der Einfluß der Ministerialbürokratie auf die Einkommensteuerreform ... auf ein Minimum reduziert worden"; [1] im Vordergrund stand dort die Politiksteuerung durch allgemeine Wahlen.

Aus den unterschiedlichen empirischen Befunden läßt sich die Vermutung ableiten, daß eine hohe Steuermerklichkeit [2] und ein großer Zensitenkreis die Politiksteuerung durch allgemeine Wahlen in den Vordergrund treten lassen. Für die Einkommensteuer sind beide Eigenschaften nachweisbar; ihre Wahlempfindlichkeit ist dementsprechend hoch, zumal bei ihr selbst die Reform von Einzelbestimmungen oftmals einen weiten Zensitenkreis umfaßt. Bei der Körperschaftsteuer und auch bei der Umsatzsteuer ist dagegen nur jeweils eine der beiden Bedingungen erfüllt. Dem großen Kreis der Steuerpflichtigen steht bei der Umsatzsteuer ihre geringe Merklichkeit gegenüber, [3] die die Wahlempfindlichkeit im Vergleich zur Einkommensteuer herabsetzt. Bei der Körperschaftsteuerreform war dagegen der eng umrissene Zensitenkreis für die geringere Wahlempfindlichkeit ausschlaggebend; Politiksteuerung durch allgemeine Wahlen läßt sich daher bei ihr nur für eine begrenzte Zahl von Entscheidungen nachweisen.

Nun ist das im Rahmen der Körperschaftsteuerreform beobachtbare Übergewicht von Regierung/Verwaltung und Interessengruppen keine wissenschaftlich neue

---

1) Preusker (1979) S. 134.

2) Zur (Un-)Merklichkeit von Steuern siehe grundlegend Schmölders (1959/60) S. 23 ff.

3) Vgl. Schmölders/Hansmeyer (1980) S. 105.

Erkenntnis. Die Schlüsselrolle der Ministerialverwaltung zählt trotz all ihrer Steuerungsdefizite zum Allgemeingut der mit politischen Entscheidungsprozessen befaßten Wissenschaftszweige. F. Lehner hält die "bürokratische Politiksteuerung" für "eines der hervorstechendsten Merkmale des modernen Wohlfahrtsstaates"; nach seiner Ansicht wird "faktisch der überwiegende Teil der Politik von den Bürokratien 'gemacht'". [1] Auf der anderen Seite ist ebenso die Bedeutung des Verbändesystems für den Ablauf politischer Willensbildungsprozesse sowohl von den juristischen Staatstheorien [2] als auch von den Pluralismustheorien [3], den Thesen vom Gewerkschafts- [4] und Unternehmerstaat [5] und insbesondere von der wiederauflebenden Korporatismusdiskussion [6] herausgestellt worden. [7]

Die vorliegende Fallstudie hat allerdings eine Reihe von Besonderheiten dieses Interaktionsgefüges von organisierten Interessen und Akteuren des Regierungs- und Verwaltungsbereichs sichtbar werden lassen, welche durchaus Ansätze für eine empirische Theorie der Steuerreform bieten. Insbesondere zeigte

---

1) Lehner (1979) S. 136.

2) Vgl. Forsthoff (1971) S. 119 ff.

3) Vgl. Fraenkel (1973) passim.

4) Vgl. Institut der Deutschen Wirtschaft (1974).

5) Vgl. Simon (1976).

6) Vgl. Schmitter (1974) S. 85 ff.

7) Bernholz bemerkt hierzu: "Nach weitverbreiteter Ansicht sind Interessenverbände eines der wichtigsten Instrumente, wenn nicht sogar das wichtigste Instrument zur Beeinflussung staatlicher Entscheidungen mit Hilfe ökonomischer Macht." Bernholz (1973) S. 859.

sich, daß steuerreformpolitische Willensbildungsprozesse nicht nur in Abhängigkeit von der zu reformierenden Steuer unterschiedlich verlaufen, sondern daß ebenso bezüglich des Reformprozesses einer einzelnen Steuerart - hier der Körperschaftsteuer - kein einheitliches Verlaufsmuster vorliegt; je nach dem materiellen Gehalt der zur Entscheidung anstehenden Probleme rücken unterschiedliche die Willensbildung prägende Faktoren in den Vordergrund. Im folgenden soll daher insbesondere zwischen mikropolitischen Willensbildungsprozessen, welche die Neukodifizierung einzelner Paragraphen betreffen, und makropolitischen Willensbildungsprozessen, die sich auf Grundsatzfragen der Reform beziehen, unterschieden werden.

C. Entscheidungsspezifische Varianten der Politiksteuerung

1. Mikropolitische Willensbildungsprozesse: Die fiskalisch orientierte Politiksteuerung staatlicher Akteure

Mag es auf finanztheoretischer Ebene auch umstritten sein, ob die "erste und wichtigste Aufgabe der Steuern" [1] mit ihrem fiskalischen Zweck umschrieben ist, ob die Einnahmeerzielung lediglich einen "wesentlichen Zweck" [2] darstellt oder ob sie gar "Nebenzweck" [3] sein kann, bei steuerpolitischen Entscheidungsprozessen sind fiskalische Argumentationsmuster empirisch festzustellen, und zwar

1) Schmölders/Hansmeyer (1980) S. 66.

2) Kubista/Scheer (1976) S. 12.

3) § 3 Abs. 1 Abgabenordnung vom 16.3.1976.

nicht nur auf der Ebene der Zensiten, sondern umgekehrt ebenso auf der Ebene staatlicher Entscheidungsträger. Es läßt sich in diesem Sinne durchaus von einem fiskalischen Eigeninteresse des öffentlichen Bereichs im weitesten Sinne einschließlich der Legislative sprechen, das allerdings nicht mit dem Eigennutzaxiom bürokratietheoretischer Ansätze verwechselt werden darf.

Hieran knüpft sich zwangsläufig die Frage, wie stark die fiskalische Komponente im Rahmen der Körperschaftsteuerreform die Vorschriften der Gesetzentwürfe bestimmt hat.

Da die Erarbeitung des ersten Referentenentwurfes und der ihm vorgelagerten Eckwerte primär aus der Auseinandersetzung mit dem Gutachten der Eberhard-Kommission hervorgegangen ist, ist zunächst zu prüfen, nach welchen Kriterien die Übernahme bzw. Ablehnung der einzelnen Kommissionsvorschläge durch die Akteure der Regierungs- und Verwaltungsebene erfolgte, insbesondere, ob eine Tendenz erkennbar ist, aufkommenserhöhende oder -neutrale Vorschläge zu bevorzugen bzw. mit Steuerausfällen verbundene unberücksichtigt zu lassen.

Die Aufstellung auf Seite 261 zeigt eine deutliche Tendenz zur Übernahme aufkommenserhöhender und zur Abweisung aufkommensvermindernder Empfehlungen der Eberhard-Kommission. Während nahezu alle aufkommenserhöhenden Vorschläge - wenn auch zum Teil in abgemilderter Form - in den Referentenentwurf Eingang gefunden haben, sind die mit Steuerausfällen verbundenen Änderungswünsche der Kommission - bis auf

Kommissionsvorschläge	Fiskalische Dimension (1974) im Vergleich zum geltenden Recht	Konkretisierung im Referentenentwurf
Erhöhung des KSt-Satzes auf 55 % (auch für personenbezogene Kapitalgesellschaften)	aufkommenserhöhend	Übernahme in den Entwurf mit einem Steuersatz von 56 %
Anrechnung der auf den Ausschüttungen lastenden KSt auf die ESt-Schuld der Anteilseigner	aufkommensmindernd	Übernahme in den Entwurf
Ausländerbesteuerung	aufkommenserhöhend	in den Grundzügen in den Entwurf übernommen
Beseitigung verschiedener Steuerbefreiungen	aufkommenserhöhend	bis auf die Steuerbefreiung der gemeinnützigen Wohnungs- und Siedlungsunternehmen in den Entwurf übernommen
Beseitigung der Steuerermäßigungen im Kreditgewerbe	aufkommenserhöhend (+ 35o Mio.DM, auf das Jahr 197o bezogen)	Abbau der Ermäßigungen auf einen Steuersatz von 46 % (Vollabbau als Alternativvorschlag)
Volle Abzugsfähigkeit der Emissionskosten	aufkommensmindernd (- 185 Mio.DM)	zunächst in den Entwurf übernommen (durch die Oktober-Eckwerte jedoch wieder rückgängig gemacht)
Übertragung der Steuerbefreiung bzw. -ermäßigung von Einkünften auf die Ausschüttungen hieraus	aufkommensmindernd	nicht in den Entwurf übernommen
Einbeziehung der Ausgabe von Gratisanteilen in das Anrechnungsverfahren	aufkommensmindernd (- 4oo Mio.DM)	nicht in den Entwurf übernommen
Volle Erstattung von KSt, die auf Beteiligungserträge gemeinnütziger Körperschaften entfällt	aufkommensmindernd (- 175 Mio.DM)	der Entwurf sah lediglich eine Teilerstattung vor, die im Vergleich zum geltenden Recht aufkommenserhöhend wirkt
Volle Abzugsfähigkeit der Aufsichtsratsvergütungen	aufkommensmindernd (- 11o Mio.DM)	in den Entwurf übernommen

die Abzugsfähigkeit der Aufsichtsratsvergütungen und die Grundsatzentscheidung für die Anrechnung auf die Einkommensteuer - nicht in das Reformkonzept aufgenommen worden. In diesem Sinne hat das Bundesministerium der Finanzen respektive die Bundesregierung das steuerausfallintensive Konzept der Eberhard-Kommission zu einem Referentenentwurf geformt, welcher den fiskalischen Bedürfnissen der öffentlichen Hand gerecht wird und zu der These von einer dominanten fiskalischen Orientierung der Akteure im Regierungs- und Verwaltungsbereich Veranlassung gibt. Dies gilt umso mehr, wenn man bedenkt, daß ja bereits die Arbeiten der Eberhard-Kommission durch die Vorgabe, ein aufkommensneutrales Gesamtkonzept zu entwickeln [1], seitens der Exekutive sehr stark in fiskalische Restriktionen eingebunden worden waren.

Auf dem Weg zum Regierungsentwurf vom Oktober 1973 sind einzelne aufkommenserhöhende Vorschriften des Referentenentwurfes zum Teil zurückgenommen worden. Insgesamt jedoch sind auch in dieser Phase der Überarbeitung und Verbesserung des ersten Referentenentwurfes Änderungen, die das Aufkommen gegenüber dem geltenden Recht vermindern, nicht festzustellen. Eine ungewöhnliche Ausnahme bilden zwei Regelungen agrarpolitischer Art: Weiter ausgedehnt wird im Regierungsentwurf die Steuerbefreiung der land- und

---

1) In ihrem von Bundesfinanzminister Strauß erteilten Auftrag heißt es: "Durch die Steuerreform soll das Volumen der Steuereinnahmen gegenüber dem jetzigen Rechtszustand einschließlich der Zuwachsquoten nicht verändert werden". Strauß (1968) S. 1440.

forstwirtschaftlichen Nutzungs- und Verwertungsgenossenschaften; zudem wird für Erwerbs- und Wirtschaftsgenossenschaften des landwirtschaftlichen Bereichs ein spezieller Freibetrag zusätzlich eingeführt.

Abgesehen von der besonderen Durchsetzungsfähigkeit des Landwirtschaftsministeriums, die auch im Rahmen anderer Entscheidungsprozesse bereits beobachtet worden ist [1], scheinen aufkommensvermindernde Regelungen mikropolitischer Art im Verlaufe der Körperschaftsteuerreform gegenüber dem Regierungs- und Verwaltungsbereich nicht durchsetzbar gewesen zu sein; allenfalls die Besitzstandswahrung war für bestimmte Gruppen erreichbar. Für den exekutiven Bereich stellte M. Heilmann in seiner Untersuchung zur Umsatzsteuerreform diese "Tendenz zu fiskalischer Beharrung" [2] in ähnlicher Weise fest. [3]

Die in Kapitel 3 zusammengestellte Übersicht der wichtigsten Verbandseingaben verdeutlicht, daß sich der hohe Stellenwert fiskalischer Interessen im Rahmen der Körperschaftsteuerreform nicht nur auf die Akteure des Regierungs- und Verwaltungsbereichs beschränkt hat, sondern daß er ebenso bei den Akteuren der Legislative zu beobachten ist. Die Synopse führt zu dem überraschenden Ergebnis, daß die beteiligten Verbände ihre Änderungswünsche mikropolitischer Art - bis auf ganz wenige Ausnahmen -

---

1) Siehe z.B. Ackermann (1970) und Bujard (1974).

2) Tipke (1976) S. 296 f. Tipke konstatiert dort: "Die Kardinalfrage scheint auch für die Juristen dieses Ministeriums (des BMF, d. Verf.) zu lauten: Was bringt das und was kostet das?"

3) Vgl. Heilmann (1975) S. 436.

durchgehend nicht in das Gesetz einbringen konnten. Selbst eine zu erwartende hohe Durchsetzungsfähigkeit solcher Petiten, die von einem breiten Spektrum von Spitzenverbänden vertreten wurden, bestätigt sich nicht: Weder der Vollabzug der Emissionskosten (Nr. 1) noch eine Körperschaftsteuervergütung für den ausländischen Streubesitz (Nr. 18) noch die Einbeziehung der Ausgabe von Gratisaktien in das Anrechnungsverfahren (Nr. 24) fand Eingang in die Neukodifizierung des Körperschaftsteuergesetzes. Im einzelnen haben hierbei fiskalische Erwägungen - und zwar nicht nur auf der Ebene von Regierung und Verwaltung, sondern ebenso im Finanzausschuß - eine entscheidende Bedeutung gehabt.

In der offiziellen Begründung des Regierungsentwurfs vom Oktober 1973 findet sich zwar eine steuersystematische Argumentation für die Verweigerung des Vollabzuges der Emissionskosten, [1] der empirische Teil der Studie läßt jedoch den Schluß zu, daß die volle Abzugsfähigkeit aus fiskalischen Gründen verweigert und die steuersystematische Begründung nachgeschoben wurde. Auch während der Finanzausschußberatungen dieser Regelung kamen die fiskalischen Auswirkungen zur Sprache. Hierzu erläuterte der Vertreter des Bundesfinanzministeriums, daß der von den Verbänden geforderte Vollabzug der Emissionskosten mit Steuerausfällen von 200 Mio. DM verbunden sei, der vorliegende Entwurf dagegen im Vergleich zum geltenden Recht zu einem Mehraufkommen (!) von 75 Mio. DM führe. [2] Ebenso war die Behandlung der Ausgabe von Gratisaktien überwiegend von

---

1) Vgl. Bundesregierung (1974) S. 343 f.

2) Vgl. Deutscher Bundestag, 7. Ausschuß (11.2.1976) S. 22.

fiskalischen Erwägungen bestimmt, wenngleich auch hier steuersystematische Überlegungen unterstützend herangezogen wurden. Für die von den Spitzenverbänden geforderte Körperschaftsteuervergütung an ausländische Anteilseigner sind fiskalische Gegenargumente seitens der staatlichen Akteure zwar nicht direkt nachweisbar, auch dieses Petitum wäre jedoch mit erheblichen Steuerausfällen verbunden gewesen.

Es zeigt sich somit eine vorwiegend fiskalisch motivierte Politiksteuerung der mikropolitischen Entscheidungen zur Körperschaftsteuerreform durch die Akteure des öffentlichen Sektors: In die vom Bundesfinanzministerium erarbeitete Mikrostruktur des Reformgesetzes haben die Petiten der Verbände hauptsächlich aus fiskalischen Gründen keinen Eingang gefunden, und während der formellen Entscheidungsphase im Parlament haben die Akteure des Finanzausschusses zum Teil ebenfalls nach den fiskalischen Auswirkungen der Eingaben entschieden, d.h. sie waren zu einer Änderung des von der Ministerialverwaltung erarbeiteten Regierungsentwurfes nur in wenigen Punkten bereit. Selbst Koalitionen von Großverbänden war es nicht möglich, ihre Petiten in das Gesetz einzubringen, soweit diese mit fiskalisch negativen Wirkungen größeren Ausmaßes verbunden waren.

Eine gewisse Asymmetrie der Interessendurchsetzung ist allerdings zugunsten der mit dem öffentlichen Bereich verbundenen Unternehmen festzustellen. Obwohl das Bundesfinanzministerium zunächst den Versuch unternahm, die Steuerbelastung der Unternehmen der öffentlichen Hand zu verschärfen - nach unserer

These aus fiskalischen Erwägungen heraus, was K. Tiepelmann mit seiner historischen Analyse von politischen Entscheidungen über die Besteuerung öffentlicher Unternehmen untermauert [1] -, so waren doch die für diese Körperschaften agierenden Verbände in ihrem Streben nach Besitzstandswahrung zum Teil recht erfolgreich. [2] Hierbei sollte allerdings berücksichtigt werden, daß die Eingaben der Verbände der Privatwirtschaft zumeist auf eine Verbesserung ihres Besitzstandes abzielten, für die öffentlichen Unternehmen jedoch die Besitzstandsverteidigung im Vordergrund stand, welcher unter fiskalischen Überlegungen weit eher stattgegeben werden konnte.

Ein in wesentlichen Punkten anderes politisches Handlungsmodell ist der makropolitischen Grundsatzentscheidung für die Einführung des Anrechnungsverfahrens zugrunde zu legen.

2. Makropolitische Willensbildungsprozesse

a) Kooperative Politiksteuerung durch Großverbände und Regierung

Auf makropolitischer Ebene war zunächst die Frage nach dem der Reform zugrunde zu legenden System der Gewinnbesteuerung zu entscheiden. Die Willensbildung hierzu weist grundsätzlich andere Verlaufsmuster und Bestimmungsfaktoren auf als die durch bürokratische

---

1) Tiepelmann (1981) S. 272 ff.

2) Siehe hierzu in der Petitenübersicht am Ende des 3. Kapitels die Nummern 7, 14, 15, 16.

Politiksteuerung bestimmte Einzelausformung des Gesetzes.

Zunächst sei nochmals kurz auf die entscheidenden Weichen des Reformprozesses hingewiesen, an dessen Endpunkt die Kodifizierung des gegenwärtig geltenden Anrechnungsverfahrens stand. Als erstes ist das Gutachten des Wissenschaftlichen Beirats beim Bundesministerium der Finanzen zu nennen, das die herrschenden wissenschaftlichen Vorstellungen zur Besteuerung von Körperschaften politikberatend in den Willensbildungsprozeß einbrachte und somit im weiteren Verlauf der Reform eine präjudizierende, aber auch legitimatorische Funktion durchaus erfüllen konnte.

An die wissenschaftliche Autorität des Beirats knüpfte dann auch die Eberhard-Kommssion an, deren Anrechnungssystem nach ihren eigenen Worten "im Kern den Reformüberlegungen des Wissenschaftlichen Beirats zugrunde liegt". [1] Die verbandsgeprägte Zusammensetzung der Kommission läßt jedoch darauf schließen, daß ihre Entscheidung nicht nur von steuersystematischen Gesichtspunkten bestimmt war, sondern daß in ihrer Zustimmung zum Anrechnungsverfahren die Interessen der körperschaftlich strukturierten Unternehmen zum Ausdruck kamen. Daß hierbei für die Unternehmen Fragen der Finanzierung im Vordergrund standen, verdeutlicht das Gutachten durch seine breite Analyse der einzelnen Reformmodelle im Hinblick auf ihre Finanzierungswirkungen und wurde dem Verfasser auch in Gesprächen mit Verbandsvertretern bestätigt.

---

1) Bundesministerium für Wirtschaft und Finanzen (1971) S. 316 f.

Die Interessen des Unternehmensbereichs an einem Systemwechsel im Sinne des Anrechnungsverfahrens und die damit offensichtlich verbundenen Steuerausfälle ließen eine polare Blockbildung von Arbeitnehmer- und Unternehmerinteressen entstehen, die den gesamten Reformprozeß durchziehen sollte. So war das den weiteren Reformverlauf mit Sicherheit präjudizierende Votum der Eberhard-Kommission für den Systemwechsel im Sinne des Anrechnungsverfahrens nur möglich aufgrund einer Unterrepräsentanz der Arbeitnehmerorganisationen in diesem Gremium; in der Unterkommission "Körperschaftsteuer" war kein dem Arbeitnehmerflügel zuzurechnendes Mitglied vertreten. Die Widerstände aus dem Gewerkschaftsbereich kamen daher im Gutachten über ein Minderheitsvotum in Gestalt einer Fußnote nicht hinaus. Einschränkend ist allerdings zu bemerken, daß der Deutsche Gewerkschaftsbund zwar von Beginn an gegen die Körperschaftsteuerreform opponierte; Intensität und auch Kontinuierlichkeit seiner Widerstände blieben jedoch bei weitem hinter dem Engagement in anderen Politikfeldern zurück. P. Grottian konstatiert dies für die gesamten Steuerreformbewegungen der 70er Jahre: "Der Vorstand des DGB befaßte sich nur 'formal' (...) mit Steuerfragen, im Vorstand selbst wurde die mangelnde eigene Kompetenz betont und nur ungern dazu irgendwelche Stellungnahmen abgegeben. Steuerfragen wurden im Vorstand des DGB 'oft ungelesen' (...) entschieden. Sie tauchten in den Reden der Gewerkschaftsführer nur in Nebensätzen auf (...), sieht man einmal von ganz essentiellen Arbeitnehmerinteressen, wie Kilometer-Pauschale, Steuerfreiheit von Sonntags- und Feiertagsarbeit oder den Arbeitnehmerfreibetrag ab. Die DGB-Position war insofern die 'wackere Position eines einzelnen Referenten' (...)." [1] P. Grottian meint mit letzterem H.G. Wehner, dessen "Einzelkämpferposition" auch die vorliegende Studie bestätigt.

Einen Erklärungsansatz für diese Zurückhaltung der Arbeitnehmerorganisationen, die M. Heilmann im Rahmen der Umsatzsteuerreform ebenso konstatierte [2], bietet die Theorie "politischer Arenen" von Th.J. Lowi [3]. Lowi unterscheidet drei Haupttypen von Politik: einen distributiven, einen regulativen und einen redistributiven. Der "distributive" Typ umfaßt Maßnahmen (z.B. Tansfers), welche die ökonomische Lage einzelner Gruppen verbessern, ohne die ökonomische Lage anderer Gruppen direkt zu tangieren. "Bei diesem Typus der Politik müssen Begünstigte und Benachteiligte, Verlierer und Gewinner nie direkt konfrontiert werden." [4] Dementsprechend ist in dieser "Politikarena" ein relativ begrenztes Konfliktniveau die Regel.

Der "regulative" Politiktypus ist nach Th. J. Lowi gekennzeichnet durch ein pluralistisches Interaktionsgefüge; an der Politikformulierung ist dementsprechend eine Vielzahl unterschiedlicher Interessen beteiligt. "So scheint schließlich das Ergebnis eines politischen Prozesses nichts anderes zu sein als das, was übrigbleibt, nachdem an den Forderungen aller Teilnehmer alle die Abstriche gemacht worden sind, die zur Unterstützung eines Mehrheitsbeschlusses notwendig sind." [5]

---

1) Grottian (1980) S. 119.

2) Vgl. Heilmann (1975) S. 199.

3) Lowi (1975) S. 133 ff. Siehe zur Theorie von Lowi auch Heinze (1981) S. 120 f.

4) Lowi (1975) S. 138.

5) Lowi (1975) S. 141.

In der "redistributiven Arena" dagegen stehen sich "soziale Klassen" gegenüber. Es bilden sich polare Interessenblöcke, da Entscheidungen dieses Politiktyps die eine Gruppe direkt begünstigen, die andere direkt komplementär benachteiligen.[1] Steuerlastverschiebungen durch Umbau des Einkommensteuertarifs sind ein Beispiel dieses Politiktyps mit relativ hohem Konfliktniveau.

Die Willensbildung über den Systemwechsel bei der Körperschaftsbesteuerung besitzt sowohl Elemente des "redistributiven" als auch Elemente des "distributiven" Politiktyps; letzteren ist allerdings eine gewisse Dominanz im Politikverlauf einzuräumen. Züge der "redistributiven" Konfliktaustragung erhält der Reformprozeß da, wo die Absicht geäußert wird, die negativen fiskalischen Auswirkungen des Anrechnungsverfahrens durch Belastungserhöhungen bei anderen Steuern zu kompensieren. Während dieser Stadien des Reformprozesses erhöhte sich das Konfliktniveau, da der Deutsche Gewerkschaftsbund - Umverteilungswirkungen zu Lasten seiner Mitglieder unterstellend - als Gegenpart zu den unternehmerischen Interessengruppen die "Politikarena" betrat.

Daß sich die Übernahme des Anrechnungsverfahrens in den Regierungsentwurf ohne größere Widerstände aus dem Gewerkschaftsbereich vollzog, hängt sicherlich mit dem Verzicht der Bundesregierung auf einen fiskalischen Kompensationsvorschlag zusammen. Es heißt dort: "Im Gegensatz zu den Beschlüssen des Jahres 1971 hat die Bundesregierung gegenwärtig nicht die

---

1) Vgl. Lowi (1975) S. 139.

Absicht, die zum teilweisen Ausgleich der Steuermindereinnahmen vorgesehene Erhöhung des allgemeinen Umsatzsteuersatzes von 11 auf 12 v.H. vorzuschlagen." [1] Damit rückten für die Körperschaftsteuerreform Elemente des "distributiven" Politiktyps in den Vordergrund, was in einem verminderten Konfliktniveau zum Ausdruck kam. Die Widerstände aus dem Gewerkschaftsbereich verstärkten sich allerdings immer dann, wenn Interessen der Arbeitnehmer unmittelbar betroffen waren. Dies läßt sich nochmals in der letzten Phase der Reform im Jahre 1976 beobachten, als gleichzeitig mit den parlamentarischen Beratungen des Körperschaftsteuergesetzes über eine Erhöhung der Mehrwertsteuersätze diskutiert wurde und die Gegner der Körperschaftsteuerreform wegen der fiskalischen Parallele ihre Widerstände erneut zum Ausdruck brachten. Bestimmend für das Konfliktniveau innerhalb des Verbändesystems waren somit die fiskalischen Auswirkungen des Systemwechsels und die Bekanntgabe konkreter Kompensationsvorschläge; insbesondere der letztere Faktor variierte im Verlaufe des Reformprozesses und hat damit eine rein distributive Konfliktaustragung im Sinne Th. J. Lowis unterbunden.

Im Regierungs- und Verwaltungsbereich ist die Frage nach der Wahl des neuen Besteuerungssystems auf Ministerebene entschieden worden. Hier waren es vor allem die Bundesfinanzminister A. Möller und K. Schiller, die durch ihr Votum für das Anrechnungsverfahren das neue Körperschaftsteuersystem bestimmten. Allerdings sei auch an dieser Stelle auf die

1) Bundesregierung (1974) S. 204 f.

präjudizierende Bedeutung des Gutachtens der Eberhard-Kommission für die Entscheidung A. Möllers hingewiesen, der den Abschlußbericht des Gremiums ja bewußt abgewartet hatte. Auch der weitere Verlauf des Reformprozesses ist hinsichtlich der Art des Systemwechsels auf Ministerebene entschieden worden. Der Übergang vom Anrechnungssystem mit einheitlichem Satz zum sogenannten kombinierten System ist auf die Initiative K. Schillers von seinem Steuerreferenten H.A. Fischer erarbeitet worden.

Anders als die Mikrostruktur des Gesetzes steht die Grundsatzentscheidung für das Anrechnungssystem in erstaunlicher Übereinstimmung mit den Wünschen der unternehmerischen Großverbände. So wurde das Anrechnungsverfahren des ersten Referentenentwurfes von den Verbänden des Unternehmensbereichs als "positiver Beitrag zur Fortentwicklung unseres Steuersystems" [1] bezeichnet. Der im Jahre 1972 von K. Schiller angeregte Übergang zum kombinierten System näherte sich den Vorstellungen der Großunternehmen um einen weiteren Schritt. Die hierdurch sich verringernde Belastung der nichtanrechnungsberechtigten Anteilseigner machte den Systemwechsel auch für die Tochterunternehmen ausländischer Muttergesellschaften akzeptabel.

Während somit die Art des in Frage kommenden "neuen" Systems von einer kooperativen Zusammenarbeit zwischen politischer Spitze und unternehmerischen

---

1) Deutscher Industrie- und Handelstag u.a. (1971) S. 4.

Großverbänden geprägt war, zumindest der Regierungs- und Verwaltungsbereich um eine Anpassung an die Interessen der Großverbände bemüht war, so war doch das Vorantreiben der Reform selbst, d.h. die Frage, ob überhaupt eine Neukodifizierung des Gesetzes erwünscht sei, von anderen Faktoren bestimmt.

b) Politiksteuerung durch Wahlen

Zunächst darf nicht übersehen werden, daß die Erwartungshaltung der öffentlichen und veröffentlichten Meinung, die nach der Übergabe des Gutachtens der Eberhard-Kommission gegenüber steuerpolitischen Aktivitäten der Bundesregierung anzutreffen war und die die politische Spitze ja auch selbst erzeugt hatte, die SPD/FDP-Koalition aus wahlpolitischen Erwägungen geradezu nötigte, ein umfassendes Konzept in Form der Eckwerte vorzulegen. Für eine Ausklammerung der Körperschaftsteuerreform bestand zunächst kein Anlaß.

Erst die Beschlüsse des SPD-Steuerparteitages ließen die Gewinnbesteuerung für die SPD-Regierungsmitglieder zu einem umstrittenen Politikfeld werden. Unter Berücksichtigung der bei ihrem Wählerpotential durch den Parteitag erzeugten Erwartungen war die Sozialdemokratische Partei im Wahlkampf des Jahres 1972 gezwungen, von der Körperschaftsteuerreform abzurücken. Allerdings war der von der SPD gewünschte Verzicht auf die Reform in den Koalitionsverhandlungen gegenüber der FDP nicht durchzusetzen, was als eine der Schlüsselentscheidungen auf dem Wege zur Verabschiedung des Reformgesetzes gewertet werden darf. Die Beharrlichkeit, mit der die FDP innerhalb der Koalition auf der Reform der Körperschaftsteuer bestand, war sicherlich sehr stark von wahlpolitischen Überlegungen mitbestimmt.[1] Da die Freien Demokraten die Reform der Gewinnbesteuerung als ein Kernstück der gesamten Steuerreform angekündigt hatten, war ihre Verabschiedung für sie von weit höherer Bedeutung als für ihren Koalitionspartner, der eine mehr ablehnend-uninteressierte Position einnahm und für den die Reform als Politikfeld relativ unbedeutend war. Aus diesem Interessengefüge heraus ist der FDP schließlich auch die Durchsetzung der Reform gelungen. Während der Finanzausschußberatungen trat die ebenfalls auf die Reform drängende CDU/CSU-Fraktion unterstützend hinzu.

Während somit die Frage nach der Auswahl der Systemalternative weitgehend eine Entscheidung der politischen Spitze des Bundesfinanzministeriums unter Berücksichtigung des an der Reform besonders interessierten Unternehmensbereichs war, erweist sich die Willensbildung über das Nein oder Ja eines Systemwechsels als primär von wahlorientierten Überlegungen bestimmt, so daß hier durchaus von einer Politiksteuerung durch Wahlen gesprochen werden kann. Bei der Einkommensteuerreform hat U.K. Preusker diese Wahlorientierung ebenfalls nachgewiesen. Für die Konsensbildung zwischen den Parteien war daher weniger die Auswahl der Reformalternative, als vielmehr die Grundsatzfrage nach der Aufgabe oder Beibehaltung des alten Körperschaftsteuersystems von Bedeutung. Sehr deutlich

---

1) Vgl. hierzu auch Preusker (1979) S. 79 f.

wird dies nochmals im Finanzausschuß, in dem über alternative Reformmodelle überhaupt nicht mehr diskutiert wurde, sondern auf makropolitischer Ebene einzig die Frage zur Debatte stand, ob die Reform im Sinne des Anrechnungsverfahrens entschieden würde oder ob es beim alten System bliebe.

D. Zur Sequenzanalyse steuerreformpolitischer Willensbildungsprozesse: Die Körperschaftsteuerreform im Zeitablauf

Die Auswertung des empirischen Teils in zeitlicher Dimension läßt eine Aufeinanderfolge von vier Phasen erkennen, die hinsichtlich der dominanten Akteure, der institutionellen Bedingungen, der Art der Entscheidungsfindung und der Entscheidungen selbst eine jeweils eigene Charakteristik aufweisen. Diese vier Phasen seien im folgenden bezeichnet als

- Impulsphase,
- Selektionsphase,
- Konkretisierungsphase und
- formelle Entscheidungsphase. [1]

Die Impulsphase der Körperschaftsteuerreform war gekennzeichnet durch eine zunehmende Kritik der Gewinnbesteuerung körperschaftlich strukturierter Unternehmen. Interessant ist, daß der eigentliche Impuls der Kritik weniger aus dem Unternehmenssektor und seinem Verbändesystem hervorging, sondern

---

1) Versuche, politische Willensbildungsprozesse mit idealtypischen Phasenverläufen zu erfassen, finden sich bei Voigt/Budischin (1976) S. 64 ff., Meyer-Krahmer (1979) S. 17 ff., Streit (1979) S. 210 ff. und neuerdings bei Ruß-Mohl (1981).

daß der privatwirtschaftliche Bereich die Impulse aufgriff, welche von wissenschaftlicher Seite vorgetragen wurden. [1] [2] Hierbei zeigte sich allerdings, daß wissenschaftliche Konzeptionen nur unter bestimmten Voraussetzungen in die öffentliche Diskussion Einlaß finden. So war für das Anrechnungsverfahren von entscheidender Bedeutung, daß es von einem Gremium der institutionalisierten Politikberatung, dem Wissenschaftlichen Beirat beim Bundesministerium der Finanzen vertreten wurde. Und auch die Teilhabersteuer konnte ihre besondere Rolle während der Impulsphase nur durch die "Öffentlichkeitsarbeit" ihrer Schöpfer entfalten. Andere Reformvorschläge, wie z.B. das Dividendenabzugsverfahren, erlangten während der Impulsphase bei weitem nicht die Bedeutung des Vorschlages von W. Stützel und W. Engels und des Konzeptes des Wissenschaftlichen Beirats, da ihnen von keinem Gremium oder Akteur öffentliche Aufmerksamkeit verschafft wurde.

Die Impulsphase während der zweiten Hälfte der 60er Jahre, deren Bedeutung im Reformprozeß darin bestand, Aufmerksamkeit im Unternehmensbereich für die Probleme der Gewinnbesteuerung zu erzeugen, fand ihr Ende mit der Berufung der Eberhard-Kommission und der Ankündigung einer "Großen Steuerreform" durch die Bundesregierung.

---

1) Vgl. zur Bestätigung insbesondere Bundesverband der Deutschen Industrie (1969) S. 94.

2) Dies stützt die These Grottians, der nachzuweisen versucht, daß für das Einleiten der Steuerreform gegen Ende der sechziger Jahre ökonomische Schwierigkeiten der deutschen Wirtschaft nicht maßgeblich waren. Vgl. Grottian (1980) S. 110 ff.

Bestimmend für die nun folgende Selektionsphase war der Konsensbildungsprozeß innerhalb des Verbändesystems, dem die Bundesregierung mit der Steuerreformkommission ein institutionalisiertes Forum geschaffen hatte. Die präjudizierende Rolle der Kommission ist in der Studie deutlich zum Ausdruck gekommen; mit der Entscheidung dieses Gremiums für einen Systemwechsel im Sinne des Anrechnungsverfahrens waren alle übrigen Reformmodelle aus dem weiteren Prozeß herausgefallen.

Damit wurde gleichzeitig der Übergang von der Selektions- in die Konkretisierungsphase möglich; auf der Grundlage des Vorschlags der Eberhard-Kommission wurde innerhalb des Bundesfinanzministeriums mit der Erarbeitung der Referentenentwürfe begonnen. Die mikropolitische Ausformung der Grundsatzentscheidungen war für diese Phase bestimmend. Dominierend in diesem Stadium des Prozesses waren die Akteure der Referatsebene, welche die von den unternehmerischen Spitzenverbänden präferierte wissenschaftliche Grundkonzeption in gesetzestechnische Kategorien übersetzten und darüber hinaus eine Neukodifizierung des gesamten Gesetzes ohne Beteiligung der politischen Spitze und in äußerst kritischer Distanz zu den steuerausfallintensiven Petiten des Verbändesystems erarbeiteten.

Daß sich die Konkretisierungsphase trotz des erstaunlich schnellen Vorliegens der Referentenentwürfe erheblich ausdehnte, geht auf Gründe zurück, die außerhalb des Ministerialbereichs zu suchen sind. Parteiinterne Willensbildungsprozesse, die - dies gilt für die gesamten Steuerreformbestrebungen

der 70er Jahre - zu einem viel zu späten Zeitpunkt einsetzten, und das zwischenzeitliche Dominieren anderer Politikfelder wirkten sich hier aus. "Offensichtlich wurde ... der Zeitbedarf für detaillierte Reformarbeit mit divergierenden Zielvorstellungen tendenziell unterschätzt; insbesondere dann, wenn in zunehmendem Maße Willensbildungsprozesse innerhalb der beteiligten Parteien begleitend hinzutreten, steigt dieser Zeitbedarf rapide an." [1]
Daß die Reform der Körperschaftsteuer während der Konkretisierungsphase dennoch nicht scheiterte, ist letztlich auf die Beharrlichkeit der Freien Demokraten und unter ihnen insbesondere der Abgeordneten L. Funcke zurückzuführen. Sie zählt neben F. Wrede aus dem Bundesfinanzministerium und dem CSU-Abgeordneten R. Kreile zu dem doch recht kleinen Kreis von Personen, die nahezu an dem gesamten Reformprozeß aktiv beteiligt waren.

Die formelle Entscheidungsphase schließlich, die mit der Einbringung des Regierungsentwurfes in den Bundestag einsetzte, war nochmals geprägt durch die Auseinandersetzungen zwischen den Parteien um die Realisierung der Reform als Ganzes. Das im Jahre 1976 vom Bundestag verabschiedete Körperschaftsteuergesetz selbst war bis auf wenige Punkte - insbesondere die Besteuerung der öffentlichen Unternehmen - identisch mit dem vom Bundesfinanzministerium erarbeiteten Regierungsentwurf.

Der Rückblick zeigt somit, daß in den ersten beiden Phasen Wissenschafts- und Verbandsbereich aus der

---

1) Hansmeyer (1974) S. 118.

Kritik am geltenden Recht heraus ein alternatives Besteuerungssystem in Gestalt des Anrechnungsverfahrens dem Regierungs- und Verwaltungsbereich präsentierten. Den weiteren Verlauf bestimmten in den folgenden Phasen die Akteure der Ministerialverwaltung auf der einen Seite, die die Feinarbeit in Gestalt der Referentenentwürfe besorgten, und die Parteien auf der anderen Seite, die über ihre Regierungs- und Fraktionsmitglieder die Grundsatzfragen der Reform, insbesondere aber ihre eigentliche Verwirklichung entschieden.

Ausgeklammert blieb in der Untersuchung die sich anschließende Implementationsphase. Hierunter ist die Ausformung des Körperschaftsteuergesetzes durch Richtlinien und Rechtsprechung und seine Anwendung durch die Finanzverwaltungen, u.U. auch die erneute Änderung von Einzelparagraphen durch den Gesetzgeber zu subsumieren. Diese Phase dauert zur Zeit noch an, und ihre Analyse böte mit Sicherheit eine fruchtbare Ergänzung der vorliegenden Studie, zumal die Implementation verabschiedeter Steuergesetze bisher noch kaum erforscht wurde, eine positive Theorie der Steuerreform jedoch auch hieran anzuknüpfen hat.

LITERATURVERZEICHNIS

ABGABENORDNUNG vom 16.3.1976 (AO 1977), BGBl. 1976 I S. 613.

ACKERMANN, P. (1970): Der Deutsche Bauernverband im politischen Kräftespiel der Bundesrepublik. Die Einflußnahme des DBV auf die Entscheidung über den europäischen Getreidepreis, Tübingen

AKTUELLE BEITRÄGE ZUR WIRTSCHAFTS- UND FINANZPOLITIK (26.9.1973): Wirtschafts- und vermögenspolitische Bedeutung der Körperschaftsteuerreform, Nr. 97.

ALEMANN, U. v., Hrsg. (1981a): Neokorporatismus, Frankfurt/M.

ALEMANN, U. v. (1981b): Einleitung, in: Neokorporatismus, hrsg. v. U. v. Alemann, Frankfurt/M., S. 7 ff.

ALEMANN, U. v./HEINZE, R.G., Hrsg. (1979): Verbände und Staat. Vom Pluralismus zum Korporatismus. Analysen, Positionen, Dokumente, Opladen.

ALEMANN, U. v./HEINZE, R.G. (1981): Kooperativer Staat und Korporatismus: Dimensionen der Neo-Korporatismusdiskussion, in: Neokorporatismus, hrsg. v. U. v. Alemann, Frankfurt/M., S. 43 ff.

ALVERDES, B. (1968): Der Stützel-Plan. Zum vermögenspolitischen Aspekt der Teilhabersteuer, in: Gesellschaftspolitische Kommentare, 15. Jg., S. 179 f.

AMERICAN CHAMBER OF COMMERCE IN GERMANY (1976a): Eingabe an den Finanzausschuß des Deutschen Bundestages vom 3.3.1976, Frankfurt/M.

AMERICAN CHAMBER OF COMMERCE IN GERMANY (1976b): Eingabe an den Finanzausschuß des Deutschen Bundestages, o.D., Frankfurt/M.

APPOLDT, F.W. (1971): Die Öffentlichen Anhörungen ("Hearings") des Deutschen Bundestages. Ein Beitrag zur Beobachtung der Entfaltung eines lebendigen Verfassungssystems an Hand von organisatorischen und geschäftsordnungsmäßigen Entwicklungen eines obersten Staatsorgans, Berlin.

ARBEITSGRUPPE "STEUERREFORM" DER FDP-FRAKTION IM BUNDESTAG (1971): Ergebnisse der Sitzungen vom 27.4., 30.4., 5.5. und 12.5.1971.

ARBEITSKREIS ZUR FÖRDERUNG DER AKTIE (1970): Beseitigung der steuerlichen Benachteiligung der Aktie - eine Voraussetzung für die breitere Vermögensbildung, Düsseldorf.

ARBEITSKREIS ZUR FÖRDERUNG DER AKTIE (1974): Mehr Aktien für mehr Aktionäre, Düsseldorf.

ARNIM, H.H. v. (1977): Gemeinwohl und Gruppeninteressen. Die Durchsetzungsschwäche allgemeiner Interessen in der pluralistischen Demokratie, Frankfurt/M.

AUSSCHUSS FÜR RAUMORDNUNG, BAUWESEN UND STÄDTEBAU DES DEUTSCHEN BUNDESTAGES (1976): Stellungnahme vom 10. März 1976 zu dem Entwurf eines Dritten Steuerreformgesetzes, hier: Artikel 2 - Körperschaftsteuergesetz(KStG 1976).

AUSSCHUSS FÜR WIRTSCHAFTLICHE VERWALTUNG IN WIRTSCHAFT UND ÖFFENTLICHER HAND (o.J.): Bericht über das Planspiel "Körperschaftsteueranrechnungsverfahren", 1. Abschnitt: Wirtschaftliche Auswirkungen des Anrechnungsverfahrens und Verfahrenstechnik bei den Körperschaften, o.O.

BAARS, B.A. (1973): Strukturmodelle für die öffentliche Verwaltung, Köln u.a.

BAARS, B.A./BAUM, K.B./FIEDLER, J. (1976): Politik und Koordinierung, Göttingen.

BERNHOLZ, P. (1973): Die Machtkonkurrenz der Verbände im Rahmen des politischen Entscheidungssystems, in: Macht und ökonomisches Gesetz, hrsg. v. H.K. Schneider und Ch. Watrin, Schriften des Vereins für Socialpolitik, N.F., Bd. 74/II, Berlin.

BETRIEBSTEUERAUSSCHUSS DER VERWALTUNG FÜR FINANZEN (1949): Bericht und Gesetzentwürfe zur Betriebsteuer, in: Steuer und Wirtschaft, 26. Jg., S. 930 ff.

BEYME, K. v. (1980): Interessengruppen in der Demokratie, 5. Aufl., München.

BITZ, M./WELCKER, J. (1970): Teilhabersteuer. Ideologie oder Rechenstift?, in: Der Volkswirt, 24. Jg., Nr. 28 vom 10.7.1970, S. 36 f.

BLATZHEIM, A. (1971): Finanzwirtschaftliches Gesamtbild der Regierungsbeschlüsse über die Eckwerte zur Steuerreform, in: Bulletin des Presse- und Informationsamtes der Bundesregierung, Nr. 95 vom 23.6.1971, S. 1041 ff.

BÖHRET, C. (1979): Politische Vorgaben für ziel- und ergebnisorientiertes Verwaltungshandeln aus Regierungserklärungen?, in: Ziel- und ergebnisorientiertes Verwaltungshandeln. Entwicklung und Perspektiven in Regierung und Verwaltung, Verwaltung und Fortbildung, Sonderheft 4, Köln, Bonn, S. 61 ff.

BUJARD, H. (1974): Der Interessenteneinfluß auf die europäische Zuckerpolitik. Entstehung, Gestaltung und Auswirkung der EWG-Zuckermarktordnung, Baden-Baden.

BULLETIN DES PRESSE- UND INFORMATIONSAMTES DER BUNDESREGIERUNG (29.10.1969): Regierungserklärung des Bundeskanzlers vor dem Deutschen Bundestag, Nr. 132, S. 1121 ff.

BULLETIN DES PRESSE- UND INFORMATIONSAMTES DER BUNDESREGIERUNG (27.5.1971): Anhörung der Verbände zur Steuerreform, Nr. 81, S. 868.

BUND DEUTSCHER KONSUMGENOSSENSCHAFTEN (1975): Eingabe an den Finanzausschuß des Deutschen Bundestages vom 18.11.1975, Hamburg.

BUND DEUTSCHER KONSUMGENOSSENSCHAFTEN (1976): Eingabe an den Finanzausschuß des Deutschen Bundestages vom 28.1.1976, Hamburg.

BUNDESFACHAUSSCHUSS FÜR FINANZ- UND STEUERPOLITIK DER FDP (1969): Ergebnisprotokoll der Sitzung am 21.2.1969.

BUNDESMINISTER DER FINANZEN (1970): Bericht an den Deutschen Bundestag über den Stand der Steuerreform, Deutscher Bundestag, 6. Wahlperiode, Drucksache VI/1152 v. 16.9.1970.

BUNDESMINISTER FÜR WIRTSCHAFT UND FINANZEN (1971a): Referentenentwurf eines Körperschaftsteuergesetzes 1974 (RefE KStG 1974), Bonn

BUNDESMINISTER FÜR WIRTSCHAFT UND FINANZEN (1971b): Einführung in die Vorschriften über das Anrechnungsverfahren, Bonn.

BUNDESMINISTERIUM DER FINANZEN, Hrsg. (1967): Gutachten zur Reform der direkten Steuern (Einkommensteuer, Körperschaftsteuer, Vermögensteuer und Erbschaftsteuer) in der Bundesrepublik Deutschland, erstattet vom Wissenschaftlichen Beirat beim Bundesministerium der Finanzen, Schriftenreihe des Bundesministeriums der Finanzen, Heft 9, Bad Godesberg.

BUNDESMINISTERIUM FÜR WIRTSCHAFT UND FINANZEN, Hrsg. (1971): Gutachten der Steuerreformkommission 1971, Schriftenreihe des Bundesministeriums der Finanzen, Heft 17, Bonn.

BUNDESRAT (1973a): Empfehlungen der Ausschüsse zum Entwurf eines Dritten Steuerreformgesetzes, Drucksache 700/1/73 vom 11.12.1973.

BUNDESRAT (1973b): Stellungnahme zum Entwurf eines Dritten Steuerreformgesetzes, in: Bundesregierung, Entwurf eines Dritten Steuerreformgesetzes, Deutscher Bundestag, 7. Wahlperiode, Drucksache 7/1470 vom 9.1.1974, S. 409 ff.

BUNDESRAT (20.12.1973): Stenographische Berichte, 400. Sitzung.

BUNDESRAT (25.6.1976): Stenographische Berichte, 436. Sitzung.

BUNDESRAT, Finanzausschuß (6.12.1973): Niederschrift über die 380. Sitzung.

BUNDESRAT, Finanzausschuß (10.6.1976): Niederschrift über die 414. Sitzung.

BUNDESRAT, Wirtschaftsausschuß (6.12.1973): Niederschrift über die 332. Sitzung.

BUNDESREGIERUNG (1968): Bericht über die Untersuchung der Wettbewerbsverschiebungen im Kreditgewerbe und über die Einlagensicherung, Deutscher Bundestag, 5. Wahlperiode, Drucksache V/3500 v. 18.11.1968.

BUNDESREGIERUNG (1971a): Kabinettbeschluß vom 11. Juni 1971 zur Steuerreform, in: Bulletin des Presse- und Informationsamtes der Bundesregierung, Nr. 95 vom 23.6.1971, S. 996 ff.

BUNDESREGIERUNG (1971b): Kabinettbeschluß vom 28./29. Oktober 1971 zur Steuerreform, in: Bulletin des Presse- und Informationsamtes der Bundesregierung, Nr. 160 vom 3.11.1971, S. 1696 ff.

BUNDESREGIERUNG (1974): Entwurf eines Dritten Steuerreformgesetzes, Deutscher Bundestag, 7. Wahlperiode, Drucksache 7/1470 v. 9.1.1974.

BUNDESSTEUERBERATERKAMMER (1975a): Eingabe an den Finanzausschuß des Deutschen Bundestages vom 24.11.1975, Bonn.

BUNDESSTEUERBERATERKAMMER (1975b): Eingabe an den Finanzausschuß des Deutschen Bundestages vom 9.12.1975, Bonn.

BUNDESVERBAND DER DEUTSCHEN INDUSTRIE (1969): Jahresbericht 1968/69, Köln.

BUNDESVERBAND DER DEUTSCHEN INDUSTRIE (1970): Jahresbericht 1969/70, Köln.

BUNDESVERBAND DER DEUTSCHEN INDUSTRIE (1971): Jahresbericht 1970/71, Köln.

BUNDESVERBAND DER DEUTSCHEN INDUSTRIE (1972): Jahresbericht 1971/72, Köln.

BUNDESVERBAND DER DEUTSCHEN INDUSTRIE (1975): Jahresbericht 1974/75, Köln.

BUNDESVERBAND DER DEUTSCHEN INDUSTRIE (1976): Jahresbericht 1975/76, Köln.

BUNDESVERBAND DER DEUTSCHEN VOLKSBANKEN UND RAIFFEISENBANKEN (1974a): Eingabe an den Bundesminister der Finanzen vom 30.5.1974, Bonn.

BUNDESVERBAND DER DEUTSCHEN VOLKSBANKEN UND RAIFFEISENBANKEN (1974b): Eingabe an den Bundesminister der Finanzen vom 31.7.1974, Bonn.

BUNDESVERBAND DER DEUTSCHEN VOLKSBANKEN UND RAIFFEISENBANKEN (1975): Eingabe an den Finanzausschuß und den Ausschuß für Wirtschaft des Deutschen Bundestages vom 24.11. 1975, Bonn.

BUNDESVERBAND DEUTSCHER BANKEN (1971): Jahresbericht 1970/71, o.O.

BUNDESVERBAND DEUTSCHER BANKEN (1972): Jahresbericht 1971/72, o.O.

BUNDESVERBAND DEUTSCHER BANKEN u.a. (1975a): Eingabe an den Finanzausschuß des Deutschen Bundestages vom 24.11.1975, Köln, Bonn.

BUNDESVERBAND DEUTSCHER BANKEN u.a. (1975b): Eingabe an den Finanzausschuß des Deutschen Bundestages vom 5.12.1975, Köln, Bonn.

BUNDESVERBAND DEUTSCHER BANKEN u.a. (1976): Eingabe an den Finanzausschuß des Deutschen Bundestages vom 8.1.1976, Köln, Bonn.

BUNDESVEREINIGUNG DER KOMMUNALEN SPITZENVERBÄNDE (1971a): Stellungnahme zum Gutachten der Steuerreformkommission vom 7.5.1971, Köln.

BUNDESVEREINIGUNG DER KOMMUNALEN SPITZENVERBÄNDE (1971b): Eingabe an den Bundesminister für Wirtschaft und Finanzen vom 29.10.1971, Köln.

BUNDESVEREINIGUNG DER KOMMUNALEN SPITZENVERBÄNDE (1975a): Eingabe an den Finanzausschuß des Deutschen Bundestages vom 20.11.1975, Köln.

BUNDESVEREINIGUNG DER KOMMUNALEN SPITZENVERBÄNDE (1975b): Eingabe an den Finanzausschuß des Deutschen Bundestages vom 24.11.1975, Köln.

BUNDESVEREINIGUNG DER KOMMUNALEN SPITZENVERBÄNDE (1976a): Eingabe an den Finanzausschuß des Deutschen Bundestages vom 17.2.1976, Köln.

BUNDESVEREINIGUNG DER KOMMUNALEN SPITZENVERBÄNDE (1976b): Eingabe an den Finanzausschuß des Deutschen Bundestages vom 7.4.1976, Köln.

BUNDESVEREINIGUNG DER KOMMUNALEN SPITZENVERBÄNDE (1976c): Eingabe an den Finanzausschuß des Deutschen Bundestages vom 26.4.1976, Köln.

CENTRALE FÜR GMBH (1975a): Jahresbericht 1974/1975, in: GmbH-Rundschau, 66. Jg., S. 1 ff.

CENTRALE FÜR GMBH (1975b): Chancengleichheit für die mittelständische GmbH! Eingabe der Centrale für GmbH Dr. Otto Schmidt zu einer Novellierung des Körperschaftsteuer- und Vermögensteuergesetzes vom 15.11.1975, in: GmbH-Rundschau, 66. Jg., S. 241 ff.

DEUTSCHE ANGESTELLTEN-GEWERKSCHAFT (1975): Eingabe an den Finanzausschuß des Deutschen Bundestages vom 26.11.1975, Hamburg.

DEUTSCHER BUNDESTAG (25.1.1974): Stenographische Berichte, 7. Wahlperiode, 77. Sitzung.

DEUTSCHER BUNDESTAG (10.6.1976): Stenographische Berichte, 7. Wahlperiode, 250. Sitzung.

DEUTSCHER BUNDESTAG, 7. Ausschuß (19.2.1975): 7. Wahlperiode, Protokoll Nr. 69.

DEUTSCHER BUNDESTAG, 7. Ausschuß (23.10.1975): 7. Wahlperiode, Protokoll Nr. 90.

DEUTSCHER BUNDESTAG, 7. Ausschuß (26.11.1975): 7. Wahlperiode, Protokoll Nr. 91.

DEUTSCHER BUNDESTAG, 7. Ausschuß (28.11.1975): 7. Wahlperiode, Protokoll Nr. 92.

DEUTSCHER BUNDESTAG, 7. Ausschuß (3.12.1975): 7. Wahlperiode, Protokoll Nr. 93.

DEUTSCHER BUNDESTAG, 7. Ausschuß (11.2.1976): 7. Wahlperiode, Protokoll Nr. 100.

DEUTSCHER BUNDESTAG, 7. Ausschuß (13.2.1976): 7. Wahlperiode, Protokoll Nr. 101.

DEUTSCHER BUNDESTAG, 7. Ausschuß (18.2.1976): 7. Wahlperiode, Protokoll Nr. 102.

DEUTSCHER BUNDESTAG, 7. Ausschuß (20.2.1976): 7. Wahlperiode, Protokoll Nr. 103.

DEUTSCHER BUNDESTAG, 7. Ausschuß (10.3.1976): 7. Wahlperiode, Protokoll Nr. 104a.

DEUTSCHER BUNDESTAG, 7. Ausschuß (2.4.1976): 7. Wahlperiode, Protokoll Nr. 109.

DEUTSCHER BUNDESTAG, 7. Ausschuß (9.4.1976): 7. Wahlperiode, Protokoll Nr. 111a.

DEUTSCHER BUNDESTAG, 7. Ausschuß (19.5.1976): 7. Wahlperiode, Protokoll Nr. 114.

DEUTSCHER BUNDESTAG, 8. Ausschuß (9.6.1976): 7. Wahlperiode, Protokoll Nr. 133.

DEUTSCHER BUNDESTAG, 9. Ausschuß (10.3.1976): 7. Wahlperiode, Protokoll Nr. 80.

DEUTSCHER BUNDESTAG, 9. Ausschuß (19.5.1976): 7. Wahlperiode, Protokoll Nr. 90.

DEUTSCHER GENOSSENSCHAFTS- UND RAIFFEISENVERBAND (1975): Eingabe an den Finanzausschuß des Deutschen Bundestages vom 21.11.1975, Bonn.

DEUTSCHER GEWERKSCHAFTSBUND (1971): Vorschläge des DGB zur Steuerreform, in: DGB-Informationsdienst, Nr. 5 vom 18.5.1971.

DEUTSCHER GEWERKSCHAFTSBUND (1972): Vorschläge des Deutschen Gewerkschaftsbundes zur Steuerreform, Bonn.

DEUTSCHER GEWERKSCHAFTSBUND (1975): Eingabe an den Finanzausschuß des Deutschen Bundestages vom 20.11.1975, Düsseldorf.

DEUTSCHER INDUSTRIE- UND HANDELSTAG (1970): Bericht 1970, Berlin.

DEUTSCHER INDUSTRIE- UND HANDELSTAG (1971): Bericht 1971, Köln.

DEUTSCHER INDUSTRIE- UND HANDELSTAG (1972): Bericht 1972, Bonn.

DEUTSCHER INDUSTRIE- UND HANDELSTAG (1976): Bericht 1976, Bonn.

DEUTSCHER INDUSTRIE- UND HANDELSTAG u.a. (1971): Stellungnahme zu den Referentenentwürfen des Zweiten Steuerreformgesetzes vom 29.11.1971, Köln, Bonn.

DEUTSCHER INDUSTRIE- UND HANDELSTAG u.a. (1975): Eingabe an den Finanzausschuß des Deutschen Bundestages vom 21.11.1975.

DEUTSCHER INDUSTRIE- UND HANDELSTAG/BUNDESVERBAND DER DEUTSCHEN INDUSTRIE (1976): Stellungnahme zum Problem des Ausländereffekts im Rahmen der Körperschaftsteuerreform vom 4.3.1976, Köln, Bonn.

DEUTSCHER SPARKASSEN- UND GIROVERBAND (1971a): Informationen über die Besteuerung der Sparkassen, Bonn.

DEUTSCHER SPARKASSEN- UND GIROVERBAND (1971b): Gleicher Steuersatz ist nicht gleiche Wettbewerbslage, Bonn.

DEUTSCHER SPARKASSEN- UND GIROVERBAND (1975): Eingabe an den Finanzausschuß des Deutschen Bundestages vom 18.11.1975, Bonn.

DEUTSCHER SPARKASSEN- UND GIROVERBAND (1976): Eingabe an den Finanzausschuß des Deutschen Bundestages vom 24.3.1976, Bonn.

DEUTSCHLAND-UNION-DIENST (8.4.1969): Reform der Doppelbesteuerung.

DEUTSCH-NIEDERLÄNDISCHE HANDELSKAMMER (1975): Stellungnahme zur Körperschaftsteuerreform vom 24.11.1975, Düsseldorf.

DEUTSCH-NIEDERLÄNDISCHE HANDELSKAMMER (1976): Eingabe an den Finanzausschuß des Deutschen Bundestages vom 27.2.1976, Düsseldorf.

DITTMAR, R. (1971): Steuerfreiheit für ausgeschüttete Gewinne. Überlegungen der DAG zur Beseitigung der Doppelbesteuerung, in: Die Welt vom 9.3.1971.

ENGELHARDT, G./SCHÜRGERS,M. (1975): Politische Entscheidungsprozesse als Erkenntnisobjekt der theoretischen Wirtschafts- und Finanzpolitik - eine systemanalytische Interpretationsskizze, in: WISU, 4. Jg., S. 445 ff., S. 495 ff. und S. 543 ff.

ENGELS, W. (1966) Reformbedürftige Körperschaftsteuer. Vorschläge aus volkswirtschaftlicher Sicht, in: Der Volkswirt, 20. Jg., S. 1305 f.

ENGELS, W. (1968): Die Körperschaftsteuer als Einkommensteuervorabzug. Steuerertrag und Steuertechnik bei einer Reform der Körperschaftsbesteuerung, in: Die Aussprache, 18. Jg., S. 9 ff.

ENGELS, W. (1969): Theoretische Grundlagen der Vermögenspolitik. Von Keynes bis Leland, in: Gesellschaftspolitische Kommentare, 16. Jg., S. 217 ff.

ENGELS, W./STÜTZEL, W. (1968): Teilhabersteuer. Ein Beitrag zur Vermögenspolitik, zur Verbesserung der Kapitalstruktur und zur Vereinfachung des Steuerrechts, Frankfurt/M.

FELDSTEIN, M. (1976): On the Theory of Tax Reform, in:Journal of Public Economics, Bd. 6, S. 77 ff.

FINANZAUSSCHUSS DES DEUTSCHEN BUNDESTAGES (1976a): Dritter Antrag zu dem von der Bundesregierung eingebrachten Entwurf eines Dritten Steuerreformgesetzes, Deutscher Bundestag, Drucksache 7/5303 vom 3.6.1976.

FINANZAUSSCHUSS DES DEUTSCHEN BUNDESTAGES (1976b): Dritter Bericht zu dem von der Bundesregierung eingebrachten Entwurf eines Dritten Steuerreformgesetzes, Deutscher Bundestag, 7. Wahlperiode, Drucksache 7/5310 vom 4.6.1976.

FISCHER, H.A. (1971): Die Steuerreform und ihr Verhältnis zur Wirtschaftspolitik und Vermögensbildungspolitik, in: Bulletin des Presse- und Informationsamtes der Bundesregierung, Nr. 95 vom 23.6.1971, S. 1053 ff.

FISCHER, H.A. (1972): Überlegungen zur Reform der Körperschaftsteuer, in: Wirtschafts- und Sozialpolitik, Sonderbeilage zu Ausgabe 27 vom 1.7.1972.

FLUME, W. (1971): Die Betriebsertragsteuer als Möglichkeit der Steuerreform, in: Der Betrieb, 24. Jg., S. 692 ff.

FORSTHOFF, E. (1971): Der Staat der Industriegesellschaft. Dargestellt am Beispiel der Bundesrepublik Deutschland, 2. Aufl., München.

FRAENKEL, E. (1973): Deutschland und die westlichen Demokratien, 5. Aufl., Stuttgart.

FRAKTION DER CDU/CSU (1976): Entschließungsentwurf vom 19.5.1976.

FRAKTION DER SPD (1967): Antrag betr. Einsetzung einer unabhängigen Sachverständigenkommission zur Vorbereitung einer Reform der direkten und indirekten Steuern, Deutscher Bundestag, 5. Wahlperiode, Drucksache V/2164 v. 11.10. 1967.

FRAKTION DER SPD/FRAKTION DER FDP (1976): Entschließungsentwurf vom 18.5.1976.

FRANKFURTER ALLGEMEINE ZEITUNG (5.8.1968): Doppelbesteuerung beseitigen.

FRANKFURTER ALLGEMEINE ZEITUNG (24.6.1971): Uneinigkeit über die Körperschaftsteuer-Reform.

FRANKFURTER ALLGEMEINE ZEITUNG (5.2.1973): Ungewißheit über den weiteren Weg der Steuerreform.

FREDERSDORF, H. (1971): Minderheitsgutachten zum Gutachten der Steuerreformkommission, Düsseldorf.

FRIAUF, K.H. (1969): Die Teilhabersteuer als Ausweg aus dem Dilemma der Doppelbelastung der Körperschaftsgewinne, in: Finanz-Rundschau, 24. (51.) Jg., S. 27 ff.

GEMEINSAMER ARBEITSKREIS DES BDI UND DES DIHT (1971): Reform der Körperschaftsteuer. Stellungnahmen zur Teilhabersteuer ("Stützel-Plan"), zum Plan des Wissenschaftlichen Beirats beim BFM und zum Dividendenabzugsplan, Düsseldorf.

GESAMTVERBAND GEMEINNÜTZIGER WOHNUNGSUNTERNEHMEN (1975): Eingabe an den Finanzausschuß des Deutschen Bundestages vom 24.11.1975, Köln.

GESAMTVERBAND DER VERSICHERUNGSWIRTSCHAFT (1975): Eingabe an den Finanzausschuß des Deutschen Bundestages vom 21.11.1975, Köln.

GLAESER, R. (1964): Finanzpolitische Willensbildung in der Bundesrepublik Deutschland. Versuch einer Analyse der Grundstruktur und Problematik, Berlin.

GROTTIAN, P. (1978): Thematisierungs- und Dethematisierungsstrategien des Staates anhand der Steuerreform, in: Krise des Steuerstaats? Widersprüche, Perspektiven, Ausweichstrategien, hrsg. v. R.R. Grauhan u.R. Hickel, Leviathan, Sonderheft 1/1978, Opladen, S. 76 ff.

GROTTIAN, P. (1980): Reduziertes Wachstum als Chance für Steuerreformen?, in: Folgen reduzierten Wachstums für Politikfelder, hrsg. v. P. Grottian, Politische Vierteljahresschrift, Sonderheft 11/1980, Opladen, S. 107 ff.

GUESNERIE, R. (1977): On the Direction of Tax Reform, in: Journal of Public Economics, Bd. 7, S. 179 ff.

HÄUSSLER, E. (1969): Mitbeteiligung - Die bessere Alternative, Stuttgart.

HALLER, H. (1971a): Die Steuern. Grundlinien eines rationalen Systems öffentlicher Abgaben, 2. Aufl., Tübingen.

HALLER, H. (1971b): Steuerreform, in: Steuerberater - Jahrbuch 1970/71, Köln, S. 15 ff.

HALLER, H. (1972): Finanzpolitik. Grundlagen und Hauptprobleme, 5. Aufl., Tübingen, Zürich.

HALLER, H. (1973): Ideale und weniger ideale Bedingungen für eine Steuerreform, in: Finanzarchiv, N.F., Bd. 32, S. 21 ff.

HALLER, H. (1980): Rationale Steuersysteme und Bestimmungsgründe empirischer Steuerverfassungen, in: Handbuch der Finanzwissenschaft, 3. Aufl., hrsg. v. F. Neumark, Bd. II, Tübingen, S. 173 ff.

HANDELSBLATT (14./15.5.1971): Schiller will Investitionssteuer als "Gewinnabgabe". Die Basis der Steuerreform.

HANDELSBLATT (4.10.1972): Ein Steuerkonflikt trennt SPD und FDP. FDP beharrt auf Eckwerten zur Steuerreform.

HANDELSBLATT (17.5.1974): Die Körperschaftsteuer wird doch reformiert.

HANDELSBLATT (16.2.1976): Steuerreform: SPD im Bummelstreik.

HANSMEYER, K.-H. (1974): Zwischenbilanz der Steuerreform, in: Hamburger Jahrbuch für Wirtschafts- und Gesellschaftspolitik, 19. Jahr, S. 115 ff.

HANSMEYER, K.-H./JUNG, R.H. (1970): Finanz- und Währungspolitik im Dienste liberaler Gesellschaftspolitik, o.O.

HAUSHALTSAUSSCHUSS DES DEUTSCHEN BUNDESTAGES (1976): Bericht gemäß § 96 der Geschäftsordnung zu dem von der Bundesregierung eingebrachten Entwurf eines Dritten Steuerreformgesetzes, hier: Körperschaftsteuerreform, Deutscher Bundestag, Drucksache 7/5346 vom 9.6.1976.

HEILMANN, M. (1975): Die Umsatzsteuerreform in der Bundesrepublik Deutschland. Die Entstehung des Umsatzsteuergesetzes von 1967 (Nettoumsatzsteuer) - Eine Fallstudie zur steuerpolitischen Willensbildung in einer parlamentarischen Demokratie, Bern, Frankfurt/M.

HEINZE, R.G. (1981): Verbändepolitik und "Neokorporatismus". Zur politischen Soziologie organisierter Interessen, Opladen.

HENSEL, R. (1973): Der Einfluß der wirtschaftspolitischen Verbände auf die parlamentarische Arbeit, Diss. Göttingen.

HIRSCH, H. (1966): Die Selbstfinanzierung in der Steuerpolitik, in: Finanzarchiv, N.F., Bd. 25, S. 416 ff.

INSTITUT DER DEUTSCHEN WIRTSCHAFT, Hrsg. (1974): Auf dem Weg in den Gewerkschaftsstaat?, Köln.

INSTITUT "FINANZEN UND STEUERN" (1968): Zur Reform der Körperschaftsteuer, Heft 91, Bonn.

INSTITUT "FINANZEN UND STEUERN" (1972): Körperschaftsteuerrechtliche Anrechnungsverfahren, Heft 102, Bonn.

INSTITUT "FINANZEN UND STEUERN" (1976): Zur Steuerreform. Die Körperschaftsteuer, Heft 100, Bd. 6, Bonn.

INSTITUT FÜR POLITISCHE PLANUNG UND KYBERNETIK (1970): Die Reform des Steuersystems. Ein Beitrag zur Steuerreformdiskussion, Bonn.

JÄCKEL, H. (1969): Wahlführer 1969. Politiker-Parteien-Programme, München.

JUNG, R.H. (1968): Emanzipation der Kleinkapitalisten, in: liberal, 10. Jg., S. 714 ff.

KARL-BRÄUER-INSTITUT DES BUNDES DER STEUERZAHLER (1969): Zur Teilhabersteuer, Wiesbaden.

KARL-BRÄUER-INSTITUT DES BUNDES DER STEUERZAHLER (1971): Der Weg zu einem zeitgemäßen Steuersystem. Diskussionsbeiträge zur Reform des materiellen Steuerrechts, Wiesbaden.

KASTENDIEK, H. (1981): Die Selbstblockierung der Korporatismus-Diskussion: Teilproblematisierungen der gesellschaftlichen Politikorganisation und gesellschaftspolitische Entproblematisierung korporativer Strukturen und Strategien, in: Neokorporatismus, hrsg. v. U. v. Alemann, Frankfurt/M., S. 92 ff.

KENNEDY, M.M. (1979): Generalizing from single case studies, in: Evaluation Quarterly, Vol. 3, S. 661 ff.

KETZEL, E. (1969): Teilhabersteuer. Konzeption und Gestaltungsmöglichkeit, Diss. Klarenthal/Saar.

KNORR, H. (1975): Der parlamentarische Entscheidungsprozeß während der Großen Koalition 1966 bis 1969, Meisenheim am Glan.

KOCH, K. (1971): Zur Steuerreform, in: Deutsche Steuer-Zeitung, 59. Jg., S. 217 ff.

KÖLNER STADT-ANZEIGER (19.4.1973): Ein gespaltener Satz für die Körperschaftsteuer.

KÖRPERSCHAFTSTEUER-DURCHFÜHRUNGSVERORDNUNG vom 26.3.1969 (KStDV 1968), BGBl. 1969 I S. 276.

KÖRPERSCHAFTSTEUERGESETZ vom 13.10.1969 (KStG 1968), BGBl. 1969 I S. 1869.

KÖRPERSCHAFTSTEUERGESETZ vom 31.8.1976 (KStG 1977), BGBl. 1976 I S. 2597.

KREILE, R. (1970): Möglichkeiten und Grenzen einer grundsätzlichen Reform des Körperschaftsteuerrechts, in: Der Betriebs-Berater, 25. Jahr, S. 893 ff.

KREILE, R. (1974): Die Doppelbelastung der Gewinne soll beseitigt werden, in: Frankfurter Allgemeine Zeitung vom 23.1.1974.

KUBISTA, B./SCHEER, Ch. (1976): Steuern und Makropolitik, Neuwied.

KUHN, Th. S. (1962): The Structure of Scientific Revolutions, Chicago.

LEHNER, F. (1979): Grenzen des Regierens. Eine Studie zur Regierungsproblematik hochindustrialisierter Demokratien, Königstein/Ts.

LEPPER, M. (1972): Teams in der öffentlichen Verwaltung, in: Die Verwaltung, 5. Jg., S. 141 ff.

LORENZ, S. (1975): Die Steuerreform in genossenschaftlicher Sicht, in: Archiv für öffentliche und freigemeinnützige Unternehmen, Bd. 10, S. 380 ff.

LOWI, Th. J. (1975): Ein neuer Bezugsrahmen für die Analyse von Machtstrukturen, in: Wohlfahrtsstaat und Massenloyalität, hrsg. v. W.-D. Narr und C. Offe, Köln, S. 133 ff.

MACKSCHEIDT, K./STEINHAUSEN, J. (1977): Finanzpolitik II, Grundfragen versorgungspolitischer Eingriffe, Tübingen, Düsseldorf.

MACKSCHEIDT, K./STEINHAUSEN, J. (1978): Finanzpolitik I, Grundfragen fiskalpolitischer Lenkung, 3. Aufl., Tübingen, Düsseldorf.

MEILICKE, H. (1968): Steuerliche Erleichterung der Umwandlung und Umgestaltung von Unternehmen, in: Die Aussprache, 18. Jg., S. 213 ff.

MENGER, C. (1883): Untersuchungen über die Methode der Socialwissenschaften, und der Politischen Ökonomie insbesondere, Leipzig.

MEYER-KRAHMER, F. (1979): Politische Entscheidungsprozesse und Ökonomische Theorie der Politik, Frankfurt/M., New York.

MILES, M. (1979): Qualitative data as an attractive nuisance: The Problem of analysis, in: Administrative Science Quarterly, Vol. 24, S. 590 ff.

MÖLLER, A. (1970a): Finanzpolitik und Kapitalmarkt. Vortrag vor der Rheinisch-Westfälischen Börse zu Düsseldorf am 4.3.1970, in: Bulletin des Presse- und Informationsamtes der Bundesregierung, Nr. 31 vom 6.3.1970, S. 311 ff.

MÖLLER, A. (1970b): Steuerreform als wichtige Aufgabe dieser Legislaturperiode. Ansprache zum 20. Jubiläum der Oberfinanzdirektion Freiburg am 20.3.1970, in: Bulletin des Presse- und Informationsamtes der Bundesregierung, Nr. 42 vom 25.3.1970, S. 403 ff.

MÖLLER, A. (1980): Genosse Generaldirektor, München, Zürich.

MÜLLER, F.F./SCHMIDT, M.G. (1979): Empirische Politikwissenschaft, Stuttgart u.a.

MUNDORF, H. (1973): Kein Koppelungsgeschäft, in: Handelsblatt vom 19.9.1973.

NEUMARK, F. (1961): Wirtschafts- und Finanzprobleme des Interventionsstaates, Tübingen.

NEUMARK, F. (1970): Grundsätze gerechter und ökonomisch rationaler Steuerpolitik, Tübingen.

NEUMARK, F. (1971): Zur Problematik von Steuerreformen in unserer Zeit, in: Der wirtschaftende Staat. Theorie und Praxis, Festschrift für Th. Keller, hrsg. v. W. Geiger u.a., Bern, Stuttgart.

NÖLL VON DER NAHMER, R. (1964): Lehrbuch der Finanzwissenschaft, Bd. II: Spezielle Steuerlehre, Köln, Opladen.

OBERLEITNER, K. (1970): Die Doppelbelastung kapitalgesellschaftlicher Gewinne in der Bundesrepublik Deutschland und die Reformvorschläge zu ihrer Beseitigung in kritischer Sicht, Diss. Klarenthal/Saar.

OBERREUTER, H. (1975): Scheinpublizität oder Transparenz? Zur Öffentlichkeit von Parlamentsausschüssen, in: Zeitschrift für Parlamentsfragen, 6. Jg., S. 77 ff.

OFFIZIELLE DEUTSCH-FRANZÖSISCHE INDUSTRIE- UND HANDELSKAMMER (1976): Eingabe an den Finanzausschuß des Deutschen Bundestages vom 8.3.1976, Paris.

PHILIPOWSKI, R. (1974): Schwerpunkte der Steuerreform für Volksbanken und Raiffeisenbanken, in: Bankinformation für Volksbanken und Raiffeisenbanken, 1. Jg., Heft 6, S. 19 ff.

PIEL, D. (1972): Begräbnis dritter Klasse. Wie in Bonn die Steuerreform zu Grabe getragen wird, in: Die Zeit, Nr. 5 vom 4.2.1972, S. 21.

PREUSKER, U.K. (1979): Politiksteuerung durch allgemeine Wahlen. Untersucht anhand einer Fallstudie über das Zustandekommen des Einkommensteuerreformgesetzes vom 5. August 1974, Studien zur Politik, Bd. 5, Köln u.a.

RASENACK, CH.A. (1974): Die Theorie der Körperschaftsteuer, Berlin.

RAT FÜR DEUTSCH-BRITISCHEN HANDEL (1976): Eingabe an den Finanzausschuß des Deutschen Bundestages vom 3.3.1976, Bonn.

RECKTENWALD, H.C., Hrsg. (1969): Finanzpolitik, Köln, Berlin.

RHEINLAND-PFALZ (1973a): Änderungsantrag zum Entwurf für eine Entschließung zu dem Entwurf eines Dritten Steuerreformgesetzes.

RHEINLAND-PFALZ (1973b): Antrag zum Entwurf eines Dritten Steuerreformgesetzes, Bundesrat, Drucksache 700/5/73 vom 20.12.1973.

ROSE, G. (1967): Große Steuerreform für Kapitalgesellschaften?, in: GmbH-Rundschau, 58. Jg., S. 223 ff.

RUSS-MOHL,S. (1981): Reformkonjunkturen und politisches Krisenmanagement, Opladen.

SACHVERSTÄNDIGENRAT ZUR BEGUTACHTUNG DER GESAMTWIRTSCHAFTLICHEN ENTWICKLUNG (1967): Jahresgutachten 1967/68. Stabilität im Wachstum, Stuttgart, Mainz.

SCHÄFER, F. (1975): Der Bundestag. Eine Darstellung seiner Aufgaben und seiner Arbeitsweise, 2. Aufl., Opladen.

SCHILLER, K. (1971): Sozialgerechte Steuerreform, in: Bulletin des Presse- und Informationsamtes der Bundesregierung, Nr. 177 vom 1.12. 1971, S. 1897 ff.

SCHMITTER, P.C. (1974): Still the Century of Corporatism?, in: Review of Politics, Vol. 36, S. 85 ff.

SCHMÖLDERS, G. (1959/60): "Unmerkliche" Steuern, in: Finanzarchiv, N.F., Bd. 20, S. 23 ff.

SCHMÖLDERS, G. (1970): Finanzpolitik, 3. Aufl., Berlin u.a.

SCHMÖLDERS, G./HANSMEYER, K.-H. (1980): Allgemeine Steuerlehre, 5. Aufl., Berlin.

SCHNEIDER, D. (1974/75): Besprechung von Ch.A. Rasenack: Die Theorie der Körperschaftsteuer, in: Finanzarchiv, N.F., Bd. 33,S. 364 ff.

SCHNEIDER, D. (1975): Körperschaftsteuerreform und Gleichmäßigkeit der Besteuerung, in: Steuer und Wirtschaft, 52. (5.) Jg., S. 97 ff.

SCHNEIDER, D. (1980): Körperschaftsteuer, in: Handbuch der Finanzwissenschaft, 3. Aufl., hrsg. v. F. Neumark, Bd. II, Tübingen, S. 509 ff.

SCHNUR, R. (1977): Privileg der Juristen in der Verwaltung? Bemerkungen zu einer falsch gestellten Frage, in: Die Verwaltung, 10. Bd., S. 141 ff.

SCHREDELSEKER, K. (1972/73): Kritik der Körperschaftsteuerreform, in: Finanzarchiv, N.F., Bd. 31, S. 27 ff.

SCHRÖDER, H.J. (1976): Gesetzgebung und Verbände. Ein Beitrag zur Institutionalisierung der Verbandsbeteiligung an der Gesetzgebung, Berlin.

SILCHER, F. (1955): Doppelbesteuerung von vereinnahmten und ausgeschütteten Gewinnen von Kapitalgesellschaften, Nationalbericht (Bundesrepublik Deutschland), Cahiers de Droit Fiscal International, Vol. XXIX Annexe, Amsterdam.

SIMON, W. (1976): Macht und Herrschaft der Unternehmerverbände. BDI, BDA und DIHT im ökonomischen und politischen System der BRD, Köln.

DER SPIEGEL (7.2.1972): Steuerreform: Teufel unter uns, in: 26. Jg., Nr. 7, S. 20 ff.

DER SPIEGEL (6.3.1972): Schiller: Dieser Kerl, in: 26. Jg., Nr. 11, S. 24 ff.

STEIN, L. v. (1885): Lehrbuch der Finanzwissenschaft, Erster Theil: Die Finanzverfassung Europas, 5. Aufl., Leipzig.

DIE STEUER-GEWERKSCHAFT (Januar 1976): DStG: Kein Zugzwang für Reform der Körperschaftsteuer, in: 25. Jg., Nr. 1, S. 4.

DIE STEUER-GEWERKSCHAFT (Mai 1976): DStG protestiert: Körperschaftsteuerreform gegen Europa gerichtet, in: 25. Jg., Nr. 5, S. 82.

STEUERREFORMKOMMISSION DER FDP (1971): Ergebnisprotokoll der Sitzung am 7. und 8.5.1971.

STEUERREFORMKOMMISSION BEIM PARTEIVORSTAND DER SPD (1971a): Stellungnahme zum Bericht der Eberhard-Kommission, Materialien zum Außerordentlichen Parteitag 18. - 20. November 1971 - Bonn, Steuerreform II, hrsg. vom Vorstand der SPD, Bonn.

STEUERREFORMKOMMISSION BEIM PARTEIVORSTAND DER SPD (1971b): Vorschläge der Kommission, Materialien zum Außerordentlichen Parteitag 18. - 20.November 1971 - Bonn, Steuerreform IV, hrsg. vom Vorstand der SPD, Bonn.

STRAUSS,F.J. (1968): Aufgaben und Zielsetzungen der Steuerreform-Kommission. Ansprache anläßlich der 1. Sitzung der Steuerreform- Kommission am 17.12.1968, in: Bulletin des Presse- und Informationsamtes der Bundesregierung, Nr. 164 vom 21.12.1968, S. 1438 ff.

STREIT, M.E. (1979): Theorie der Wirtschaftspolitik Düsseldorf.

STÜTZEL, W. (1966): Steuersystem und Kapitalverkehr, in: Die Aussprache, 16. Jg., S. 135 ff.

STÜTZEL, W. (1969): Teilhabersteuer - ein realistischer Reformvorschlag?, in: Steuer-Kongreß-Report 1969, München, S. 320 ff.

van den TEMPEL, A.J. (1971): Körperschaftsteuer und Einkommensteuer in den Europäischen Gemeinschaften, Studien der Kommission der Europäischen Gemeinschaften, Reihe "Wettbewerb-Rechtsangleichung", Nr. 15, Brüssel.

THIEL, R. (1972): Die Reform der Körperschaftsteuer und die gesetzestechnische Gestaltung der Grundvorschriften für das Anrechnungsverfahren, Köln.

TIEPELMANN, K. (1971): Ansätze zu einer empirischen Theorie der finanz- und steuerpolitischen Willensbildung, in: Steuer und Wirtschaft, 1. (48.) Jg., S. 54 ff.

TIEPELMANN, K. (1978): Steuerreform-Illusionen, in: Wirtschaftsdienst, 58. Jg., S. 387 ff.

TIEPELMANN, K. (1981): Politische Entscheidungsfindung über die Besteuerung öffentlicher Unternehmen, in: Die Besteuerung öffentlicher Unternehmen, hrsg. v. P. Friedrich und P. Kupsch, Baden-Baden, S. 253 ff.

TIPKE, K. (1976): Die Steuergesetzgebung in der Bundesrepublik Deutschland aus der Sicht des Steuerrechtswissenschaftlers - Kritik und Verbesserungsvorschläge, in: Steuer und Wirtschaft, 53. (6.) Jg., S. 293 ff.

TIPKE, K. (1981): Steuerrecht, 8. Aufl., Köln

UHLMANN, R. (1976): Die Kröte geschluckt, in: Handelsblatt vom 11.6.1976.

VERBAND DEUTSCHER REEDER (1976): Eingabe an den Finanzausschuß des Deutschen Bundestages vom 6.2.1976, Hamburg.

VERBAND ÖFFENTLICHER BANKEN (1974): Eingabe an den Finanzausschuß des Deutschen Bundestages vom 23.10.1974, Bonn.

VERBAND ÖFFENTLICHER BANKEN (1975): Eingabe an den Finanzausschuß des Deutschen Bundestages vom 20.11.1975, Bonn.

VERBAND ÖFFENTLICHER BANKEN (1976): Eingabe an den Finanzausschuß des Deutschen Bundestages vom 23.3.1976, Bonn.

VERBAND PRIVATER HYPOTHEKENBANKEN (1976): Eingabe an den Finanzausschuß des Deutschen Bundestages vom 17.2.1976, Bonn.

VEREINIGUNG SCHWEIZERISCHER UNTERNEHMEN IN DEUTSCHLAND (1976): Eingabe an den Finanzausschuß des Deutschen Bundestages vom 3.3. 1976, Basel.

VOIGT, F./BUDISCHIN, H.J. (1976): Grenzen der staatlichen Wirtschaftspolitik im gesellschaftlichen und sozialen Wandel. Einflüsse der Denk- und Reaktionsfähigkeit der menschlichen Persönlichkeit, Berlin.

DER VOLKSWIRT (5.12.1969): Mit dem Flickwerk aufhören!, in: 23. Jg., Nr. 49, S. 20 ff.

DER VOLKSWIRT (27.2.1970): Wir haben einen ganz grandiosen Fehler gemacht, in: 24. Jg., Nr. 9, S. 15 f.

VORSTAND DER SPD, Hrsg. (o.J.): Außerordentlicher Parteitag der Sozialdemokratischen Partei Deutschlands, 1. Teil: Steuerreform - Massenmedien - § 218 StGB, 18. bis 20. November 1971, Bonn.

WALLIS, H. v. (1969): Diskussionsbeitrag, in: Steuer-Kongreß-Report 1969, München, S. 337 ff.

WALZ, W.R. (1980): Steuergerechtigkeit und Rechtsanwendung: Grundlinien einer relativ autonomen Steuerrechtsdogmatik, Heidelberg, Hamburg.

WEHNER, H.-G. (1969): Die Reform der Körperschaftsteuer, in: WWI-Mitteilungen, 22. Jg., S. 269 ff.

WEHNER, H.-G. (1970a): Teilhabersteuer. Die "Kleinen" zahlen für die "Großen", in: Der Volkswirt, 24. Jg., Nr. 17 vom 24.4.1970, S. 96 ff.

WEHNER, H.-G. (1970b): Stützel-Plan. Die permanente Diskussion, in: Der Volkswirt, 24. Jg., Nr. 34 vom 21.8.1970, S. 29 ff.

DIE WELT (1.2.1973): Klausurtagung diskutiert von neuem Körperschaftsteuerreform.

WILHELMI, H.-H. (1977): Entscheidungsprozesse in der staatlichen Bildungsfinanzierung. Ein interdisziplinärer Beitrag zur Erforschung der finanzpolitischen Willensbildung in der Exekutive, Finanzwissenschaftliche Forschungsarbeiten, hrsg. v. G. Schmölders u. K.-H. Hansmeyer, Berlin.

WILLGERODT, H./BARTEL, K./SCHILLERT, U. (1971): Vermögen für alle. Probleme der Bildung, Verteilung und Werterhaltung des Vermögens in der Marktwirtschaft, Düsseldorf, Wien.

WINKLER, E.-G. (1969): Die Teilhabersteuer, in: Versicherungswirtschaft, 24. Jg., S. 1058 f.

WIRTSCHAFTSWOCHE (12.3.1971): Steuerreform. Weiter verschoben, in: 25. Jg., Nr. 11, S. 2.

WIRTSCHAFTSWOCHE (26.3.1971): Steuerreform. Das Ende vom Anfang, in: 25. Jg., Nr. 13, S. 10 ff.

WIRTSCHAFTSWOCHE (8.4.1971): Steuerreform. Pannen statt Politik, in: 25. Jg., Nr. 15, S. 12 ff.

WIRTSCHAFTSWOCHE (16.4.1971): Die Finanzierung von Reformen ist eine sekundäre Frage, in: 25. Jg., Nr. 16, S. 50 ff.

WIRTSCHAFTSWOCHE (11.6.1971): Steuerreform. Zucker und Salz, in: 25. Jg., Nr. 24, S. 8 ff.

WIRTSCHAFTSWOCHE (23.7.1971): Steuern. Reform-Fahrplan, in: 25. Jg., Nr. 30, S. 4 f.

WIRTSCHAFTSWOCHE (13.8.1971): Steuervergünstigungen. Was soll gestrichen werden?, in: 25. Jg., Nr. 33, S. 8 f.

WIRTSCHAFTSWOCHE (15.10.1971): Subventionsabbau. Streichquintett in Moll, in: 25. Jg., Nr. 42, S. 14 ff.

WIRTSCHAFTSWOCHE (29.10.1971): Steuerreform. Chaos im Kabinett, in: 25. Jg., Nr. 44, S. 14 ff.

WIRTSCHAFTSWOCHE (18.2.1972): Steuerreform. Schillers Rückzugsgefecht, in: 26. Jg., Nr. 7, S. 18 f.

WIRTSCHAFTSWOCHE (17.3.1972): Steuerreformkommission. Schillers Umbaupläne, in: 26. Jg., Nr. 11, S. 102.

WIRTSCHAFTSWOCHE (23.6.1972a): Die Eckwerte der CDU/CSU, in: 26. Jg., Nr. 25, S. 9.

WIRTSCHAFTSWOCHE (23.6.1972b): Bonn bittet zur Kasse. Schubladenpläne für 1973, in: 26. Jg., Nr. 25, S. 14 f.

WIRTSCHAFTSWOCHE (8.9.1972): Steuerreform. Entwürfe als Verschlußsache, in: 26. Jg., Nr. 36, S. 8.

WIRTSCHAFTSWOCHE (2.2.1973): Steuerreform. Boppard vertraulich, in: 27. Jg., Nr. 6, S. 8 f.

WITTMANN, W. (1977): Einführung in die Finanzwissenschaft, IV. Teil: Finanzpolitik, 2. Aufl., Stuttgart, New York.

WÖHE, G. (1971): Grundprobleme der Körperschaftsteuer- und Gewerbesteuerreform, in: Zeitschrift für betriebswirtschaftliche Forschung, N.F., 23. Jg., S. 502 ff.

WREDE, F. (1971a): Reform der Körperschaftsteuer und der Gewerbesteuer, in: Bulletin des Presse- und Informationsamtes der Bundesregierung, Nr. 95 vom 23.6.1971, S. 1026 ff.

WREDE, F. (1971b): Die steuerliche Behandlung ausländischer Muttergesellschaften im Anrechnungsverfahren, in: Deutsche Steuer-Zeitung, 59. Jg., S. 353 ff.

YIN, R.K. (1981): The Case Study Crisis: Some Answers, in: Administrative Science Quarterly, Vol. 26, S. 58 ff.

ZEITEL, G. (1971): Steuerreform, in: Soziale Ordnung, 25. Jg., Nr. 8/9, S. 16.

ZEITEL, G. (1973): Widersprüche der Steuerreformer, in: Wirtschaftswoche, 27. Jg., Nr. 15 vom 6.4.1973, S. 63 ff.

WOLAK, FRIEDEL
MÖGLICHKEITEN, GRENZEN UND PROBLEMATIK EINER DAUERHAFTEN FINANZIERUNG VON STAATSAUSGABEN DURCH GELDSCHÖPFUNG
Eine theoretische Analyse

Frankfurt/M., Bern, Cirencester/U.K., 1979. 293 S.
EUROPÄISCHE HOCHSCHULSCHRIFTEN: Reihe 5, Volks- und Betriebswirtschaft. Bd. 244
ISBN 3-8204-6626-6 br. sFr. 49.-- *)

In der vorliegenden Arbeit wird versucht, die Möglichkeiten, die Grenzen und die Problematik einer dauerhaften Finanzierung von Staatsausgaben durch Geldschöpfung mit Hilfe des Instrumentariums der Wirtschaftstheorie darzustellen. Die Ausführungen basieren dabei wesentlich auf der wissenschaftlichen Diskussion, die zu diesem Thema im angelsächsischen Sprachbereich stattgefunden hat und noch stattfindet. Im Rahmen der theoretischen Erörterungen wird aber auch auf Ergebnisse empirischer Untersuchungen eingegangen, um dem Leser einen Eindruck von der praktischen Relevanz der behandelten Probleme zu vermitteln.

Aus dem Inhalt: Finanzierung von Staatsausgaben durch Geldschöpfung, Möglichkeiten und Grenzen - Finanzierung von Staatsausgaben durch Geldschöpfung, eine Wohlfahrtstheoretische Würdigung.

METZ, MICHAEL
BILANZ- UND ERGEBNISPLANUNG FÜR INTERNATIONALE UNTERNEHMEN

Frankfurt/M., Bern, Las Vegas, 1978. 232 S.
EUROPÄISCHE HOCHSCHULSCHRIFTEN: Reihe 5, Volks- und Betriebswirtschaft
ISBN 3-261-02433-X br. sFr. 52.-- *)

Gegenstand der Arbeit ist die Formulierung und Diskussion von Gesamtplanungsmodellen für internationale Unternehmen. Aufbauend auf verschiedenen Arten von Planbilanzenmodellen (Ermittlungsmodelle, verschiedenen Formen von Optimierungsmodellen), die zunächst nur den nationalen Bereich eines Unternehmens berücksichtigen, wird ein Modell entwickelt, das die Besonderheiten erfaßt, die aus der internationalen Geschäftstätigkeit resultieren (Schwergewicht Steuerplanung). Alle vorgestellten Planungskonzeptionen werden anhand von Computerrechnungen erläutert.

Aus dem Inhalt: Stand der Entwicklung von Planbilanzmodellen - Ermittlungsmodelle - Optimierungsmodelle. Grundzüge des internationalen Steuerrechts - Gesamtplanungsmodell für internationale Unternehmen.

---

*) unverbindliche Preisempfehlung
Auslieferung: Verlag Peter Lang AG, Jupiterstr. 15, CH-3015 Bern

DACH, GÜNTER
ENERGIEPOLITISCHE WILLENS- UND ENTSCHEIDUNGSBILDUNG IN DER BUNDESREPUBLIK DETUSCHLAND

Frankfurt/M., Bern, Las Vegas, 1981. XI, 377 S.
EUROPÄISCHE HOCHSCHULSCHRIFTEN: Reihe 5, Volks- und Betriebswirtschaft. Bd. 337
ISBN 3-8204-6964-8 br. sFr. 76.-- *)

In der Wirtschaftswissenschaft wächst das Interesse am Prozeß der wirtschaftspolitischen Willens- und Entscheidungsbildung. Maßgeblich hierfür ist, daß sich zwischen dem auf der Basis der Untersuchung zweckrationaler Ziel-Mittel-Systeme zu erwartenden und dem tatsächlich feststellbaren Verhalten staatlicher Entscheidungsträger häufig deutliche Diskrepanzen ergeben. Die auch für die Energiepolitik in der Bundesrepublik Deutschland feststellbare Erklärungslücke versucht der Verfasser mit der Einbeziehung der energiepolitischen Willens- und Entscheidungsbildung zu schließen. Grundlage für den Test der aus einem Konkurrenzmodell der Demokratie abgeleiteten Hypothesen ist die praktische Energiepolitik 1949/77, also bis kurz vor Beginn der sogenannten zweiten Ölkrise.

Aus dem Inhalt: Grundzüge der vorhandenen Ansätze einer wirklichkeitsnahen Theorie wirtschaftspolitischer Willens- und Entscheidungsbildung in der Demokratie - Test dieser Ansätze am Beispiel der praktischen Energiepolitik - Energiepolitik in der Bundesrepublik Deutschland von 1949 bis 1977 - Umfangreicher tabellarischer Anhang.

ZIMMERMANN, PETER
DAS PROBLEM DER GERECHTIGKEIT IN DER EINKOMMENSBESTEUERUNG
Dargestellt und untersucht an den Beispielen der Ermittlung der Einkünfte aus Gewerbebetrieb und aus nichtselbständiger Arbeit

Frankfurt/M., Bern, Las Vegas, 1978. 482 S.
EUROPÄISCHE HOCHSCHULSCHRIFTEN: Reihe 5, Volks- und Betriebswirtschaft. Bd. 197
ISBN 3-261-02529-8 br. sFr. 72.-- *)

Die Ermittlung der steuerlichen Einkünfte als Element der steuerlichen Einkommensermittlung wird vom Autor als Ausgangspunkt und Voraussetzung einer realitätsbezogenen Diskussion um eine gerechte Einkommensbesteuerung verstanden. Die Untersuchung richtet sich an alle, die das Gerechtigkeitsproblem in der Einkommensbesteuerung nicht nur z.B. als eine Frage des "gerechten" Tarifs und/ oder "gerechter" Freibeträge betrachten.

Aus dem Inhalt: Die Untersuchung versucht die allgemeine Frage nach der Gerechtigkeit in der Einkommensbesteuerung am Beispiel der Ermittlung zweier ausgewählter steuerlicher Einkunftsarten zu präzisieren, um daraus grundsätzliche Erkenntnisse über Wege und Möglichkeiten für eine gerechte Einkommensbesteuerung zu gewinnen.

---

*) unverbindliche Preisempfehlung
Auslieferung: Verlag Peter Lang AG, Jupiterstr. 15, CH-3015 Bern